憲　法
〔第 2 版〕

高野　敏樹
宮原　　均
斎藤　　孝　著
吉野　夏己
加藤　隆之

不磨書房

第2版はしがき

　憲法の教科書を執筆しようと考えたときに，いくつか配慮した。ひとつは，大学の各教室は，将来の目的が大きく異なる学生から構成されている。そこで，難解・詳細な理論の説明が必要とされる一方で，一般教養として，一面気楽に接することができる講義が求められている。そこで，こうした反対方向の需要を満たすために，まず，判例を重視した。実際に起こった事件の面白さから，法律論への関心を高めたかったからである。次に，いわゆる法廷意見だけでなく，裁判官の個別意見も取り上げるようにした。これによって，憲法（法律学）では，絶対的真理ではなく，相対的真理が追究されていることを理解できるようにするためである。第三に，各執筆者は得意分野を担当している。このことが文章に躍動感や情熱を感じさせ，読者の憲法への興味をいっそう高める効果があると考えたからである。

　こうした配慮のためか，学生，院生，一般読者の支持を得て，出版後2年半で改訂版を出版することができた。この改訂版においても，執筆の基本的な姿勢はかわらず，この間に出された重要判例をフォローすることを中心に作業を進めた。読者それぞれの需要に少しでもこたえることができれば幸いである。

2007年3月8日

執筆者一同

はしがき

　最近，大学の教育環境は大きく変化しつつある。まず，セメスター制が導入され，通年科目の内容を半年でこなさねばならなくなり，春・秋2シーズンで実施する場合にも，その区切りをどこでつけるか戸惑うことがある。一方，受講する学生の目的や姿勢の違いは年々大きくなっているように思われる。しかし，目的の違いによってクラスわけはなされず，ひとつのクラスの中にさまざまな意欲・目的をもつ学生が混在していることが多い。

このような教育環境の変化に応じて，講義の内容・進め方を変化させる必要がある。まず，内容が偏らないようにできるだけ幅広く，必要な論点を落とさないように心がける。しかし，こうした概論は，とかく結論だけの深みのない知識の羅列になりやすい。やはり，裁判例等をとりあげ，結論を支える理由・論理展開を示し，学説の批判等にもふれながら，多角的な物の見方，相対的な真理に言及することになる。しかし，ひとつの判例をていねいに説明すればあっという間に時間は経過し，知識に幅は得られなくなる。このように，限られた時間の中で，「幅」と「深み」を講義に盛り込むことはかなり困難である。

　そこで執筆の方針として，まず，できるだけ他の参考書にあたらずに本書だけで相当程度の理解が得られるようにした。次に，判例を重視した。特に，重要判例については，事実関係や論理の展開さらには個別の裁判官の補足意見等も含めて詳細に紹介・検討している。これにより，初学者には身近で具体的な問題から憲法の面白さを分かってもらうことが可能になり，同時に，難関の試験を目指す学生や大学院生にとっても，その要求を十分に満たすだけの議論の水準を維持できたと思う。

　執筆者は，お互いの研究対象やそこにかける意欲を熟知している者同士である。そのため，執筆の分担にあたり，それぞれが最も得意とする分野を割り振ることができた。行間からにじむ各執筆者の情熱を感じ取っていただければ幸いである。文体や文章の構造等については何度か会合を持ち，できるだけ統一を図ったが，執筆内容等についてはそれぞれの執筆者が最終的に責任を負っている。

　最後に，本書の執筆をお勧めいただき，校正その他について大変お世話になった不磨書房の稲葉文彦氏に厚く御礼申し上げる。

　　　2004年9月

執筆者一同

目　　次

第1章　憲法の基礎 …………………………………………………………… 3

第1節　憲法とはなにか ………………………………………………… 3
1　憲法ということば ……………………………………………………… 3
2　憲法の意味 ……………………………………………………………… 3
　　（1）　固有の意味の憲法（3）　　（2）　近代的意味の憲法（4）
　　（3）　形式的意味の憲法（5）　　（4）　実質的意味の憲法（5）
3　憲法の種類 ……………………………………………………………… 6
　　（1）　欽定憲法・協約憲法・民定憲法（6）　　（2）　硬性憲法・軟性憲法（6）
4　憲法の法源 ……………………………………………………………… 7
　　（1）　成文法源（7）　　（2）　不文法源（9）

第2節　憲法の最高法規性 ……………………………………………… 10
1　憲法規範の性質 ………………………………………………………… 10
　　（1）　授権規範・制限規範としての憲法規範（10）　　（2）　憲法の最高法規性（11）
2　憲法の最高法規性の保障──憲法保障制度 ………………………… 12
　　（1）　構造的憲法保障制度（12）　　（2）　抑圧的憲法保障制度（14）

第3節　憲法制定権力と憲法の変動 …………………………………… 16
1　憲法制定権力 …………………………………………………………… 16
　　（1）　憲法制定権力の意味（16）　　（2）　憲法制定権力論の成立とその意義（16）　　（3）　「憲法制定権力」と「憲法改正権」の分離論（18）　　（4）　憲法制定権力の「潜在化」論と「凍結」論（18）
2　憲法の変動 ……………………………………………………………… 19
　　（1）　憲法改正（19）　　（2）　憲法変遷（22）

第2章 憲法史 ……………………………………………………25

第1節 欧米の憲法史 ……………………………………25
1 イギリス ……………………………………………25
2 フランス ……………………………………………26
3 アメリカ ……………………………………………27

第2節 明治憲法 …………………………………………28
1 安政の5カ国条約の締結とその改正 ……………28
2 明治憲法の制定 ……………………………………29
3 明治憲法の特質 ……………………………………29
　（1）皇室自律主義（29）　（2）君主主義（30）　（3）議会（30）　（4）裁判所（30）　（5）人権保障（30）

第3節 日本国憲法の制定 ………………………………31
1 憲法問題調査委員会による「憲法改正草案」……31
2 GHQ草案 …………………………………………32
3 憲法改正草案要綱の問題点 ………………………32
4 まとめ ………………………………………………34

第3章 日本国憲法の基本原理 ………………………………37

第1節 国民主権と天皇制 ………………………………37
1 国民主権の内容 ……………………………………37
　（1）「国民」の観念（37）　（2）「主権」の概念（38）（3）国民主権の具体化（39）　（4）国民主権における正当性と権力性（39）
2 天皇制の特質・内容 ………………………………39
　（1）特質（39）　（2）内容（40）

第2節 平和主義 …………………………………………42
1 平和の尊重 …………………………………………42
2 平和の追求 …………………………………………43

（1）戦争の放棄（43）　（2）戦力の不保持（43）　（3）交戦権の否認（43）　（4）自衛権とその範囲（44）
　　　3　平和主義と安全保障 …………………………………………………44
　　　　　（1）第9条と自衛隊（44）　（2）第9条と安保条約（46）
　　第3節　基本的人権の尊重 ……………………………………………………46
　　　1　基本的人権の意義・特質 …………………………………………………47
　　　　　（1）意　義（47）　（2）特　質（47）
　　　2　基本的人権の内容 …………………………………………………………47
　　　　　（1）消極的権利（48）　（2）積極的権利（48）　（3）能動的権利（48）

第4章　基本的人権（総論） ……………………………………………49

　　第1節　人権の歴史 ……………………………………………………………49
　　　1　近代憲法と人権 ……………………………………………………………49
　　　2　現代憲法と人権 ……………………………………………………………50
　　　3　戦後型憲法と人権 …………………………………………………………50
　　　4　日本国憲法における人権 …………………………………………………51
　　第2節　人権の享有主体 ………………………………………………………51
　　　1　外国人 ………………………………………………………………………52
　　　　　（1）入国の自由（52）　（2）社会権（52）　（3）選挙権（53）
　　　2　法　人 ………………………………………………………………………54
　　　3　天　皇 ………………………………………………………………………55
　　第3節　公共の福祉による制約 ………………………………………………56
　　　1　2つの学説 …………………………………………………………………56
　　　2　補助的な理論 ………………………………………………………………57
　　　　　（1）利益衡量論（57）　（2）二重の基準の理論（57）
　　第4節　特別な法律関係における人権保障の範囲 …………………………58
　　　1　在監者 ………………………………………………………………………59

　　　　（1）被拘禁者の喫煙の自由（59）　（2）受刑者の頭髪規制（60）
　　　　（3）収容者への教誨（60）
　　2　公務員 …………………………………………………………………60
　第5節　人権の私人間効力 ……………………………………………………61
　　1　学　説 …………………………………………………………………62
　　2　判　例 …………………………………………………………………63
　第6節　人権と制度の保障 ……………………………………………………65
　　1　性　格 …………………………………………………………………65
　　2　内容（種類） …………………………………………………………66

第5章　基本的人権（各論） …………………………………………………67
　第1節　包括的人権 ……………………………………………………………67
　　1　幸福追求権 ……………………………………………………………67
　　　　（1）沿　革（67）　（2）裁判規範性（67）
　　2　私法上の人格権と憲法上の幸福追求権 …………………………69
　　3　幸福追求権の具体的内容 ……………………………………………69
　　　　（1）プライバシー権（69）　（2）自己決定権（73）
　第2節　法の下の平等 …………………………………………………………74
　　1　平等思想 ………………………………………………………………74
　　2　平等の意義 ……………………………………………………………75
　　　　（1）形式的平等と実質的平等（75）　（2）絶対的平等と相対的
　　　　平等（76）
　　3　法の下の平等と立法者の拘束 ………………………………………77
　　4　違憲審査基準 …………………………………………………………78
　　5　平等の具体的内容 ……………………………………………………78
　　　　（1）人　権（78）　（2）信　条（79）　（3）性　別（80）
　　　　（4）社会的身分（81）　（5）門　地（81）　（6）その他（82）
　　6　平等原則の制度化 ……………………………………………………82

　　　　　（1）貴族制度の廃止（82）　（2）栄典の禁止（82）　（3）家族生活における平等（82）

　第3節　精神的自由権（1）……………………………………………83
　　1　思想・良心の自由……………………………………………83
　　　　　（1）沿革（83）　（2）思想・良心の意味（84）　（3）思想等の強制，不利益的取扱いの禁止（84）　（4）団体の活動と構成員の思想・良心の自由（86）　（5）沈黙の自由（86）　（6）意思に反する謝罪等の強制（86）　（7）私人間での思想・良心の自由（87）
　　2　信教の自由……………………………………………………88
　　　　　（1）沿革（88）　（2）信教の自由（89）　（3）政教分離（94）
　　3　学問の自由……………………………………………………100
　　　　　（1）沿革（100）　（2）学問の自由の内容（101）　（3）学問の自由の限界（102）　（4）大学の自治（103）

　第4節　精神的自由権（2）……………………………………………105
　　1　表現の自由の意義とその変容………………………………105
　　2　表現の自由の重要性…………………………………………106
　　3　表現の自由の保障範囲およびその限界……………………109
　　　　　（1）表現方法・場所とその保障範囲（109）　（2）表現行為を支える自由の保障（111）　（3）表現内容とその保障範囲（115）
　　4　表現の自由における審査基準………………………………130
　　　　　（1）二重の基準（130）　（2）表現の自由における具体的な審査基準（131）
　　5　事前抑制禁止の原則と検閲禁止の法理……………………134
　　6　通信の秘密……………………………………………………136

　第5節　参政権…………………………………………………………137
　　1　選挙権…………………………………………………………137
　　　　　（1）選挙権の法的性質（137）　（2）選挙権の内容（137）

2　選挙制度と議員定数不均衡 …………………………………………142
　　　　（1）選挙制度（142）　（2）議員定数不均衡に関する判例の流れ
　　　　（144）　（3）議員定数不均衡を争う訴訟（146）
　　3　被選挙権 ………………………………………………………………148
第6節　経済活動の自由および居住・移転・国籍離脱の自由 …………149
　　1　職業選択の自由 ………………………………………………………149
　　　　（1）職業選択の自由の意味（149）　（2）規制目的と審査基準
　　　　（150）
　　2　財産権の保障 …………………………………………………………152
　　　　（1）財産権の制約（153）　（2）最高裁の審査基準（153）
　　3　居住・移転・国籍離脱の自由 ………………………………………155
第7節　刑事手続上の権利 ……………………………………………………156
　　1　適正手続の保障 ………………………………………………………156
　　2　不法に逮捕されない権利——逮捕における令状主義の原則 ………157
　　3　不法に抑留・拘禁されない権利，弁護人選任権 …………………158
　　　　（1）不法に抑留・拘禁されない権利（158）　（2）弁護人選任権
　　　　（159）　（3）接見交通権（160）
　　4　住居・所持品等不可侵の権利 ………………………………………161
　　　　（1）捜索・押収における令状主義の原則（161）　（2）新しい捜
　　　　査方法と令状主義（162）　（3）違法収集証拠の排除（165）
　　5　被告人の基本的権利 …………………………………………………166
　　　　（1）公平な裁判を受ける権利（166）　（2）反対尋問権・証人喚
　　　　問請求権（167）
　　6　自己負罪拒否特権・黙秘権，自白の証拠能力 ……………………168
　　　　（1）自己負罪拒否特権・黙秘権（168）　（2）自白の証拠能力
　　　　（170）
　　7　遡及処罰の禁止・二重処罰の禁止 …………………………………172
　　8　刑事補償 ………………………………………………………………172
　　9　その他の刑事手続上の原則 …………………………………………173

第 8 節　社会権 ……………………………………………………………173
　　　1　生存権 ……………………………………………………………173
　　　　（1）意　義（173）　（2）法的性格（174）　（3）内　容（175）
　　　　（4）判　例（176）
　　　2　教育権（教育を受ける権利）…………………………………177
　　　　（1）意　義（177）　（2）法的性格（178）　（3）内　容（178）
　　　　（4）判　例（179）
　　　3　勤労権 ……………………………………………………………180
　　　　（1）意　義（180）　（2）性格および内容（181）
　　　4　労働基本権 ………………………………………………………182
　　　　（1）意　義（182）　（2）内　容（182）　（3）限　界（183）
　　第 9 節　国家補償 ……………………………………………………………184
　　　1　損失補償 …………………………………………………………185
　　　　（1）補償の要否（185）　（2）最高裁の判例（186）　（3）正
　　　　当補償を欠く立法の合憲性（187）　（4）正当補償の内容（187）
　　　2　国家賠償 …………………………………………………………190
　　　　（1）公務員の不法行為と国家の賠償責任（190）　（2）日本にお
　　　　ける国家賠償の沿革（190）　（3）国家賠償に関する違憲法令審査
　　　　（191）

第 6 章　裁判所による人権の保障 …………………………………………197
　　第 1 節　裁判を受ける権利とそれを保障する制度 ………………………197
　　　1　裁判を受ける権利の内容 ………………………………………197
　　　　（1）沿　革（197）　（2）裁判の意味（198）　（3）裁判の費
　　　　用（198）
　　　2　裁判所の意味 ……………………………………………………198
　　　　（1）裁判所の組織（198）　（2）最高裁判所（199）　（3）下
　　　　級裁判所（199）　（4）最高裁判所の規則制定権（200）
　　　3　裁判官の独立 ……………………………………………………200
　　　　（1）裁判官の職権行使の独立（200）　（2）裁判官の身分保障

(202)　（3）裁判官の政治運動（203）

　　　4　裁判の民主的統制 …………………………………………………203

　　　　　（1）裁判の公開（203）　（2）国民審査（206）　（3）裁判員制度（206）

　　第2節　違憲審査制度 ……………………………………………………207

　　　1　司法権の意義 ……………………………………………………207

　　　　　（1）司法権の概念（207）　（2）客観訴訟と司法権（208）　（3）裁判官の法創造機能（210）

　　　2　違憲審査制度の意義 ……………………………………………210

　　　　　（1）違憲審査制度と民主主義（210）　（2）アメリカ型とドイツ型の違憲審査制度（211）　（3）違憲審査制の性質（212）

　　　3　違憲審査権の手続要件 …………………………………………213

　　　　　（1）法律上の争訟（213）　（2）憲法上の争点を提起する適格（214）　（3）成熟性（ライプネスの法理）（216）　（4）訴えの利益の消滅（ムートネスの法理）（216）

　　　4　違憲審査の実体的限界 …………………………………………216

　　　　　（1）立法裁量（216）　（2）立法不作為（217）　（3）議院の自律権（219）　（4）部分社会の法理（219）　（5）統治行為（221）　（6）条　約（222）

　　　5　違憲審査の技術 …………………………………………………223

　　　　　（1）司法積極主義と消極主義（223）　（2）合憲性の推定と二重の基準（223）　（3）法令審査の方法（225）

第7章　統　治　機　構 ……………………………………………………235

　　第1節　統治の仕組み ……………………………………………………235

　　　1　権力分立主義の意義と沿革 ……………………………………235

　　　　　（1）意　義（235）　（2）沿　革（235）

　　　2　日本国憲法における権力分立主義 ……………………………235

　　　　　（1）国会と内閣の関係（236）　（2）国会と裁判所の関係（236）

　　　　（3）内閣と裁判所の関係（236）

　第2節　国　会 ……………………………………………………………236

　　1　国会の地位 ……………………………………………………………236

　　　　（1）国民の代表機関（236）　（2）唯一の立法機関（237）
　　　　（3）国権の最高機関（238）

　　2　国会の構成 ……………………………………………………………239

　　　　（1）二院制（239）　（2）衆議院の優越（240）

　　3　国会議員 ………………………………………………………………241

　　　　（1）議員の地位（241）　（2）議員の特権（241）　（3）議員
　　　　の権能（242）

　　4　国会の活動 ……………………………………………………………243

　　5　国会の権能 ……………………………………………………………244

　　　　（1）法律の制定（244）　（2）条約の承認（244）　（3）内閣
　　　　総理大臣の指名（245）

　　6　議院の権能 ……………………………………………………………245

　　　　（1）議院の自律的権能（245）　（2）内閣の不信任決議権（246）
　　　　（3）国政調査権（246）

　第3節　内　閣 ……………………………………………………………248

　　1　行政の概念 ……………………………………………………………248

　　2　最高の行政機関としての内閣 ………………………………………249

　　3　内閣の成立 ……………………………………………………………249

　　4　内閣総理大臣および国務大臣の権限 ………………………………250

　　5　閣　議 …………………………………………………………………251

　　6　内閣の権限 ……………………………………………………………252

　　　　（1）法律の誠実な執行（252）　（2）外　交（252）　（3）条
　　　　約の締結（252）　（4）官吏の任免（252）　（5）予算の作成
　　　　（252）　（6）政令の制定（253）　（7）恩赦の決定（255）

　　7　国会の召集の決定 ……………………………………………………255

　　8　衆議院の解散の決定 …………………………………………………255

9　参議院の緊急集会の請求 …………………………………………256
　　　10　内閣総辞職 ………………………………………………………256
　　第4節　財　政 …………………………………………………………257
　　　1　租税法律主義 ……………………………………………………257
　　　2　税法における遡及立法 …………………………………………259
　　　3　予　算 ……………………………………………………………261
　　　　（1）予備費（261）　（2）予算の修正（261）　（3）決　算
　　　　（262）　（4）皇室経済（262）
　　　4　公の財産の支出または利用の制限 ……………………………263
　　　　（1）宗教上の組織もしくは団体と公金支出等の禁止（263）
　　　　（2）公の支配に属しない教育等の事業への公金支出（266）
　　第5節　地方自治 ………………………………………………………267
　　　1　地方自治の保障 …………………………………………………267
　　　2　地方公共団体の機関 ……………………………………………268
　　　　（1）議　会（268）　（2）執行機関（268）　（3）議会と長の
　　　　関係（269）
　　　3　地方公共団体の権能 ……………………………………………269
　　　4　条例制定権 ………………………………………………………269
　　　　（1）目的の違い（270）　（2）広範な目的と手段の加重（270）
　　　　（3）地方の実情（271）　（4）法律による委任（272）
　　　　（5）憲法と条例（273）　（6）まとめ（273）
　　　5　住民の権利 ………………………………………………………274

事項索引 ………………………………………………………………………275
判例索引 ………………………………………………………………………282

憲 法
〔第2版〕

第1章　憲法の基礎

第1節　憲法とはなにか

1　憲法ということば

　「憲法」をしめす外国語としては，たとえば英語やフランス語では Constitution，ドイツ語では Verfassung ということばがこれにあたる。これらの Constitution も Verfassung も，ことばの意味としては，ともに「組みたてる」あるいは「編成する」といった意味をもつものである。すなわち，「憲法」とは，文字どおりの意味からすると，国家を組織する基本法ないしは根本法という意味をもつといってよい。

　わが国において「憲法」という用語自体は，古くは聖徳太子が定めた「十七条憲法」にみることができる。しかし，それは後に述べるような近代的な意味での「憲法」というものではなく，役人が守べき心得または準則というべきものであった。わが国において「憲法」という用語が欧米における近代市民革命の法的諸価値の成果という意味での Constitution ないしは Verfassung という語に対応するものとして用いられはじめたのは明治期に入ってからのことである。

2　憲法の意味

　以上のように，一応の定義として，憲法とは「国家の組織に関する基本法」である，ということができる。しかし憲法ということばは，次にあげるように実際上は多義的に用いられており，それらを区別して理解する必要がある。

（1）　固有の意味の憲法

　まず，憲法は，国家の統治のしくみを構成する基本法を意味する。これは前述した「国家の組織に関する基本法」という定義と同じであり，もっとも広い意味での憲法の概念である。すなわち，人間社会が形成されると，そこには必

ずその社会を規律する法秩序——その社会の地域の範囲，その社会を構成する成員の資格，その社会の組織などを規律する法秩序——が必要である。国家もまたこのような社会の1つであり，この意味で国家のあるところには必ずその基本秩序を構成する憲法があるということができる。これが固有の意味における憲法の概念である。

したがって，このような固有の意味での憲法は，その存在の形式上，必ずしも成文法として制定されているとはかぎらず，事実として存在し，その国家の基本秩序を構成している場合がある。同時にまた，この意味での憲法は，その憲法の歴史的発展段階や，統治の権力（主権）の主体が誰であるか（国民であるか，君主であるか）ということにも拘束されない。したがって，後述する近代的意味における憲法の概念とはことなり，古代の国家や，また近代以前の絶対君主政の国家にも妥当する概念である。

（2） 近代的意味の憲法

以上の固有の意味の憲法概念とは異なって，一定の歴史的発展段階にある国家，すなわち近代国家の憲法だけをとくに「憲法」とよぶことがある。この近代国家の特徴としては，①国家権力が立法権，行政権，司法権の三権に分割され，それらがおのおの異なる国家機関に分属しており，②そのことによって権力の濫用が防止され，国民の基本的人権が保障されていることがあげられる。すなわち，「権力分立」と「基本的人権の保障」の2つの原理が国家の基本秩序の本質的な内容とされている場合に，それを定めた憲法がとくに「近代的意味での憲法」とよばれるのである。フランス人権宣言（1789年）の16条に「権利の保障が確保されず，権力の分立が定められていないすべての社会は憲法を有するものではない」と規定されているのは，このような近代的意味での憲法のみが真に「憲法」の名に値することを宣言したものである。

わが国において，この意味における憲法が成立したのは1889(明21)年の明治憲法（大日本帝国憲法）においてであった。しかし，この憲法は厳密にいえば，必ずしも近代的な意味における憲法の実質を備えたものではなかった。すなわち，明治憲法は形式上は「権力分立」と「基本的人権の保障」の2つの原理を掲げてはいたものの，①権力分立の原理についていえば，統治の主権は天皇に帰属するものであって，立法・司法・行政は「臣民翼賛ノ道ヲ広メル」ことを

目途とした天皇の大権の翼賛機関にすぎないものであった。すなわち，そこでは一応の「権力の分配」はなされてはいたが，近代的な意味での「権力の分立」は実現されていなかった。また，②国民の権利の保障についても，明治憲法第2章において「臣民の権利」がある程度保障されてはいたが，しかしそこにおける人権の保障は後述するように「法律の留保」という条件つきであり，「法律の範囲内」における弱い保障が予定されているにすぎなかった。そして，権利保障についてのこのような「法律の留保」の原則の適用の理論的な背景には，明治憲法において保障された国民の権利はあくまで「臣民としての権利」にすぎないものであって，近代市民社会における不可侵の「人間の権利」の観念とは異なるものであるとする人権思想があったといってよい。以上のことから，明治憲法は近代的意味における憲法の形式をとりながらも，その実質においては「外見的立憲主義」あるいは「仮装的立憲主義」の憲法のカテゴリーに属するものというべきものであった。

（3） 形式的意味の憲法

形式的意味の憲法とは，憲法が1つの法典として，すなわち「憲法」と称する成文法の法形式をもって制定されているものをいう。近代国家の成立にともない，近代的意味の憲法が成立するにいたると，それらの憲法は成文の憲法典の形式をとることが一般的となった。すなわち，国家の基本秩序を定め，権力保持者を拘束し，被治者の基本的人権の保障を確実かつ明確なものとするために憲法の成文化・法典化が促進されたのであった。このような成文憲法の先駆けとしては，1776年から1789年にいたる間に制定されたアメリカ諸州の憲法や，1791年のフランス憲法をあげることができる。これらの憲法は，①成文憲法の形式をとるとともに，②国家の基本法としての性質から，法の一般の法令よりもその変更を困難にする規定を設けると同時に，③そこでは，法体系上の位置づけとして，憲法は国法体系のなかでもっとも強い効力をもつ最高段階の法であるという考えが確立した。このように，成文化され，かつ一般の法令よりも強い効力を有する憲法典を形式的意味の憲法という。

（4） 実質的意味の憲法

実質的意味における憲法とは，憲法が成文の憲法典という形式をとっている場合とそうでない場合とを問わず，およそ実質的に国家の基本秩序を構成して

いる法の総体を指していう。現代においても，たとえばイギリスのように成文の憲法典を有しない国家があり，そこではなお憲法とはこのような実質的意味の憲法としてとらえられているのである。すなわち，イギリスにおいては，①他の国家の場合には当然に憲法典によって定められるべき事項が通常の法律の形式で定められている（1679年の人身保護法，1700年の王位継承法，1911年の議会法など）のであり，②また，このような法律として成文化されていない実質的部分についても，慣習法または習律として憲法上確立されていること（国王の政治的無問責の原則，大臣助言制，議院内閣制など）に注意が必要である。

3　憲法の種類

以上の他，憲法は，制定手続や改正手続によって，その種類が分類される。

(1)　欽定憲法・協約憲法・民定憲法

(a)　欽定憲法　　欽定憲法とは，君主主権の思想にもとづいて君主が制定し，君主から国民にいわば恩恵として与えるものとされている憲法をいう。たとえば，1814年のフランス憲法や19世紀後半のドイツ諸邦の憲法，明治憲法などがこれにあたる。

(b)　協約憲法　　他方，協約憲法とは，君主国において，君主のみの意思によるのではなく，君主と国民代表との合意によっていわば両者の主権の妥協として制定される憲法をいう。

(c)　民定憲法　　これに対して，民定憲法とは，国民主権の思想にもとづいて，国民がその選出する議会または特別の憲法制定会議によって制定する憲法をさす。アメリカ諸州の憲法その他の多くの共和国の憲法がこれに属する。

(2)　硬性憲法・軟性憲法

(a)　硬性憲法　　硬性憲法とは，通常の法律改正の場合とは異なり，それを改正するためにとくに慎重ないしは厳重な手続を必要とする憲法をいう。前述したように近代の成文憲法は硬性憲法であることが一般的であり，明治憲法も日本国憲法も，ともに硬性憲法である。

(b)　軟性憲法　　一方，軟性憲法とは，その改正には通常の法律の改正の場合と同じ手続で足りるとする憲法をいう。前述したようにイギリス憲法は不文憲法であるため，法律の形式で存在する規範は法律と同じ手続で改正すること

が可能である。また憲法上の慣習や習律もその性質上，法律の改正をも必要とせず改正することができる。しかし，このような性質にもかかわらず，イギリス憲法においては，その中心的部分である立憲君主制や議員内閣制の原則などはきわめて強い安定性を維持していることが注目される。

4　憲法の法源

実質的意味の憲法の存在の態様はさまざまである。前述したように，憲法や法律という成文法の形式で存在するものもあれば，他方で憲法上の慣習または習律のように不文法として存在するものもある。

（1）成文法源

(a)　成文法源の種類　　成文の憲法法源としては，代表的な例として，①条約（国際連合憲章，経済的，社会的及び文化的権利に関する国際規約，市民的及び政治的権利に関する国際規約，日米安全保障条約など），②法律（皇室典範，国籍法，国会法，内閣法，国家行政組織法，裁判所法，財政法，会計法，教育基本法，人身保護法，請願法など），③議院規則（衆議院規則，参議院規則），④最高裁判所規則，⑤条例（公安条例，青少年保護条例など）をあげることができる。

(b)　法源の効力の優劣関係　　以上にあげた諸法源はその効力において違いがあり，一般に憲法を頂点として法的効力の上下関係が形成されている。すなわち，法律の形式的効力は憲法のそれよりも下位にある。したがって，法律は憲法に反することは許されず，憲法に反する法律は無効となる。同様に，条例，衆議院規則，参議院規則，最高裁判所規則についても，それらが憲法に反するときは無効となる。ただし，これらの条例，衆議院規則，参議院規則，最高裁判所規則と，法律との間の効力の優劣関係については，法律の形式的効力が優越する。

(c)　憲法と条約の効力の優劣関係　　憲法と条約の効力の優越関係をめぐっては，基本的に国内法と国際法との関係をどのようにとらえるかという点で見解が分かれる。国際法である条約と国内法である憲法はたがいに異なった独立の法体系であるとする，いわゆる国内法と国際法の二元論（分立説）の立場にたつ場合は，両者の効力の優劣関係はそもそも問題とはならない。

他方，これに対して，国際法と国内法は相互に独立した法体系ではなく，と

もに合体して統一的な法体系を形成するととらえる一元論（統一説）の立場においては，条約と憲法の抵触関係が生まれ，そこに両者の効力の優劣問題が生じることとなる。

現代においては，国際社会と国家とは無関係ではありず，現実問題として，一国が他国と条約を締結した場合は，その履行義務をはたさなければならない。この点で，ほとんどの憲法学説は，憲法98条2項が「日本国が締結した条約及び確立された国際法規は，これを誠実に遵守することを必要とする」と規定しているのは，わが国が当事者となっている条約は同時にわが国の国内法の構成部分をなすという国際法と国内法の一元論を採用する趣旨を示したものと解している。

そして，そのうえで，憲法と条約の効力の優劣問題については，憲法の効力が条約のそれに優越するという，いわゆる憲法優位説をとるのが通説的見解であるといってよい。この憲法優位説においては，①憲法98条には条約遵守義務が定められているが，同時に99条は条約締結権を有する内閣の閣僚に対しても，また締結に承認を与える国会議員に対しても憲法を擁護し尊重する義務を定めていること，②憲法の改正には国民主権の現れとしての国民投票が必要とされている（96条）にもかかわらず，条約の締結は国会の承認だけでたりる。したがって，条約に対して憲法に優越する効力を認めることは，憲法の基本原則である国民主権主義に反すること，③81条が条約に対する違憲審査を除外しているのは，法律や命令などと異なり，条約が相手国との意思の合致を必要とし，わが国だけの意思でその内容を決定することができないという性質のものである点を考慮に入れて憲法上に明文の規定を設けなかったにとどまるのであって，81条は違憲の条約の存在を認める趣旨ではない，とするのがその主要な論拠である。

条約の合憲性が問題とされた事例としては，旧日米安全保障条約の違憲性が争われた砂川事件（最大判昭34・12・16刑集13巻13号3225頁）がある。同事件上告審で最高裁は，日米安全保障条約は「一見極めて明白に違憲無効であると認められない限り」は違憲審査権の範囲の外にあるものと判示して，合憲性の実質審査を回避した。しかし，一方でこの判決は，同条約がはたして「一見極めて明白に違憲無効」であるかどうかについて審査を行ったことを意味するもので

もある。この点から，判例においても，基本的な考えかたとしては条約にも違憲審査権が及ぶことを前提としているということができるのであり，このように違憲審査権が及ぶとする以上は，憲法と条約の効力の優劣問題について，そこでは憲法優位説が承認されているとみるべきであろう。

（2）不 文 法 源

不文法源としては，憲法慣習と憲法判例があげられる。

(a) **憲法慣習**　前述したように，不文憲法の国であるイギリスにおいては，憲法の中心的部分が長い憲法史の過程で慣習法として成立し発展してきた。このように慣習法として存在する憲法の実質的な構成部分を憲法慣習という。一般的にいえば，成文憲法の国においては，このような憲法の実質的な構成部分（実質的意味の憲法）は前述した憲法典の形式（形式的意味の憲法）をもって定められるため，憲法慣習は不文憲法の国におけるほどの憲法上の重要性をもたないとする見方もある。

しかし，成文憲法の国においても，①憲法問題のすべてを網羅的に成文化することは困難であり，②成文規定がある場合においても，性質上，憲法の規定は抽象的であることが通例であること，などから憲法規定を具体化し実行する過程で，先例や慣行の繰返しをとおして憲法慣習が成立する必然性は否定することができない。もっとも，成文憲法の下においてすべての先例や慣行が憲法慣習となるわけではない。このような憲法上の先例や慣行が憲法慣習となり法的な効力を獲得するためには，①先例や慣行が長期にわたって反復されること，②そして，その先例や慣行に法的な価値を認める広範な国民的合意が成立していること，という要件が必要と考えられている。このような要件を満たしたものが法的性格を獲得し，憲法の法源となるのである。

(b) **憲法判例**　判例に法源性を認めることができるかという点については，判例の先例拘束性の理解をめぐって議論のあるところである。イギリスのような判例法の国においては，先例拘束性の原則が厳格に維持されており，その原則の下において判例を変更しようとする場合は原則として法律の制定が必要であると考えられている。すなわち，判例を変更することができるのは原則として法律のみである。判例がこのような強い拘束力をもつ場合には，その判例に法源性を認めることは容易であるが，わが国においては，このような先例拘束

性の原則は憲法上は認められていない。したがって，日本国憲法上は厳密にいえば，判例は法的な拘束力を有するものではない。

　しかし，わが国においても，最高裁判所の憲法判決は「事実上」の先例拘束性をもつとするのが，通説である。なぜなら，法的安定性の確保という視点からは，同種の事例には同一の法的結論を与えることが望ましいし，裁判実務の実際においてもまたそのように取り扱われているからである。このように判例が事実上，先例としての役割をはたしているという意味において，わが国においても判例は事実上の憲法法源となると考えてよい。

　もっとも，このような法源性をもつのは，判決文のなかの「判決理由」にあたる部分である。判決は大きく「主文」と「判決理由」とで構成されるが，わが国の違憲審査性は付随的審査性であるため，憲法判断は主文には現れず，判決理由のなかに示される。判決理由は判決の結論に到達するのに必要不可欠な理由となっている部分をさすものであり，英米法において先例拘束性を有するのはこのような判決理由の部分である。わが国においても憲法法源性を有するのはこのような判決理由の部分であると考えられている（「判決理由」(ratio decidendi) の内容中には，必要不可欠な理由以外の理由を示したいわゆる「傍論」(obiter dicta) とよばれる部分があるが，英米法においては，この傍論には先例拘束性は認められていない）。

第2節　憲法の最高法規性

1　憲法規範の性質

　近代的意味の憲法は近代市民革命の成果として登場したものである。したがって，そこには市民社会形成の原動力となった広い意味での近代立憲主義の中心的価値が体現されている。

（1）　授権規範・制限規範としての憲法規範

　憲法は国家の機関を定め，すべての国家機関に国家作用の権限を授権する国の根本法である。すなわち，憲法によって，立法権，司法権，行政権，および憲法改正手続等についての国家作用の基本的な規律が設けられる。このように国家権力の組織を定め，かつ授権する規範が憲法規範である。

そして，このような憲法の授権作用について重要なことは，国家機関に権限を授権する授権の主体が国民であるという点にある。近代以前の君主主権の国家体制において，君主はその主権ないしは統治権を神意によって（王権神授説），あるいは国民意思とは異なる王国の伝統や慣習に基礎をおく「王国の基本法」(fundamental law of the realm, lois fundamentales du royaume) によって授権されていた。近代市民革命は，主権の担い手を君主から国民へと転換すると同時に，国家権力の授権主体を神の意思や王国の伝統から国民自身へと転換したのである。この意味で，権力の授権規範としての憲法の概念はまさしく国民主権の表象であるといってよい。

同時にまた，憲法規範は，授権規範であるばかりでなく，権力に対する制限規範でもある。一般に，権限を授権するということは，その性質上，権限を制限することと同じ意味をもつ。なぜなら，権限を授けられた者は，その権限の範囲内においてしかその権限を行使することができないからである。憲法はこのことを法的に明らかにする文書であり，その理念を具体化することをとおして人権を保障するという意味において，まさしく自由の基礎法であるといえる。

(2) 憲法の最高法規性

憲法は，国法秩序の段階構造において最も強い形式的効力をもつ法規である。日本国憲法は，「最高法規性」と題する独立した章（第10章）を設け，「この憲法は，国の最高法規であって，その条規に反する法律，命令，詔勅及び国務に関するその他の行為の全部又は一部は，その効力を有しない」（同章98条1項）と述べて，明文でその最高法規性を宣言している。

(a) 憲法の形式的最高性　以上のような憲法の最高法規性の根拠は，基本的に，日本国憲法がその法形式上，硬性憲法の法形式をとった成文憲法である点に求められる。すなわち，日本国憲法は，憲法改正の手続を定めた96条1項において，憲法を改正するためには通常の法律の改正の場合とは異なった困難な手続（各議院の総議員の3分の2以上の賛成による国会の発議と，それにもとづく国民投票）を要求している点で，憲法が通常の法律とはその存在の段階構造において明らかにことなる上位の存在であることを明示しているからである。すでに述べたように，一般に近代の成文憲法はこのような特別な改正手続を定めており，憲法の形式的最高法規性の根拠は，以上のような成文硬性憲法の性質

から導き出されるものである(したがって98条1項が宣言する憲法の最高法規性は，理論構造上は96条の改正規定から導き出される結論を確認するという性質のものといえよう)。

(b) 憲法の実質的最高性　　憲法の最高法規性の根拠は，以上のように憲法の形式性に着目して導き出すことが可能である。しかし，憲法を国法体系における最高の規範であるとすることの中心的意義は，前述したように，憲法が本来，人間の権利をあらゆる国家権力から不可侵のものとして保障する権力制限の規範規範であるというところに求められるべきである。すなわち，近代西欧の市民国家において，憲法は不可侵の人権を保障する法規であるためにつねに他の法律の上位にある「高次の法」(higher law) として理解されてきたのであり，憲法をこのような人権保障の「高次の法」として把握するところにこそ，その最高法規性を積極的に承認する実質的根拠がある。

2　憲法の最高法規性の保障——憲法保障制度

憲法規範は国法体系において最高規範としての地位を有するものではあるが，他方で多様な国家作用のなかで不断に生起する法的，政治的な変化の渦中におかれていることも事実である。すなわち，最高法規である憲法といえども，憲法規範と矛盾するような下位の法律等の規範が定立されることによって，あるいは政治権力の保持者による憲法違反の行為によってその最高規範性を脅かされる事態が生じることがある。そこで，一般に近代憲法はこのような事態に対して，憲法の基本的な価値や秩序をまもると同時に，自己の存立を維持するための制度をあらかじめ設けてきた。このような制度を「憲法保障」(Verfassungsschutz) 制度という。

(1) 構造的憲法保障制度

憲法保障制度のなかで，とくに具体的な憲法構造の内部において制度化されているものを憲法の「構造的保障」(konstruktiven Sicherungen) 制度とよぶことができる。このような制度として，とくに次の諸制度をあげることができる。

(a) 権力分立　　権力分立の原理は，一般に国家権力を立法，司法，行政の三権に分割することによって権力の一極集中を排除し，それによって国民の基本的人権を保障することを第一義的な目的とするものである。しかし，同時に

この権力分立のメカニズムにおける複数の権力間の相互の「抑制と均衡」（チェック・アンド・バランス）の作用は，ある特定の権力が憲法違反の行為を行うことを防止する機能をもっている。たとえば，日本国憲法における衆議院の内閣不信任決議（69条）や，内閣による衆議院の解散（7条）制度などは，政治過程における抑制と均衡作用を用いた憲法保障制度の典型であるといってよい。

(b) 違憲立法審査制　権力間の相互の抑制と均衡のメカニズムのなかでも，立法行為や行政行為に対して，その合憲性を直接に判断することを目的とした裁判所の違憲審査権は，その性質上，憲法の「法的保障」の最も確実な方法として，西欧型の立憲主義憲法の憲法保障制度において重要な役割をはたしてきた。後述するように，この違憲審査権のありかたとしては，ドイツの違憲審査制度に代表されるいわゆる抽象的規範統制型（憲法裁判型）と，アメリカの制度に典型的にみられる付随的審査型（司法裁判型）の2つの方式がある。抽象的規範統制型においては，立法がなされると，原則として具体的な国家行為や事件の生起をまたずにただちに問題の立法の合憲性を審査することが認められる（抽象的規範統制）ため，それらの要件の充足が必要とされる付随的審査型の場合と比較すると，より直接的で積極的な憲法保障の方式であるといえる。日本国憲法81条の違憲立法審査権の性質について，わが国の通説・判例は，制度の創設の経緯および司法権の制度の構造からみて，それをアメリカ型の付随的審査型として位置づけているが，近年の学説においては，両制度間にいわゆる「合一化傾向」がみられることを理由として，違憲審査権の性質それ自体の再検討の必要性が指摘されていることが注目される。

(c) 公務員の憲法尊重擁護義務　憲法はその最高法規性を確保するために，とくに憲法の運用に関与する立場にあるものに対して，憲法を尊重し擁護する義務を課すことがある。日本国憲法も，この観点から99条において，天皇，摂政，内閣総理大臣をふくむ国務大臣，国会議員，裁判官その他の公務員に対して憲法尊重擁護義務を課している。

この99条の性質をめぐっては，同条は①倫理的，道徳的な要請を規定したものと理解する立場と，②法的な義務とみなす立場が対立してきたが，同条を単なる道徳的規定とするのは憲法保障の趣旨にてらして妥当ではない。99条はそれ自体としては抽象的ではあるが，法的性質のものととらえたうえで，具体的

な法律の制定によってその義務内容が定められると考えるべきであろう（憲法や政府を暴力によって破壊することを主張する団体を結成し，あるいはそれに加入したことを公務員の欠格事由とする国公法38条5号や地公法16条5号がその例である。ただし，これらの法律の内容の合憲性については，思想・表現の自由の保障との関係で個別の検討が必要とされよう）。

また，この99条の義務内容をめぐっては，国務大臣による改憲発言の憲法上の妥当性がしばしば問題とされてきた。この点について，学説上は一般に，①憲法自身がその改正を予定した憲法改正手続を定めていること，②立場上一定の制約を受けるものの，国務大臣も基本的には思想・表現の自由を有することを理由として，改憲発言をなすこと自体は憲法尊重擁護義務に反することにはならないと考えられている。ただし，この場合においても，99条の趣旨からすると，①その発言内容は憲法改正の限界の範囲内にとどまるべきこと，②憲法が定める改正手続以外の方法による憲法変更を求めるものでないこと，などの限界があるというべきであろう。

(d) **憲法改正手続**　憲法改正に一定の手続を定めることは，憲法改正の作用に合法性を与えると同時に，他方で，そこに一定の加重された改正の手続要件を定めることによって，憲法規範の変容を抑止する機能をもっている。この点について従来は，憲法保障が問題となるのは，憲法がみずから定める正式の「改正」以外の方法で変更されることを防止しようとする場合に限られるとして，憲法改正に関する手続を憲法保障の範疇から除外する考えかたがあった。しかし，前記の理由から現在ではひろく憲法改正手続も「構造的憲法保障」制度の重要な一環であると考えられている。前述した違憲立法審査制が憲法違反の立法に対する「事後的」あるいは「匡正的」な憲法保障をめざした代表的な憲法保障制度であるとするなら，これに対して，憲法改正手続は憲法規範が変更される以前の段階で憲法規範の変容を抑止する機能をもった，いわば「予防的」な憲法保障制度であるということができる。

（2） **抑圧的憲法保障制度**

近代憲法の大きな特徴の1つは，以上のような多様な憲法保障制度を発展させてきたところにあるといえる。それをさらに積極的におしすすめた憲法が，第2次世界大戦後に制定されたドイツ連邦共和国憲法（ボン基本法）である。

(a)　「たたかう民主主義」の憲法保障制度　　この憲法は，その指導理念である「たたかう民主主義」(streitbare Democratie) の理念のもとで，憲法価値の実質的核心である「自由な民主的基本秩序」に敵対するものに対しては憲法が保障する諸自由を認めないとする徹底した憲法保障の方式を採用している。すなわち，同憲法は，①「自由な民主的基本秩序」を攻撃するためにその自由を濫用するものに対しては，連邦憲法裁判所がその基本的人権の喪失を宣言することのできる「基本権喪失」(Verwirkung von Grundrechte) の制度（18条）を設け，②政党のうち，その目的または党員の行為が「自由な民主的基本秩序」の侵害等をめざす場合には，連邦憲法裁判所が違憲宣言を行い，政党の解散を命じ，議員の議席を剝奪するなどの制裁を科すことを認める「政党禁止」(Parteiverbot) 条項（21条2項）をおいている。これらの規定はいずれもナチス党に代表される1930年代以降の反憲法的勢力によって「憲法の危機」を迎え，ついには崩壊するにいたったワイマール共和国の教訓にもとづくものであり，「民主主義の敵対者」(Gegner der Democratie) が，ほかならぬ民主主義を手段とすることによって民主主義体制そのものを打倒しようとする憲法の危機的局面を事前に阻止することを目的としたものである。

　ただし，これらの制度は，これまでに述べた伝統的な「構造的憲法保障」の諸制度の場合と比較すると，きわめて異質な側面をもっている。すなわち，「構造的憲法保障」の諸制度は，国家権力の直接の担い手である国家機関によるいわば「上からの憲法軽視」(Verfassungsmissachtung von oben)」に対抗し，国家権力の濫用による攻撃から憲法の基本的価値秩序を守るための手段として憲法構造のなかに組み込まれてきたものである。一方，これに対して，「たたかう民主主義」にもとづく憲法保障の方式は，憲法に対するいわゆる「忠誠義務」が国家権力に対するばかりでなく，直接に個人や政党といった非公権力主体に向けられている点で，まさしく「下から」(von unten) の憲法攻撃を阻止しようとするものである。憲法の主たる目的が国家権力を縛り自由を確保することにあるとする近代立憲主義の論理からすれば，憲法を遵守する義務を負うのは国家権力の側であって，国民はその国家権力に憲法の遵守義務を負わせる主体であったはずである。この点から，ドイツの学説においても，国民が憲法保障の対象となり基本権が制限されるとするのは，主権者である国民に対するいわば

「抑圧的憲法保障」(repressiven Verfassungsschutz)というべきであって，それはまさしく憲法保障を確保しようとしながら，しかし実際はこれとは逆に，基本的人権の保障といった真に守られるべき憲法の基本原則を放棄するというきわめて矛盾した制度であると批判されている。

(b) 日本国憲法と「憲法の番人」　これに対して，日本国憲法における憲法保障の形態は，伝統的な「構造的憲法保障」の枠組のなかにある。前述したように，憲法99条が規定する憲法尊重擁護義務を直接に課せられるのは国家権力の保持者の側であって，国民ではない。また，権力分立の制度も，国家権力相互間の抑制と均衡の作用をとおして，権力の側からの憲法攻撃を阻止し人権を保護するための制度である。もっとも，これらのことは憲法保障についての国民の役割を排除するものではない。どのようにして憲法保障を実現するかという問題は，究極的には最終的な「憲法の番人」(Hüter der Verfassung)はだれか，という問題に行き着くはずである。この問いに答えようとすれば，それは政治過程をふくむ国家作用のさまざまな局面で主権者として行動すべき国民自身であるというべきであろう。

第3節　憲法制定権力と憲法の変動

1　憲法制定権力
（1）　憲法制定権力の意味

「憲法制定権力」は，国家の基本法である憲法を制定する国家の始源的な権力であり，憲法を制定することをとおして国家の法秩序の諸原則を確定し，国家の諸権力とその制度を創造する権力である。この憲法制定権力の観念はフランス革命（1789年）において近代的な意味での憲法を生みだす理論上の原動力となり，その後もながく憲法の本質をどのように理解するかという問題や国民主権の意味，憲法改正権の性質とその限界の問題など，憲法学上の基本的な問題を体系的に理解するための理論的契機として，学説上重要な位置をしめている。

（2）　憲法制定権力論の成立とその意義

憲法制定権力の観念を統一的に理論化したのが，フランス革命において指導的役割をはたしたシェイエス（E. Siéyès）であった。シェイエスは『第三身分

とはなにか』(1789年) という著作のなかで，この憲法制定権力を定義して次のように主張した。

① 憲法制定権力の始源性　憲法制定権力は，たとえば立法権や行政権，司法権などの「憲法によって作られた力」(pouvoirs constitués)ではなく，「憲法を作る力」(pouvoir constituant) そのものである。したがって，憲法制定権力は国家における始源的な権力であると同時に，実定法を超越する最も優越的な権力である。

② 憲法制定権力の主体　憲法制定権力を発動することができるのは国民のみである。国民はすべてに優先して存在し，その意思はつねに合法であり最高の法である。この国民意思はわずかに自然法によってのみ拘束されるにすぎない。

③ 憲法制定権力の無限界性　国民が発動する憲法制定権力はいかなる憲法にも拘束されない。国民意思は絶対的であり，したがって国民が発動する憲法制定権力はいかなる憲法にも拘束されず，その憲法を自由に「変更」し「改正」することができる。

　以上の憲法制定権力論の憲法学上の意義は，第1に，憲法を国家の最高法とする近代憲法理論の基礎を確立した点にある。すなわち，憲法は憲法制定権力という国家の始源的，優越的な権力によって制定される法であり，この点で通常の法律とは法的な段階を異にするものである。憲法の最高法規性の理論は，この憲法制定権力論から導かれる必然的な帰結であるといってよい。

　第2に，この憲法制定権力論は，憲法が国民の意思によって「制定される」法であることを明確化した。すなわち，前述したように，近代革命以前の国家において，「王国の基本法」はなんらかの人為的な力によって制定されるものではなく，王国の伝統や慣習によっていわば「所与のもの」として存在していた。これに対して，憲法制定権力論は，憲法がまさしく自由な「国民の意思」によって創造されるべきものであることを明らかにしたのであった。

　第3に，憲法制定権力論は，この場合の国民の地位がまさしく主権者としての地位であることを明らかにした。すなわち，憲法は国家の構造を決定する最高法であり，そのような法を制定することができるのは主権者のみである。国民の主権は，このような憲法を制定するところに発動されるのである。この意

味で，憲法制定権力論は国民主権の理論的コロラリーの１つであったといえよう。

(3) 「憲法制定権力」と「憲法改正権」の分離論

憲法制定権力論は，以上に述べたように国民主権の理論と結びついて封建的な法制度を変革し，近代憲法体制を形成する原動力となった。しかし，このシェイエスの理論には大きな課題が残されている。それが「憲法制定権力」と「憲法改正権」の関係をどのようにみるかという問題である。すなわち，前述したように，シェイエスの理論に従えば，主権者である国民はつねに実定法を超越する憲法制定権力を保持しており，この憲法制定権力を発動することによって自由かつ全面的に憲法を変更することが可能である。そうであるとすれば，近代憲法を生み出した力が，かえってその憲法の存在それ自体を不安定なものとする要因とならざるをえない。

そこで現代の憲法学説においては一般に，「憲法制定権力」と「憲法改正権」とは明確に区別すべきものとされ，両者はことなる次元のものとしてとらえられている。すなわち「憲法改正権」は，「憲法によって作られた力」であるにすぎないものであり，したがって実定法を超越する万能の力である「憲法制定権力」（「憲法を作る力」）の発動の場合とは異なって，「憲法改正権」の行使には一定の限界があるとするのがそれである。これがいわゆる「憲法改正の限界」の問題として指摘される問題であり，「憲法改正権」は自分自身を創設した「憲法制定権力」の意思の核心（憲法の基本原則）を変更することはできないという理論の根拠である。

(4) 憲法制定権力の「潜在化」論と「凍結」論

以上に述べたように，「憲法改正権」は自分自身を創設した「憲法制定権力」の意思を超えて行動することはできない。それでは，このような憲法改正権をはじめとする国家の諸権力を創設した――すなわち新たな実定憲法を制定した――憲法制定権力は，その憲法を制定した後はどのような存在となるか。この点については，諸外国およびわが国の憲法学説において，①憲法制定権力は，実定憲法を制定した後も依然として国民の手中に潜在的に残っており，必要な場合には再び発動される（潜在化論）とする考えかたと，②実定憲法を制定した後は，憲法制定権力はその発動を永久に凍結され，実際に発動可能な実体的な権

力としてではなく自分自身が創造した憲法の正当性を支える「理念」へと変化する（凍結論），という考えかたが対立している。

　これらの学説のうち，①の潜在化論の立場にたつとすれば，そこにはつねに憲法の全面変更の可能性が残ることになり，理論上は前述した憲法保障の理念との関係で問題が生じることになろう。また，この考えかたをとるとすれば，近代憲法の価値を保持するために現代の憲法学説が一様に「憲法制定権力」と「憲法改正権」とを理論上分離し，「憲法改正権」の行使に一定の限界を設けたことの意義が縮減される可能性がある点にも問題が残されている。フランス革命の時点でシェイエスが「憲法制定権力」と「憲法改正権」とを事実上同一視し，「万能の憲法改正権」の存在を主張せざるをえなかったのは，アンシャン・レジームの支配階級が維持しようとしていた封建的な憲法（王国の基本法）を全面的に変更するためにまさしくそのような理論構成が必要であったからである。以上の点を総合して，近年の学説上においては，むしろ②の凍結論が有力に主張されているといってよい。

2　憲法の変動
(1)　憲法改正

　憲法はその制定時には予想できなかったような政治状況の変化，経済・社会的構造の変化や国際関係の変化に直面することがあり，そのような場合に憲法改正が問題となる。

　(a)　憲法改正手続　　日本国憲法においては，前述したように憲法の改正は通常の法律の改正とは法的次元がことなるとする視点から，「各議院の総議員の三分の二以上の賛成で，国会が，これを発議し，国民に提案してその承認を経なければならない。この承認には，特別の国民投票又は国会の定める選挙の際行はれる投票において，その過半数の賛成を必要とする」(96条)と規定されている。この場合の「発議」とは，国民に提案する憲法改正案を決定することをいい，国会議員のみならず，内閣も改正原案を作成しこれを国会に提出することができる。また，「国民投票」の実施にあたっては法律（憲法改正国民投票法）が制定されなければならないが，現在のところは未制定である。国民投票の「過半数」について，通説は有効投票の過半数を意味するものとしている。

(b) 憲法改正の限界　憲法は人権を保障し国家構造の基本的枠組を決定する国の最高法であるため，その改正は通常の法律の改正の場合とはことなり，国家のありかたそれ自体の変更を意味することがある。この点から，憲法改正をめぐっては，①そこになんらかの限界を認める改正限界説と，②これと異なり限界なく改正を認める改正無限界説とが憲法史上ながく対立してきた。

これらの学説のうち，改正無限界論の論拠の第1は，前述したように「憲法制定権力」と「憲法改正権」とを同一視し，「憲法制定権力」の無限界性を「改正権」のなかにいわば投影して，そこから「改正権」の無限界性を肯定しようとするものである。しかし，この点についてはすでに述べたように，「憲法を作る力」（憲法制定権力）と「憲法によって作られた力」（改正権）とは本来，法的次元がことなるものである。「憲法制定権力」によって創設された「改正権」がそれを生みだした「憲法制定権力」の意思の核心を変更しうるとすることは理論上の矛盾である。第2に，改正無限界論は，旧ドイツのいわゆる法実証主義の理論のもとで主張された。すなわち，この法理論は国家こそが最高の存在であり，あらゆる法の淵源であるととらえ，このような国家の命令としての法という意味では憲法も法律も区別なく同一次元で無限界に改正しうると考えるものであった。すなわちそこでは，近代立憲主義の成果である憲法の最高法規性という観念は形式的にも実質的にも否定されていたのである。

これに対して，今日では諸外国においてもわが国においても，学説上は改正限界論が通説であるといってよい。その論拠としては，第1に，これまでに述べたように，憲法改正権は憲法制定権力によって創設された「実定憲法上の制度化された権力」であるにすぎないため，実定憲法上に表された憲法制定権力の意思の核心を変更することはできないということがあげられる。

そして第2に，以上のことは視点を変えると，憲法の規範には立体的な2つの構成部分があることを認めることを意味する。すなわち，その構成部分は，①その憲法の内容を規律しその基本原則を定める根本規範というべき部分であり，憲法制定権力がその憲法制定にあたってとった根本的立場をしめしたものと考えられる部分（憲法制定権力の所在をしめし，憲法の基本原則を定めた部分）と，②その根本規範を具体化するために，そこから派生したその他の規範で構成される部分である。このような憲法規範の段階構造を認めるとすれば，

それは当然に憲法改正に限界があることを認めることでもある。すなわち，法律の制定や改正によって，その法律の上位にあってその法律の根拠や基本原則を定めているところの憲法を変更することができないのと同様に，憲法を改正することによって，その憲法の上位にありその憲法の根拠をなし，その憲法の基本原理を定めている根本規範の部分を変更することは，論理的・法的に不可能であると考えなければならない。すなわち，憲法の基礎である憲法制定権力すなわち主権の所在を変更したり，憲法の基本原則を変更することは，憲法を超えた作用によるのでなければ論理的には不可能であって，憲法によって認められた憲法改正の作用によっては不可能であるというべきである。1946年のフランス憲法が共和政体は憲法改正の対象となりえないことを定め，1949年のドイツ連邦共和国憲法（ボン基本法）が連邦制度，国民主権，基本的人権などの基本原則に影響を及ぼすような憲法改正を禁止しているのは，このことを意味している。そして，このことを日本国憲法にあてはめていえば，そこでは国民主権主義，人権尊重主義，平和主義の基本原則が憲法改正の限界を構成していると考えられるべきである。

(c) 日本国憲法の制定手続と憲法改正の限界　　日本国憲法の制定は，明治憲法の改正として行われた。すなわち，内閣草案は枢密院に諮詢された後，明治憲法73条の憲法改正手続に従って，1946年（昭和21年）6月20日に勅書を付して帝国憲法改正案として第90回帝国議会に付議され，10月7日に最終的に議決された。このような日本国憲法の制定のプロセスにおける問題は，以上のように日本国憲法が形式的には明治憲法の「改正」の手続によりながら，しかしその憲法の内容においては明治憲法の基本原則は変更され，結果として明治憲法と日本国憲法との間にはなんらの同一性が存しないという点にある。すなわち，日本国憲法は国民主権を明記するとともに，前文において「ここに主権が国民に存することを宣言し，この憲法を確定する」と述べて憲法制定権力が天皇にではなく国民に帰属することを宣言しているのであり，このことをみる限りにおいては，日本国憲法の制定は形式的には明治憲法の「改正」手続によって行われたものではあっても，その実質は「改正」によってはなしえないはずの新憲法の「制定」であった——すなわち憲法改正の限界を超えて行われたもの——といってよいであろう。

ただし，この問題を考える場合には，憲法の制定に先だつポツダム宣言（日本における軍国主義の除去，平和的政府の樹立，基本的人権の尊重，国民主権の確立を目的とする）の受諾の法的意味を適切にとらえる必要がある。1945年（昭和20年）8月15日，日本が同宣言を受諾した際には，「日本国政府の最終の形態」すなわち憲法は「日本国民の自由に表明する意思」にしたがって決定されるべきものとする連合国の要求（昭和20年8月11日の連合国回答）をも受諾していた。このことは，ポツダム宣言の受諾によって，すでに歴史的事実として天皇主権が放棄され，国民に憲法制定権力すなわち主権が帰属することとなったことを意味する。この結果，明治憲法は形式上は依然として効力をもっていたのではあるが，ポツダム宣言の内容と矛盾するかぎりにおいて，その本来もっていた内容は失効していたと考えざるをえない（8月革命説）。そして，すでにその失効した部分に代わってポツダム宣言の内容が新たな法的基本原則となっていたというべきであり，日本国憲法はその新たな基本原則をいわば継承し，実定化したといえる。以上の点から，憲法学の通説においては，日本国憲法がたとえ手続上は明治憲法の「改正」の形式をとって成立したものであるとしても，その「改正」作用は憲法改正の限界を超えるものではないと考えられている。

（2）憲法変遷

(a) 憲法変遷の意味　法の世界において，規範と事実の間にはつねに緊張関係が存在している。憲法規範の場合においても，憲法の改正によらず，すなわち憲法の条項の文字は変更されず従来のままでありながら，その条項の意味や実際の行われかた，あるいはその条項の規範力が変更されたとみるべき場合がある。このような現象を「憲法の変遷」（Verfassungswandlung）という。憲法の「改正」がいわば明示的で一時的・一回的な方法による憲法の変更であるのに対して，憲法の「変遷」は黙示的で長期的・継続的に憲法の意味が変更されるものである。このような憲法の変遷は，立法，議会や内閣の行為，裁判所の判決，慣例，先例の堆積などによって生じる。とくに，憲法が裁判所に違憲立法審査権をあたえている場合や，特別の憲法裁判所を設けて違憲立法審査の権限を認めている場合には，これらの裁判所の憲法解釈にもとづく判例によって，憲法の条項の意味が制定当時に認められていたものとはことなったものに変更されるケースが一般的である。

(b) 憲法変遷の要件　憲法変遷の契機は，以上のように法律や判決その他によって憲法違反の事実ないしは現象が発生することから生じるものであるが，学説上は，憲法変遷の要件としてはそれだけではたりず，憲法が変遷したというためには，①憲法違反の事実に「法的な効力」が認められ，これとは反対に憲法規範の方がその効力を失っているという事態にあることが要求されている。また，これと同時に，②このような憲法違反の事実ないしは現象に対して，そのことに反対しないという国民の「法的確信」すなわち国民の大多数の「異論のない承認」が必要とされる，というように厳格にとらえられている。成文憲法のもとにおいて，憲法規範の意味の変更が求められるような場合には，本来，憲法の手続にしたがった「改正」という方法でそのことに対処すべきであるからである。

第2章 憲法史

　昭和16年12月に勃発した太平洋戦争は，昭和20年8月，ポツダム宣言を受諾した日本の敗戦により終戦を迎えた。このポツダム宣言の内容及びその後の連合国の占領政策が日本国憲法の制定に大きな意味を持つことになるが，本章においては，まず，これらに影響を及ぼした欧米の市民革命，その流れの中での明治憲法の制定，そして敗戦後の日本国憲法の制定過程について触れていく。

第1節　欧米の憲法史

1　イギリス

　イギリスにおいては，17世紀初頭以来王権と議会の対立が活発化し，議会が，1649年のピューリタン革命，1688年の名誉革命を経て勝利を収め，その成果が1689年の権利章典において確認された。ここでは，ジェイムズ2世の悪政が12項目にわたり列挙され，さらに，国会の同意なしに，法律の執行停止・金銭の徴収・常備軍の募集等を行うことを禁止し，過大な保釈金を禁止し，請願権，武器携行権，自由な選挙，議会での自由な討論等が求められた。もっとも，これら要求は「聖俗の貴族及び庶民」が「古来の自由と権利」を主張するという構成になっている。そして「古来の自由と権利」とは，封建貴族が国王から独立して被治者を支配する特権を承認した1215年のマグナ・カルタに遡るとされ，したがって，「自由と権利」は「人一般の国家からの自由」を必ずしも意味していない。しかしながら，名誉革命は議会内における民衆派（独立自営農民）が寡頭派（貴族・大地主・特権商人）に対して勝利を収めたという側面もあり，単なる伝統の復活ではないとされている。

　このようなイギリスの革命を自然法理論によって基礎づけたのがロックである。ロックは，自然状態において万人は平等で独立しているが，その保全のために同意にもとづいて政府をつくることができる。しかし，その政府が本来の

目的を逸脱すれば，人々はこれに服従する必要はなく，新たな政府を作ることができるとした。このロックの思想を受け継いだのが1789年のフランス人権宣言である。

2 フランス

フランス人権宣言においては，人はすべて自由，かつ，権利において平等であり，人一般の自然権として「自由」，「所有」，「安全」，「圧制への抵抗」の4つを掲げている。また，法律や租税の形成に参加する市民の権利も認められている。しかしながら，これら権利には，いわゆる「法律の留保」がなされている。たとえば，意見表明の自由は「法律」によって定められる公の秩序を乱さないかぎりで保障され，また，「法律」によって呼び出され，逮捕された場合に抵抗すれば有罪とされた。つまり，理念としては人の「自然権」が認められていたが，技術的には「法律」によってこれを保障するという構造がとられていたのである。

この人権宣言を前提に制定された1791年憲法においても，憲法によって保障された権利は法律によって侵害されないが，その判断は法律制定者自身に委ねられていた。そして，裁判所には，違憲法令審査権はなく，さらに，法律に解釈の必要性がある場合には，これを立法者に申し出ることとされ，法律の解釈自体が立法府に留保されていた。一方，国王は，立法に対して拒否権を行使することができたが，それは，議会が同じデクレを2期にわたり提出するまで法律の成立を妨げる，いわゆる停止的拒否権であるにすぎなかった。このように，当時のフランスにおいては三権分立の体裁こそ整っていたが，全体としては立法権優位の構造であった。さらに，個々の市民の総体である「人民」(peuple) と，抽象的な全体である「国民」(nation) とが区別され，主権は後者に存在するとされた。国民は，統治の正統性の根拠であり，個々の市民よりも一般の利益をよりよく知る代表者が媒介して，初めてその意思をもつことができる。そのために，代表者は，選挙民の意思を必ずしも反映する必要はないとされたのである。

このような1791年憲法は，硬性憲法とされていたが，当時の激しい革命の波に飲み込まれ1周年を迎えるまでもなく廃止され，1793年7月に新しい憲法が

制定された。この憲法においては，フランス市民の総体である「人民」に主権が認められ，立法府が採択した法律案に対して市民から異議の申立てを行うことが認められ，この申立てがなされると有権者の集会である第1次選挙民会においてその審査か行われるなど，直接民主制がとり入れられていた。また，憲法改正についても，第1次選挙民会からの要求により国民公会が開かれ，憲法変更の権利が強調されていた。

3 アメリカ

　フランスと同様に，ロックの思想を受け継いだのがアメリカである。アメリカは，1763年以来，イギリスからの独立を求めて闘争を行っていたが，このことは，国内においてイギリスの下で特権的利益を得ていた王党派と自営農民を中心とする愛国派との闘争を意味した。そして，後者が勝利を収め，その支持する思想，すなわち自然権，契約説，抵抗権というロックの思想が1776年の独立宣言の中に反映されたのである。その結果，すべての人は，平等に作られ，生命，自由及び幸福追求を含む天賦の権利を与えられていること，これらの権利を確保するために政府が組織され，その権力は被治者の同意に由来すること，いかなる政府もこれら目的を傷つける場合には人民がこれを廃止し，新たな政府を組織する権利を有すること，が確認されたのである。

　その後，独立13州は1777年に「連合規約」を結び，1787年には各州の代表者がフィラデルフィアにおいて憲法制定会議を開いた。そこでは，各州分権派vs連邦集権派，大きな州vs小さな州，北部vs南部等さまざまな対立が存在したが，妥協の束として合衆国憲法が1788年6月に成立した。合衆国憲法の特徴として，まず，硬性憲法をあげることができる。すなわち，憲法の改正には，連邦議会において両院の3分の2の議員による発議がなされ(または，3分の2の州の議会による請求)，4分の3の州議会(または州憲法会議)によって承認されなければならない(5条)。次に，連邦憲法が連邦議会の権限としたもの以外は州と人民に留保された。当初，連邦憲法に人権条項がなかったのは，連邦議会には人権制約の権限はなく，これを規定すればかえって連邦議会に人権介入の口実を与えることがおそれられたからである。

　さらに，権力分立制がとられているが，立法府が優位することの弊害を考慮

した大統領制が特色となっている。大統領は，形式的には間接選挙であるが，実質は国民によって直接に選出され，副大統領，諸長官は存在するが合議制ではないので，大統領が行政権を一手に掌握している。大統領は，議会に議席を持たず，議会を解散する権限もないが，議会で可決した法律案に対して拒否権を発動することができ，これが発動されると上・下院による再審議に付され，それぞれ3分の2の賛成が得られないと法律として成立しない（1条7節2項）。裁判所による違憲法令審査権に関しては，憲法上規定はないが，1803年のマーベリ対マジソン事件以来，判例法として認められている。具体的・現実的な事件を解決するため，上位規範である憲法を下位規範である法律に優先して適用し，その結果として法令への違憲判決がなされているという付随的審査制が確立している。

当初存在しなかった人権条項も，これを憲法に追加する方法で憲法改正を行い，規定されていった。1791年には10の修正条項が定められた。すなわち，信教の自由，言論の自由（修正第1条），不合理な逮捕・捜索・押収の禁止，大陪審による起訴，二重危険の禁止，自己負罪拒否特権，弁護人依頼権，迅速な公開裁判の保障，残虐な刑罰の禁止等，一連の刑事手続の保障（修正第4条〜8条），財産権の保障（修正第5条）が重要である。その後も修正条項は追加されていったが，南北戦争（1861〜65年）後，修正第13条により奴隷制度が廃止され，その実施・実現には連邦議会が権限をもつことになった。また，修正第14条により，州によって合衆国市民の権利が侵害されないことが保障された。

このように，アメリカにおいて，修正条項の追加によって憲法及び連邦国家の充実が図られている頃，日本においては江戸幕府が終焉を迎えようとしていた（なお，20世紀ドイツにおける社会権の発展については，第4章第1節2を参照）。

第2節　明治憲法

1　安政の5カ国条約の締結とその改正

アメリカ南北戦争勃発の少し前，日本はアメリカと和親条約を締結し（1854年），鎖国政策を放棄し，1858年には日米修好通商条約を，そして同様の条約をオランダ，ロシア，イギリス，フランスと締結した（安政の5カ国条約）。こ

れら条約において日本は，関税自主権は認められず，その一方で領事裁判権は認めるというきわめて不利な立場に置かれた。そこで，これらの改正が大きな課題となったのであるが，そもそも領事裁判権を認めたのは，日本に在留する自国民を，法制度や風俗の違いから保護するという諸外国の主張を受け入れざるを得なかったからである。そこで，日本政府は，これらの撤廃のためには日本の法制度を欧米並みにすることが必要であり，立憲主義にもとづく法令の整備を急務と考えるようになったのである。

2　明治憲法の制定

徳川幕府は，1867年に大政奉還を行い，時代は明治になった。翌年，明治天皇は「広ク会議ヲ興シ万機公論ニ決スヘシ」等を天地神明に誓う，5カ条の御誓文を発し，以後，この原則を発展させる形で立憲制及び議会制が発展していった。まず，征韓論の政変で下野した板垣退助，江藤新平らによって，民選議院設立の建白書が提出され (1874年)，翌年には漸次立憲政体樹立の詔勅が下された。これをきっかけに，民間では国会開設運動が高まり，また，多くの私擬憲法案が示された。政府内では，明治14年の政変 (1881年) により急進派が退けられたが，その一方で，明治23年を期して国会を開設するとの勅諭が発せられ，翌1882年には憲法調査のために伊藤博文が欧州に派遣された。伊藤は，帰国後，井上毅，伊東巳代治，金子堅太郎とともに，神奈川県夏島において憲法草案をまとめ，これにロエスレルらの検討が加えられた (1887年)。翌年，「天皇親臨シテ重要ナ国務ヲ諮詢スル所」として枢密院が設置され，ここで憲法草案が審議され，1889年2月に明治憲法（大日本帝国憲法）が発布された。

3　明治憲法の特質
(1)　皇室自律主義

皇室制度について，憲法は皇室男子孫による皇位の継承と摂政設置について定めるにとどめ（1条・17条)，具体的な内容は皇室典範に委ねている。また，皇室典範の改正には帝国議会の議を経る必要はなかった。

(2)　君主主義

天皇が統治権を総攬すべしとする君主主義的な原理と，権力分立，人権保障，

法治主義等を内容とする立憲主義とが混在している。まず，君主主義を示すものとしては，大日本帝国は万世一系の天皇が統治し（1条），天皇は国の元首にして統治権を総攬するとする（4条）。また，帝国議会の参与なしに行使できる，いわゆる大権事項として，帝国議会の召集・閉会・停会・解散，宣戦，講和，条約の締結等が列挙されている（6条〜13条）。なお，天皇は無答責であるので，その責任は「天皇ヲ輔弼シ其ノ責ニ任」ずる国務各大臣が負う（55条）。しかし，その責任の追及は，議会において議員が質問を行い，大臣の答弁を求めるにとどまり，立憲主義を支える責任政治には程遠かった。

さらには，天皇には統帥権が認められていた（11条）。統帥権とは，本来，作戦用兵を意味し，したがって迅速性や専門性が重視されるべきものである。そこで，統帥の事務については国務大臣の輔弼の外とされ，政府も帝国議会も一切これに関与できず，結局，海軍軍令部長，陸軍参謀総長が直接天皇に奏上するとの慣習が成立した。

（3）議　会

帝国議会は，皇族，華族及び勅任される議員からなる貴族院と，公選の議員からなる衆議院との二院制をとっており（33条〜35条），衆議院については解散が可能であった（45条）。各議院の議員に対しては，院内における意見・表決への無責任及び不逮捕特権が認められていたが（52条・53条），その立法権の行使に関しては，君主制の原理から制約がなされていた。すなわち，立法権は帝国議会の協賛により天皇が行うとされており（5条），法律に代わる効力をもつ緊急勅令（8条），法律の委任を必要としない執行命令（9条）も可能であった。

（4）裁　判　所

司法権は，天皇の名において行使され，大審院を頂点として民事・刑事の事件を裁判する司法裁判所と，限定列挙の行政事件を第1審にして終審として判断する行政裁判所とに区別されていた（61条）。また，法令の実質が憲法に違反するとしてその適用を拒否する違憲法令審査権は，大審院においても認められていなかった。

（5）人権保障

日本臣民の権利として居住及び移転の自由，逮捕監禁審問処罰を受けない自由，侵入捜索を受けない自由，信書の秘密，信教の自由，言論・出版の自由，

所有権の不可侵，請願権の保障等が掲げられている。しかし，これらの権利には「法律ノ範囲内」「法律ニ依ルニ非スシテ」「法律ニ定メタル場合ヲ除ク外」等々，いわゆる法律の留保がなされていた。

このような明治憲法下において，軍部の独走が徐々に進んでいった。1930年，浜口内閣は軍縮に関するロンドン条約を締結したが，政府がこれを締結したことは，統帥権の干犯であるとして軍部からの激しい批判を招いた。その後，軍部による統帥権の拡大解釈がなされ，軍部の暴走に歯止めがきかなくなり，日本は太平洋戦争へと突入した。1945年，ポツダム宣言の受諾により日本は無条件降伏し第2次世界大戦は終結した。

第3節　日本国憲法の制定

1　憲法問題調査委員会による「憲法改正草案」

ポツダム宣言を受け入れた日本に対して，連合国最高司令官マッカーサーは，当初，東久邇宮内閣の無任所大臣・近衛文麿（1937年の日中戦争開始時に組閣し，その後の戦争を推進した中心人物）に対し，憲法改正を持ちかけた。近衛は，天皇より内大臣府御用掛の任命を受け，京都大学教授・佐々木惣一の助けを借りて改憲の草案を練った。しかし，その内容は万民の翼賛にもとづく天皇の統治権を認めるなど明治憲法のごくわずかな修正にとどまっていた。その後，内大臣府は廃止され，また，近衛も戦犯容疑者となりその構想は挫折した。

東久邇宮内閣の後を受けた幣原内閣は，マッカーサーの5大改革の指令（①婦人解放，②労働組合の助長，③教育の自由化・民主化，④秘密弾圧機構の廃止，⑤経済機構の民主化）を受けた後に，松本烝治を委員長とする「憲法問題調査委員会」を設置した（1945年10月）。松本は，同年12月に松本4原則（①天皇が統治権を総覧するとの大原則を維持する，②議会の議決を要する事項を拡充し，天皇の大権事項を若干制限する，③国務大臣以外が国務に介入する余地をなくす一方で，国務大臣に議会に対する責任を負わせる，④人民の権利・自由は，議会と関係のない法規によっては制限できないものとし，また，その侵害に対する救済方法を完全なものとする）を示すとともに，自ら憲法改正の私案を作成し，委員会においてその検討を進めていた。

2 GHQ草案

ところが，1946年2月1日，毎日新聞がその内容を「憲法問題調査委員会試案」としてスクープしたところ，そのあまりに保守的な改正案に批判が高まり，GHQも憲法改正に対する方針を変更することになった。マッカーサーはホイットニーに対し，憲法改正の原則である，マッカーサー3原則（①天皇の職務・機能は憲法にもとづき行使され，国民の基本的意思に応えるものとする，②戦争の放棄，③日本の封建制度の廃止等）を示し，民政局を中心にGHQ草案が練られた。そして，同月13日には，先に憲法問題調査委員会から提出されていた「憲法改正要綱」をポツダム宣言に基づいて批判する一方で，GHQ草案を日本政府に提示した。その際に，GHQは，天皇を戦犯として取り調べるとの圧力が強まっているが，この草案が受け入れられればその地位は安泰になる，また，日本による復讐戦が危惧されているので，日本自ら戦争を放棄する必要があると説明した。これに対して，日本の政府は反対の立場をとっていた。

しかし，ホイットニーは，GHQ草案が受け入れられなければ，GHQが直接にこれを日本国民に提示すると主張した。日本政府は，GHQが直接にこの草案を公表すれば，新聞等が必ず賛意を示すと予想し，これを受け入れない政府への批判が高まり，内閣総辞職およびその後の選挙に重大な影響が及ぶことを懸念した。そこで，遂に，GHQ草案を受け入れ，これにもとづく日本政府案を作成し，GHQ本部における翻訳および内容の審議を経た上で，1946年3月6日，憲法改正草案要綱の発表とマッカーサーによる承認声明がなされた。

3 憲法改正草案要綱の問題点

しかしながら，以上の憲法制定過程には大きな2つの問題が提起されていた。1つは，ハーグ陸戦法規，もう1つは極東委員会との関係である。まず，ハーグ陸戦法規43条は，占領者は絶対の支障がない限り「被占領者の現行法律を尊重して」公共の秩序および生活の回復確保のための手段を講じなければならないとしている。それにもかかわらず，GHQ草案にもとづく憲法の改正は「被占領者の現行法律」を尊重していないのではないかが問題となった。これに対してGHQは，終始，新たな憲法の制定ではなく，明治憲法の改正であるとの立場をとり，実際も明治憲法の改正手続に従っていた。内容は根本的に変わって

いるにもかかわらず，章立ては明治憲法のそれをほとんど踏襲している点にもこのことが現れている。また，ハーグ陸戦法規43条は交戦中の占領に適用されるとの解釈を示し，日本における占領については，同法規43条の原則はある程度まで変更されるとした。

　極東委員会との関係については，まず，1945年12月に米英ソ三国外相会議において極東委員会が設置され，「極東委員会及び連合国対日理事会付託条項」（「付託条項」）に調印がなされた。そして，占領行政について「政策，原則及び基準」が作成され，最高司令官マッカーサーもその決定に従うことになった。憲法改正についても，極東委員会が決定し，その指令にもとづいてマッカーサーが実施することになった。それにもかかわらず，先の「憲法改正草案要綱」が発表され，極東委員会はマッカーサーに対して不信の念を持ったのである。しかしながら，この問題に対しては，「付託条項」不遡及の原則により解決がなされた。すなわち，「付託条項」調印以前に，日本政府がマッカーサーの指令に基づいて憲法改正の作業を進め，これに対してマッカーサーが個人的に承諾したのであるから，「付託条項」による拘束は及ばないとした。

　しかし，その一方で，極東委員会は来るべき最後の帝国議会において十分な審議が「憲法改正草案要綱」に対してなされるべきことを要求した。マッカーサーもこれに応じて声明を発し，帝国議会に提出された「憲法改正草案要綱」については，十分な時間と機会が与えられた上での討議が行われ，この草案どおりに採択するか，修正するか，否決するかは，ひとえに日本国民によって正当に選出された議員によって決定されるとしたのである。

　このマッカーサーの声明は1946年6月22日になされたが，これに先立つ同年4月10日に総選挙が行われた。幣原首相の進歩党は第二党となり，第一党の自由党と連立しようとしたが失敗したため内閣は総辞職した。一方，公職追放された鳩山一郎に代わり吉田茂が自由党総裁となり，5月22日に組閣した。この内閣のもとで「憲法改正草案要綱」が，帝国議会において審議されることになった。まず，4月22日以来，枢密院で11回の審査がなされ，6月25日に衆議院に上程された。衆議院では，帝国憲法改正特別委員会に付託され，修正案が示され，本会議で可決された。次に，貴族院に回付され追加修正がなされ，再度，衆議院で可決され（10月8日），枢密院への諮問を経て11月3日に日本国憲法は

公布された。

4 まとめ

　以上，日本国憲法の制定過程において，近衛，松本らの草案は退けられ，マッカーサーの指令のもとに作成されたGHQ草案を受け入れるように，日本政府に圧力がかかっていたことは確かである。では，日本国憲法は，戦勝国が敗戦国日本の弱い立場につけ入り，日本国民の意思を無視して一方的に押し付けられたものであろうか。もし，そうであるとすれば，日本国憲法の正当性やその効力に疑問が生じ，新たな憲法の制定や改正が直ちに必要となろう。

　ところで，この問題を考えるにあたっては，日本がポツダム宣言を受諾したという事実が重要であると思われる。ポツダム宣言においては，まず，米英中の軍隊が数倍の増強を行い，ナチスに対するよりも計り知れない程に強大な力が日本に集結しつつあるとする。そして，これら武力を背景に「全日本国軍隊の無条件降伏」を要求し，従わなければ「迅速かつ完全な壊滅あるのみ」としている。これを受けて日本は降伏の道を選んだのであるが，このことは，単に，強大な軍事力を背景とする脅迫に屈したことを意味するのであろうか。確かに，そうした側面があることを否定できないと思われる。しかし，このような破滅の瀬戸際に自らを追い込んだ日本自身の反省と，ポツダム宣言の中に示された新国家建設の方向性に，日本が賛同したという側面を見逃してはならない。すなわち，ポツダム宣言においては，一切の戦争犯罪人の責任を追及し，日本国民の中に復活強化されつつある民主主義的傾向の障害を除去し，言論・宗教・思想の自由等基本的人権の尊重を確立すべしとしている。

　それにもかかわらず，当初憲法改正に着手した，近衛，松本らの草案は，一部の者が，国民の目の届かないところで作成し，その内容も明治憲法と基本的にはほとんど変わっていなかった。まさに，こうした流れを断ち切ることがポツダム宣言受諾の意味するところではなかったのではなかろうか。そう考えると，近衛らの草案が退けられ，GHQ草案にもとづいて制定がなされたことのみを理由に，日本国憲法を「押付憲法」と理解するのは妥当ではないと思われる。

　もっとも，GHQ草案にもとづく憲法の制定が，ポツダム宣言にいう「日本国国民の自由に表明する意思」に従っているかについては疑問が残る。この点に

ついては、第90回帝国議会が「憲法改正草案要綱」（GHQ草案）について、どのような審議を行ったのかが重要であると思われる。もしも、ここでの審議が、単に形式的・儀式的で、既定事実の追認にすぎなかったとすれば、日本国憲法に日本国民の自由な意思は反映していないということになろう。

　この点に関しては、この審議に先立つ5月13日に、極東委員会が新憲法採択の諸原則を示したことが重要である。すなわち、憲法各条項に十分な討議と審議のために適当な時間と機会が認められ、日本国民の自由な意思が積極的に表明されていることがはっきりとわかる方法で憲法が採択されねばならないとし、マッカーサーも6月22日に、これに従った声明を出したことは上述のとおりである。これを受けて、帝国議会は約4ヵ月にわたり審議を行っている。そして、審議の過程の中で、国体論争が活発になされ、国民主権が憲法上明文化され、GHQ草案にはなかった、日本国民の要件に関する第10条、国家賠償に関する第17条、刑事補償に関する第40条が新たに規定されるなどしている。これらの審議が、単に形式的・儀式的であり、日本国民の自由に表明する意思が日本国憲法の中に反映する機会が一切与えられていなかったとすることはできないと思われる。

第3章　日本国憲法の基本原理

憲法は，国民主権，平和主義，基本的人権の尊重を基本原理とする。

第1節　国民主権と天皇制

　憲法は，前文において，「ここに主権が国民に存することを宣言し，この憲法を確定する」とうたい，また「そもそも国政は，国民の厳粛な信託によるものであつて，その権威は国民に由来し……」とうたい，憲法が国民主権の立場に立つことを明らかにした。さらに憲法は，第1条において，「〔天皇〕の地位は，主権の存する日本国民の総意に基く」と定めて，重ねて国民主権を明らかにした。このように憲法は，明治憲法の天皇主権を否定して，国民主権を基本原理とした。

1　国民主権の内容

　憲法がその基本原理とした国民主権はどのような内容なのか。これを明らかにするためには，「国民」とはどのような人を指すのか，また「主権」とはどのような特質を有するものなのかに分けて，一般に，説明がなされる。
　（1）「国民」の観念
　まず「国民」とはどのような人を指すのか。すなわち「国民」の観念である。憲法は「国民」という語（言葉）をつぎのように3つに区分する。その第1は，「国家の構成員としての国民」を意味するものである。この国民としては，天皇を含め，日本国籍をもつ者のすべてが理解される。憲法が「日本国民たる要件は，法律でこれを定める」（10条）と定める場合，その「国民」とは，「国家の構成員としての国民」の意味において理解される。なおその「法律」としては国籍法が制定されている。その第2は，「主権者としての国民」を意味するものである。この国民としては，天皇（および皇族）を除いた国民が理解される。憲

法が前文 1 段において「主権が国民に存する」,「国政は,国民の厳粛な信託による」と謳う場合,その「国民」とは,「主権者としての国民」の意味において理解される。「国家の構成員としての国民」のすべてがこの意味における「国民」ではない。そしてその第 3 は,「国家機関としての国民」を意味するものである。この国民としては,未成年者などを除いた,選挙人団としての国民が理解され,このような国民が,憲法上,国家機関としてその意思を表明したり決定したりする。憲法が「公務員を選定し,及びこれを罷免することは,国民固有の権利である」(15条1項)と定め,また「〔憲法改正〕の承認には,特別の国民投票……において,その過半数の賛成を必要とする」(96条1項)と定める場合,その「国民」とは,「国家機関としての国民」の意味において理解される。この意味における国民の範囲については,公職選挙法が定める。

(2) 「主権」の概念

次に「主権」とはどのような特質を有するものなのか。すなわち「主権」の概念である。「主権」の概念は,多様な政治的イデオロギーと結合して,さまざまなイデオロギー的作用を及ぼしてきた。ある時は絶対王政における権力の集中を正当化し,またある時は,市民革命のスローガンとして用いられた。近時の憲法学説には,3 つある。第 1 は,「国家権力そのもの」を意味するものである。すなわち「主権」の語は,国家権力そのもの,すなわち統治権を意味するものとして用いられる。ポツダム宣言が「日本国の主権は,本州,北海道,九州及四国並に吾等の決定する諸小島に局限せらるべし」(8号)と定める場合,その「主権」とは,「国家権力そのもの」の意味において理解される。第 2 は,「国家の最高独立性」を意味するものである。すなわち「主権」の語は,国家権力の最高独立性,つまり国家権力の対内的な最高性と対外的な独立性と意味するものとして用いられる。憲法が前文 3 段において「〔政治道徳〕の法則に従ふことは,自国の主権を維持し,他国と対等関係に立とうとする各国の責務である」と謳う場合,その「主権」とは,「国家の最高独立性」の意味において理解される。そして第 3 は,「国政についての最高決定権」を意味するものである。すなわち「主権」の語は,国政についての最高決定権を意味するものとして用いられる。憲法が前文 1 段において「ここに主権が国民に存することを宣言し,この憲法を確定する」と謳い,また第 1 条において「〔天皇〕の地位は,主権の

存する日本国民の総意に基く」と定める場合，その「主権」とは，「国政についての最高決定権」の意味において理解される。

(3) 国民主権の具体化

以上のような意味における「国民主権」を具体化するために，憲法は，国民の意思が国政に反映される制度を設けている。それには，国民が直接に国家意思を決定するもの（直接民主制）と，選挙によって選んだ代表者を通してその意思を決定するもの（間接民主制）とがある。国政レベルにおいて，憲法改正のための国民投票，最高裁判所裁判官の国民審査，地方自治特別法における住民投票などが設けられているが，これらは前者にあたる。しかし憲法は，前文第1段において「日本国民は，正当に選挙された国会における代表者を通じて行動」し，「国政は，国民の厳粛な信託によるのであつて，その権威は国民に由来し，その権力は国民の代表者がこれを行使」すると定め，原則として後者の立場に立っている。なお地方レベルにおいては，条例の制定・改廃の請求や議会の解散請求などの直接民主制が採用される。

(4) 国民主権における正当性と権力性

「国民主権」が語られるとき，その正当性が語られるのか，あるいはその権力性が語られるのか区別することが必要である。学説において，国民主権とは国民をもってすべての国家権力の究極の淵源とする原理であると説かれる場合，このことは，国家権力の正当性の根拠が国民に存することを示すものである。この場合国民とは「全国民」のことである。一方，国民主権とは国民が国政についての最高の決定権をもつとする原理であると説かれる場合，これは，国民主権の権力的側面が語られるのである。この場合国民とは「有権者」のことである。日本国憲法は，その規範構造（前文・1条・15条1項・41条など）を鑑みるならば，この両者を不可分に結合させたと解される。

2 天皇制の特質・内容

(1) 特　質

憲法は，「天皇は，日本国の象徴であり日本国民統合の象徴であつて，この地位は，主権の存する日本国民の総意に基く」と謳い，国民主権原理と矛盾しない限りにおいて，象徴天皇制を定めた。象徴とは，無形的・抽象的・非感覚

的なものを有形的・具象的・感覚的に表現する作用を意味する。天皇が象徴であるということは，天皇は，「日本国」および「日本国民統合」という非感覚的な観念をその一身において感覚的に表現する。

　天皇が，憲法に定められた「国事行為」などのほかに行為を行うことが認められるのかについては議論がある。一般に，天皇には，私人としての地位，国家機関としての地位，象徴としての地位があることから，私人としての行為，国家機関としての行為のほかに，象徴としての行為が認められると解される。象徴行為としては，国会開会式での「おことば」がある。また天皇は君主なのかどうか，元首なのかどうかとの議論もある。

(2) 内　容

(a)　世襲主義　　憲法はその継承（皇位の更迭）について「皇位は，世襲のものであつて，国会の議決した皇室典範の定めるところにより，これを継承する」と定め，世襲主義を確認した。それ以外のことは皇室典範により定められる。たとえば皇位継承の原因は「天皇が崩じたとき」（皇室典範4条）であり，皇位継承の資格者は「皇統に属する男系の男子」（同1条）であり，さらに皇位継承の順序は，直系主義・長系主義・長子優先主義を原則とされた（同2条3条）。

(b)　皇室の経済　　憲法は，天皇を象徴とすることにより天皇制の政治的民主化を図ったが，これをさらに実質化するため，天皇制の経済的民主化を図る。たとえば，「すべて皇室財産は，国に属する」（88条前段）と定め，皇室財産を国有化し，また「すべて皇室の費用は，予算に計上して国会の決議を経なければならない」（88条後段）と定め，皇室経費に対する国会の決議を必要とし，さらに「皇室に財産を譲り渡し，又は皇室が，財産を譲り受け，若しくは賜与することは，国会の決議に基かなければならない」（8条）と定め，皇室の財産授受を制限した。

(c)　天皇の権能　　憲法は「天皇は，この憲法の定める国事に関する行為のみを行ひ，国政に関する権能を有しない」（4条1項）と定める。これは，天皇の無権力化・非政治化が国民主権原理と天皇制の矛盾を解決しうる唯一の方法であるからである。

　憲法が定める天皇の「国事行為」には，次のようなものがある。

①　内閣総理大臣を任命すること（6条1項）

②　最高裁判所長官を任命すること（同条2項）
③　憲法改正，法律，政令および条約を公布すること（7条1号）
④　国会を召集すること（同条2号）
⑤　衆議院を解散すること（同条3号）
⑥　国会議員の総選挙の施行を公示すること（同条4号）
⑦　国務大臣および法律の定めるその他の官吏の任免並びに全権委任状および大使および公使の信任状を認証すること（同条5号）
⑧　大赦，特赦，減刑，刑の執行の免除および復権を認証すること（同条6号）
⑨　栄典を授与すること（同条7号）
⑩　批准書および法律の定めるその他の外交文書を認証すること（同条8号）
⑪　外国の大使および公使を接受すること（同条9号）
⑫　儀式を行うこと（同条10号）

　(d)　内閣の助言と承認　　憲法は，第3条および第7条において，天皇の国事行為には「内閣の助言と承認」が必要であるとする。これは，天皇の国事行為のすべてを内閣の統制と監督の下におくことにより，天皇の権限行使に対する民主的コントロールを確保し，あわせて責任の所在を明らかにしたのである。
　「助言と承認」の意味については，学説において争いがある。ある学説は，「助言」とは内閣が天皇に一定の行為を行うように申し出ることであり，「承認」とは天皇が一定の行為を申し出たことについて内閣が同意することであり，そのうちのいずれかがなされればよいとする。また別の学説は，国事行為の実行時を基準に，事前になされるのは「助言」であり，事後になされるのは「承認」であり，両者がともに必要であるとする（「苫米地事件」の下級審判決（東京地判昭28・10・19行裁例集4巻10号2540頁；東京高判昭29・9・22行裁例集5巻9号2182頁）はこれを支持する）。しかし通説は，「助言」と「承認」を区別しないで，不可分一体の行為であるとする。

　(e)　国事行為に対する責任　　憲法は「天皇の国事行為に関する行為には，……内閣が責任を負ふ」（3条）と定める。天皇の国事行為は形式的で，儀礼的なものにすぎないが，内閣がその国事行為に責任を負うというのは，天皇に代わって負うのではなく，みずから行った助言と承認に関して負うということで

ある。なお内閣の責任は，法的な責任ではなく，政治的な責任であり，その相手方は国会である。

　(f)　天皇の権限の代行　　憲法は，天皇みずからその権限を行うことができない場合にそなえて，2つの制度を設けた。

　まず第1に，憲法は「天皇は，法律の定めるところにより，その国事に関する行為を委任することができる」（4条2項）と定めた。国事行為の委任には，天皇自身の委任行為が必要である。一般に，病気その他の事故があるけれど，摂政をおくに至らない場合，または天皇みずから行うことが必ずしも必要でない場合などである（参照，国事行為の臨時代行に関する法律）。

　第2に，憲法は「皇室典範の定めるところにより摂政を置くときは，摂政は，天皇の名でその国事に関する行為を行ふ」（5条）と定めた。皇室典範によると，摂政がおかれるのは，天皇が成年（18歳）に達しないとき，天皇が精神もしくは身体の重患または重大な事故により，国事行為をみずから行うことができないとき，などである（皇室典範16条）。なお摂政に就くことのできる者は，成年に達した皇族であるが，その順序について，皇室典範は，皇太子または皇太孫，親王および王，皇后，皇太后，太皇太后，内親王および女王，と定める（同17条1項）。

第2節　平 和 主 義

1　平和の尊重

　第2次世界大戦後，平和尊重の精神は，全世界において普遍的な傾向を示すものとなった。日本国憲法は，第2次世界大戦の反省の立場から，前文1段において「諸国民との協和による成果……を確保し，政府の行為によつて再び戦争の惨禍が起こることのないやうにすることを決意し，……この憲法を確定する」と謳い，また同2段において「専制と隷従，圧迫と偏狭を地上から永遠に除去し，……全世界の国民が，ひとしく恐怖と欠乏から免かれ，平和のうちに生存する権利を有することを確認する」と謳い，平和主義を明文をもって宣言した。さらに第9条において，戦争の放棄・戦力の不保持・交戦権の否認を定め，平和達成のための具体的な方針を示した。

2　平和の追求
（1）　戦争の放棄
　憲法は「日本国民は，正義と秩序を基調とする国際平和を誠実に希求し，国権の発動たる戦争と，武力による威嚇又は武力の行使は，国際紛争を解決する手段としては，永久に放棄する」（9条1項）と定める。

　この条項における「国権の発動たる戦争」とは，戦争の遂行がすべて国権の発動といえることから，国際法上の戦争のすべてを意味すると解される。また「武力による威嚇」とは，事実上ないし実質上の戦争を意味し，「武力の行使」とは，「対華二十一カ条要求」（1915年）などのような武力の行使を示唆して国策を遂行することを意味すると解される。さらに「国際紛争を解決する手段」については，学説において争いがあり，不戦条約（1928年）の解釈に示されたように，違法・不正な侵略の手段を意味すると解する説がある一方，戦争はすべて「国際紛争を解決する手段」として行われることから，9条1項においては自衛戦争を含めたすべての戦争が放棄されたと解する説がある。

（2）　戦力の不保持
　憲法は「前項の目的を達するため，陸海空軍その他の戦力は，これを保持しない」（9条2項前段）と定める。

　この条項における「前項の目的を達するため」の意味についても，学説において争いがあり，戦争の全面放棄の趣旨が「前項の目的」であると解する説（多数説）と，違法・不正な侵略戦争を放棄するという目的と解する説とがある。後説によると，自衛のための戦力の保持は禁止されていないことになる。「陸海空軍その他の戦力」とは，対外的な戦闘目的のために設けられた人的・物的な組織体を意味する。名目上は警察力とされていても，実質上は外敵に対する戦闘を目的として設置されたものは「戦力」にあたる。その「戦力」の概念について，政府（吉田内閣）はかつて「近代戦を有効に遂行しうる力」と解していたが，政府はその後「自衛のために必要ある限度において戦力をもってもよい」と見解を改めた。

（3）　交戦権の否認
　憲法は「国の交戦権は，これを認めない」（9条後段）と定める。

　この条項における「国の交戦権」の意味についても，学説においては争いが

あり，文字どおり，国家が戦争を行う権利であると解する説と，国家が交戦国として国際法上有する各種の権利（船舶の臨検・拿捕，貨物の没収の権利，占領地行政の権利など）を総称するものと解する説とがある。前説によると，9条1項において自衛戦争が放棄されていないと解するとしても，自衛戦争も含めたすべての戦争が放棄されたことになる。

（4）　自衛権とその範囲

「自衛権」とは，国際慣習法上独立国に当然に認められた権利であり，一般に，他国による急迫・不正な侵害に対し，自国民の生命と自由・安全を守るため，それに対抗するために必要な措置を講ずる権利と解される。「自衛権」に関しては次の2点が問題とされる。

まず第1点は，憲法は日本が自衛権をもつことを否定したのかということである。この問題に関して最高裁判所は，「砂川事件」において，「わが国が主権国として持つ固有の権利は何ら否定されたものではなく，わが憲法の平和主義は決して無防備，無抵抗を定めたものではない」とした（最大判昭34・12・16刑集13巻13号3225頁）。学説も「自衛権」それ自体については認める。

第2点は，「自衛権」が否定されないとするならば，いかなる「自衛権」の行使が認められるのかということである。学説においては争いがあり，憲法により「戦力」が禁止されている以上，自衛権の行使は国際連合の安全保障機構によるものに限られるとする説（国連の措置が不充分のときは，警察による行使など）と，「自衛権」が認められる以上，当然，自衛のために必要な手段を用いることができるとする説とに大きく分かれる。最高裁判所は，その行使の範囲・方法について明確に判示してないが，前記の「砂川事件」において「わが国の平和と安全を維持するための安全保障であれば，その目的を達するにふさわしい方式又は手段である限り，国際情勢の実情に即応して適当と認められるものを選ぶことができる」と述べた。

3　平和主義と安全保障

（1）　第9条と自衛隊

自衛隊の沿革を簡単に述べるならば，第2次世界大戦後，「朝鮮事変」の勃発を契機にまず警察予備隊が設置され，さらに「平和条約」と「日米安保条約」

の発効を契機に保安隊・警備隊が設置された。そして昭和29年，防衛庁設置法および自衛隊法が成立し，陸上自衛隊，海上自衛隊，航空自衛隊が設置されたのである。これを契機に政府（鳩山内閣）は「自衛力は，憲法9条2項が保持を禁じている戦力にあたらない」として従来の政府見解を改めるに至った。そして最近では，国際貢献の名において，自衛隊は海外に派遣されるまでに至っている。

　自衛隊が憲法に違反するのかについてはこれまで多くの議論がなされ，学説の多くは違憲と解する。それでは裁判所はいかなる立場であるのか。

■恵庭事件

　自衛隊基地内の演習用通信線を切断した被告人らは，自衛隊法121条の「防衛用器物損壊罪」にあたるとして起訴された。札幌地裁は，当該行為は「防衛の用に供する物」の損壊にあたらないとして無罪とし，自衛隊法の合憲性については，被告人の行為が構成要件に該当しない以上，「憲法問題に関し，なんらの判断を行う必要がない」とした（札幌地判昭42・3・29下刑集9巻3号359頁：確定）。

■長沼訴訟

　自衛隊のナイキ基地を建設するため，農林大臣が行った保安林指定解除が違憲・無効であるとしてその取消を求めて訴えが提起された。札幌地裁は，自衛隊は9条2項の禁ずる「戦力」に該当するのであり，自衛隊法は違憲であるとした（札幌地判昭48・9・7判時712号24頁）。しかし控訴審判決は，灌漑用水源の保全などのための代替施設がもうけられたため，原告らの訴えの利益は消滅したとして，本件訴えを不適法とした。なお同判決は，傍論で，9条2項が侵略のための戦力の保持を禁じていることは明白であるが，自衛のための戦力の保持まで禁じているか否かは必ずしも明瞭とはいえないと述べた（札幌高判昭51・8・5行集27巻8号1175頁）。最高裁判所は，自衛隊の合憲性の問題には触れることなく，原告には訴えの利益（行政事件訴訟法9条参照）がないとして上告を棄却した（最1判昭57・9・9民集36巻9号1679頁）。

■百里基地訴訟

　自衛隊基地の建設にともなってなされた土地の売買契約が，自衛隊は違憲であるから無効であるとして提起された。水戸地裁は，9条2項が禁止している

のは侵略戦争などのための戦力の保持であるとの立場にたち、「統治行為論」に従い、自衛隊が侵略的戦争能力を有する組織体にあたるかどうかは一見明白とはいえないとし、違憲とは断じえないとした（水戸地判昭52・2・17訟月23巻2号255頁）。控訴審判決は、土地の売買契約の無効は憲法9条によりなされるのではなく、民法90条「公序良俗」に違反する反社会的な行為かどうかによりなされるべきであり、自衛隊の本件土地取得行為は公序良俗に違反するものではないとした（東京高判昭56・7・7訟月27巻10号1862頁）。最高裁判所もほぼ同様の理由により訴えをしりぞけた（最3判平元・6・20民集43巻6号385頁）。

(2) 第9条と安保条約

日米安全保障条約の合憲性、とりわけ同条約にもとづく外国軍隊の駐留の合憲性については、学説において議論があり、次のように3説に大きく分かれる。すなわち、米軍の駐留は9条2項の「戦力」に該当し違憲であるとする説、日本の管理権の及ばない駐留米軍は日本の「戦力」であるとはいえないので、憲法違反ではないとする説、憲法の平和条項はたとえば国連などによる国際的な平和維持機構の確立を前提にしているので、それまでに至っていない現在においては、過渡的な措置として外国軍隊の駐留を容認しているとする説などである。

日米安保条約の合憲性について争われた前記の「砂川事件」において、東京地方裁判所は、第9条は自衛のための戦力の保持も許さないものであり、わが国のとる安全保障方式は、国連の安全保障理事会のとる軍事的安全措置などに限られるとの立場から、駐留米軍は第9条2項の「戦力」に該当し違憲であるとした。しかし最高裁判所は、第9条2項の「戦力」とは、わが国がその主体となってこれに指揮権、管理権を行使しうる戦力をいうものであり、外国の軍隊は、たとえそれがわが国に駐留するとしても、ここにいう戦力には該当しないとした（最大判昭34・12・16刑集13巻13号3225頁）。

第3節　基本的人権の尊重

憲法は、基本的人権の尊重を憲法の基本原理とする。憲法により保障される基本的人権とは、以下のようなものである。

1　基本的人権の意義・特質

（1）意　義

　憲法は，前文において「自由のもたらす恵沢」の確保を決意し，また「全世界の国民が，ひとしく恐怖と欠乏から免れ」るべきことを謳っている。また第11条において「国民は，すべての基本的人権の享有を妨げられない。この憲法が国民に保障する基本的人権は，侵すことのできない永久の権利として，現在及び将来の国民に与へられる」と定め，さらに第97条において「この憲法が日本国民に保障する基本的人権は，人類の多年にわたる自由獲得の努力の成果であつて，これらの権利は，過去幾多の試練に堪へ，現在及び将来の国民に対し，侵すことのできない永久の権利として信託されたものである」と定める。

（2）特　質

　これらの規定から，次の3点が明らかになる。すなわち，第1点は，日本国憲法における人権保障は，明治憲法における「臣民の権利」保障の成長・発展したものではなく，人類の世界史レベルにおける人権獲得のための闘争の成果をうけついだものであること，第2点は，人権は，国家が国民に付与したものではなく，人間が人間であるという理由だけで生まれながらにしてもつところの天賦の権利であり，したがって「永久の権利」として保持されなければならないものであること，そして第3点は，現在の国民は，これを将来の国民に譲りつたえていく義務があるということである。

2　基本的人権の内容

　憲法は，第3章を「国民の権利及び義務」と題して，31条に及ぶ人権規定をおいている。人権保障の範囲は広く，伝統的な自由権，平等権のほか，参政権，社会権なども含まれる。

　人権の整理・分類には，一般に，ドイツの国法学者G．イェリネクの学説が参考になされる。これを参考にして，わが国の学説においても，国家における国民の法的地位が消極的地位，積極的地位，能動的地位，受動的地位に分類され，それぞれの地位に応じてそれぞれに異なった性格の権利（または義務）が認められると説かれる。

(1) 消極的権利

国民には，国家の干渉を受けない一定の活動領域が認められる。このように国家に対する消極的地位にもとづく権利が，消極的権利とされる。この消極的権利は，国の作為によって侵害されることから，国家に対する不作為請求権とも説かれる。この消極的権利には，信教の自由や表現の自由などの精神的自由や，職業選択の自由などの経済的自由がある。

(2) 積極的権利

国民には，国家の一定の積極的行為を請求する権利が認められる。このように国家に対する積極的地位にもとづく権利が，積極的権利とされる。この積極的権利は，消極的権利とは対照的に，国の不作為によって侵害されることから，国家に対する作為（給付）請求権とも説かれる。この積極的権利には，裁判を受ける権利や国家賠償請求権などの受益権，さらに生存権などの社会権がある。

(3) 能動的権利

国民には，みずからを国家機関の一部となし，国家意思の形成に参加することが認められる。このように国家に対する能動的地位にもとづく権利が，能動的権利とされる。この能動的権利には，選挙権などの参政権がある。

なお国民には，国家に対する受動的な地位，すなわち国民が国家の統治にしたがう関係がある。これにもとづくものとしては，納税の義務などがある（国民の義務）。

さらに憲法は，基本的人権の保障を大原則としていることから，憲法の保障する人権は，個別的な人権条項に明示されているものにかぎられない。環境権やプライバシーの権利のように，憲法に明文のないものであっても，これを憲法上の人権（新しい人権）と見なすことができる（包括的権利）。

また憲法は，基本的人権を保障する手段として，違憲審査制をもうけた。人権侵害立法が放置されていれば人権保障の趣旨は無に帰することから，裁判所がこれを審査し，違憲の法令は無効とするものとした（裁判所による人権保障）。

第4章　基本的人権（総論）

第1節　人権の歴史

　人権は，憲法97条が「この憲法が日本国民に保障する基本的人権は，人類の多年にわたる自由獲得の努力の成果であつて，……」と定めるように，人類の長期にわたる政治的・経済的・文化的闘争の歴史の成果である。

1　近代憲法と人権

　日本国憲法が前提とする人権思想の淵源は，遠く中世における，マグナ・カルタ（1215年），権利請願（1628年），そして権利章典（1689年）にまで遡ることができる。しかし，自然法思想に基礎をおく近代的な人権思想は，アメリカおよびフランスの市民革命期における諸文書の宣言においてはじめて見られる。

　アメリカ諸州の憲法は，自然法思想に基礎をおいた天賦不可侵の人権を国法上はじめて宣言したものとして重要である。とりわけ他の州に先がけて発せられたヴァージニア権利章典（1776年）はアメリカ独立宣言（1776年）や他の諸州憲法の権利宣言に大きな影響を与えた。

　これらの影響の下に現れたフランス人権宣言（1789年）は，世界の憲法史上もっとも重要な文書の1つである。同宣言は，第1条において「人は，自由かつ権利において平等なものとして出生し，かつ生存する」とし，第2条において「すべての政治的結合の自由は，人の天賦不可譲の権利を保持するところにある」として，前国家的に存在する自然法上の人権の思想を宣言した。

　これらの人権宣言は，その後の西欧諸国の憲法に取り入れられ，近代憲法の性格を表わすに至った。近代憲法の特質は，当時の個人主義的・自由主義的な政治思想の影響を受け，国家権力からの個人の解放を主眼とし，自由権と平等権を中心とするものであった。しかし，市民革命後に政治的権力を掌握したの

は有産者層であったことから，その自由と平等は，形式的性格のものにとどまらざるをえなかった。

2　現代憲法と人権

産業革命後，資本主義経済が急速に発展し独占資本の段階に至ると，社会の矛盾は誰の目からも明らかなものとなった。資本家と労働者，経済的強者と弱者の対立・緊張はますます激しくなった。インフレや失業などにより，貧困の淵におとされた無産者にとって，形式的に自由と平等が保障されているだけでは人間の尊厳を維持することが著しく困難になった。自由の保障は，一般の労働者にとって，「貧困の自由」を意味するにとどまった。

歴史上最初の「現代憲法」とされるドイツのワイマール憲法 (1919年) は，そのような，いわば革命的危機の時代に登場した。同憲法は「経済的自由の秩序は，各人の人間に値する生活を保障することを目的として，正義の原則に適合するものでなければならない。各人の経済的自由は，この限界内で確保される」(151条1項) と定め，国家は，健康的な住居の供与 (155条)，労働力の保護 (157条1項)，労働者の団結権 (159条) などのために積極的に配慮すべきものとされた。従来の，夜警国家観にもとづく市民的法治国家原理は，福祉国家原理へと移行することとなったのである。

このようなワイマール憲法をきっかけとして，人権の内容と範囲は大きく変容した。とりわけ重大なことは，社会権の登場と普通選挙権の導入である。現代憲法における人権保障は，多かれ少なかれこのような影響の下にあるということができる。

3　戦後型憲法と人権

戦後型憲法における人権保障の特質は，人権保障の理念上の基礎を自然法思想に求めていること，違憲審査制を導入し，立法府による人権侵害に対する保障制度を整えていること，個別的人権のほか，一般的人権規定を導入していること，である。

ドイツでは，「法律は法律」，「命令は命令」とする法実証主義〔思想〕がファシズムの台頭・支配への有効な抵抗原理になりえなかったとの反省から，戦後

「不法な法律は法にあらず」とする自然法思想の復活現象がみられた。

このような事情は憲法の制定（1949年）と展開に決定的な影響を与え，人間の尊厳（1条1項）・人格発達権（2条1項）などの包括的人権や，憲法異議の制度（93条4a条）の導入に結実した。

ちなみに，戦後各国において認められ，または認められつつある新たな人権カテゴリーを「新しい人権」という。プライバシーの権利，知る権利，環境権などがその典型である。

なお第2次世界大戦後において，東ヨーロッパやアジア，アフリカなどにおいて社会主義国が誕生し，それらの国においても「権利」の保障が憲法上定められたものもあった。しかし保障された権利は人権ではなく，法律上の権利というようなものであった。

4　日本国憲法における人権

日本国憲法の保障する人権の歴史的特質を明らかにするには，次の2点が重要である。

まず第1点は，これまで述べた人権保障の歴史的展開は，前時代の否定としてではなく，その発展として行われたことである。近代憲法型の人権である自由権や平等権が人権保障の核心的位置にあることは，現在においても変わるものでない。

第2点は，明治憲法は，立憲主義憲法としては絶対主義的な色彩のもっとも強い君主主義憲法であった。日本国憲法は，「近代憲法」の人権，「現代憲法」の人権，そして「戦後型憲法」の人権を，同時に実現するという，歴史的上特異な課題を担っているということである。

第2節　人権の享有主体

憲法は，その第3章において「国民」の人権を保障している。したがって人権の享有主体が国民であることは疑いのないところである。以下においては，問題とされる主な事項を取り上げる。

1　外 国 人

　憲法の保障する人権が日本国籍を有しない外国人に保障されるかについては、従来から議論があった。かつて、個々の人権規定がその主体を「国民」と定めたものではなく、「何人も」と定めたものは外国人にも当該人権は保障されるとする見解が説かれた。しかし、現在では、人権規定は、個々の人権規定の性格に照らして、排除すべき合理的な理由の認められないかぎり、外国人にも保障されると一般に理解される。最高裁判所は、「マクリーン事件」において「憲法第3章の諸規定による基本的人権の保障は、権利の性質上日本国民のみをその対象としていると解されるものを除き、わが国に滞在する外国人に対しても等しく及ぶものと解すべきであ」るとした（最大判昭53・10・4民集32巻7号1223頁）。

　このように外国人には原則的に憲法の人権が保障される。しかし「権利の性質上日本国民のみをその対象としている」人権は保障されないことになる。保障されない人権としては、とりわけ次のようなものが挙げられる。

(1)　入国の自由

　外国人が日本に入国することは、国際慣習法上においても、認められない（最大判昭32・6・19刑集11巻6号1663頁）。この「入国の自由」が問題とされるのは、定住外国人が生活の本拠である日本に帰国する場合である。最高裁判所は、「森川キャサリーン事件」において、憲法上、定住外国人は日本に再入国（帰国）することが認められるものではないとした（最1判平4・11・16裁判集民166号575頁）。

(2)　社 会 権

　とりわけ生存権が外国人に保障されるのかについては、不法入国者がたまたま病気になったような場合に人道上保障されることはあるとしても、基本的に保障されない。社会保障は外国人の本国政府が責任を負うべきであるとされる。最高裁判所は、「塩見事件」において、「立法府は、その支給対象者の決定について、もともと広範な裁量権を有しているものというべきである。加うるに、社会保障上の施策において在留外国人をどのように処遇するかについては、国は特別の条約の存しない限り、……その政治的判断によりこれを決定することができるのであり、その限られた財源の下で福祉的給付を行うに当たり、自国

民を在留外国人より優先的に扱うことも，許されるべきことと解される」とした（最1判平元・3・2判時1363号68頁）。

（3） 選挙権

現行法では外国人に選挙権が認められていない。このことについては，国政選挙と地方選挙を区別して考えるべきであるとの指摘がなされる。国政選挙については，認められるとの見解もあるが，国民主権原理から認められないとの見解が支配的であり，最高裁判所も，国会議員の選挙権については認められないとする（最2判平5・2・26判時1452号37頁）。一方地方選挙については，住民自治の原理から定住外国人にも認められるべきであるとの見解が有力に主張される。最高裁判所は，「憲法第93条2項にいう『住民』とは，地方公共団体の区域内に住所を有する日本国民を意味すると解するのが相当であり，右規定は，我が国に在留する外国人に対して，地方公共団体の長，その議会の議員等の選挙の権利を保障したものということはできない」としつつも，「我が国に在留する外国人のうちでも永住者等であってその居住する区域に地方公共団体と特段に緊密な関係を持つに至ったと認められるものについて，その意思を日常生活に密接な関連を有する地方公共団体の公共的事務の処理に反映させるべく，法律をもって，地方公共団体の長，その議員の議員等に対する選挙権を付与する措置を講ずることは，憲法上禁止されているものではないと解するのが相当である」とした（最3判平7・2・28民集49巻2号639頁）。

その他に外国人の享有主体性について争われた事件としては，次のような判例がある。

■指紋押捺制度の合憲性

在日のアメリカ人宣教師が指紋押捺を拒否したため外国人登録法違反として起訴された事件である。最高裁判所は，在留外国人を対象とする指紋押捺制度は「目的，必要性，相当性が認められ，戸籍制度のない外国人については，日本人とは社会的事実関係上の差異があって，その取扱いの差異には合理的根拠があるので，憲法14条に違反しない」（最3判平7・12・15刑集49巻10号842頁）と判示した。

■外国人の公務就任権

東京都に採用された特別永住者が，課長級の職への管理職選考試験を受験し

ようとして拒否されたことを争った事件である。東京高裁は「我が国に在住する外国人，特に特別永住者等の地方公務員就任について国の公務員への就任の場合と比べて，おのずからその就任し得る職務の種類は広く，その機会は多くなるものということができる。……課長級の管理職の中にも，外国籍の職員に昇任を許しても差し支えのないものも存在するというべきであるから，外国籍の職員から管理職選考の受験の機会奪うことは，外国籍の職員の課長級の管理職への昇任の途を閉ざすものであり，憲法第22条1項，第14条1項に違反する違法な措置である」（東京高判平9・11・26高民集50巻3号459頁）と判示した。

■戦死傷者の損失補償

　第2次世界大戦中，旧日本軍の軍人軍属として南方戦線に動員され戦死傷した台湾住民とその遺族らが日本政府に対して補償を求めた事件である。最高裁判所は「本件（戦傷病者戦没者遺族等援護法附則2項）国籍条項により，日本の国籍を有する軍人軍属と台湾住民である軍人軍属との間に差別が生じているとしても，それは右のような根拠（日本国との平和条約及び日華平和条約により日本国政府と中華民国政府との外交交渉により補償問題を解決すること）にもとづくものである以上，本件国籍条項は，憲法14条に関する前記大法廷判例（最大判昭39・5・27）の趣旨に徴して同条に違反しない」（最3判平4・4・28判時1422号91頁）と判示した。

■亡命者・政治難民の保護（尹秀吉事件）

　韓国の反体制活動家である者が，密入国により収容され強制退去処分を受けたことを争った事件である。最高裁判所は「いわゆる政治犯罪人不引渡の原則は未だ確立した一般的な国際慣習法であると認められないとした原審の認定判断は，原判決挙示に照らし正当として是認することができる」（最2判昭51・1・26訟務月報22巻2号578頁）と判示した。

2　法　人

　憲法は，その明文規定からしても，人権の享有主体が自然人であることを前提にしている。しかし，現行憲法の解釈上，明文規定の欠如からただちに法人の人権享有主体性を否定することはできないと解され，一般にその享有主体性が認められている。最高裁判所は，株式会社が特定の政党に政治献金をするこ

とが認められるかについて争われた「八幡製鉄事件」において「憲法第3章に定める国民の権利および義務の各条項は，性質上可能なかぎり，内国の法人にも適用されるものと解するべきであるから，会社は，自然人たる国民と同様，国や政党の特定の政策を支持，推進し，または反対するなどの政治的行為をなす自由を有する」とした（最大判昭45・6・24民集24巻6号625頁）。

法人の人権享有主体性が原則として肯されるとしても，いかなる人権がその範囲なのか。

それについては，法人と自然人の性質の違いに目を向けなければならない。一般に，法人も享有主体になることのできる人権としては，幸福追求権（13条），法の下の平等（14条），請願権（16条），精神的自由（19条・20条），適正手続の保障（31条），経済的自由（22条・29条），裁判を受ける権利（32条），そして国家賠償請求権（17条）などが挙げられる。その一方，選挙権（15条1項），奴隷的拘束及び苦役からの自由（18条），不法に逮捕・監禁されない権利（33条・34条），拷問及び残虐な刑罰の禁止（36条），刑事補償請求権（40条），そして身体的人格権（13条）などは法人が享有主体になることはできない。

3 天　皇

憲法は，天皇を象徴であるとし，その地位は世襲によると定める（1条・2条）。このような天皇の地位の特殊性は，それ自体が法の下の平等の重要な例外であり，天皇の人権享有主体性について，一般国民とは異なった例外的取扱いを必要とする根拠となる。

学説においては，天皇の人権享有主体性について原則的に肯定する立場と原則的に否定する立場がある。双方の立場は実際には相違がないと考えられるが，前者によると，法の下の平等，選挙権，政治活動の自由，居住移転・国籍離脱・外国移住の自由，経済的取引の自由（8条），職業選択の自由，婚姻・離婚の自由（皇室典範10条・14条）などは現実に侵害されてしまっていることになる。また社会権規定は，天皇の地位の性格から，ほとんど余地がないとされる。思うに，この立場によると，実質的に重要な人権のほとんどが保障されないことと同じであり，後者が適切である。

また皇族は，皇位継承資格など，天皇との関係を有する限度において，人権

規定の適用を制限される。それゆえにその制約は皇族間においても相互に異なり、皇太子に対する人権制限は、ほぼ天皇に等しいことになり、天皇との親族関係の遠い皇族においては、むしろ一般国民に接近した取扱いを受ける。選挙権などは、国民主権の観点から、認められないことはやむをえない。

第3節 公共の福祉による制約

　憲法は、自然法思想のもとに、基本的人権を、「侵すことのできない永久の権利」（11条・97条）と確認する。しかし憲法は、12条後段では「国民は、これを濫用してはならないのであつて、常に公共の福祉のためにこれを利用する責任を負ふ」と定め、13条後段では「公共の福祉に反しない限り、立法その他の国政の上で、最大の尊重を必要とする」と定め、さらに22条1項では「公共の福祉に反しない限り、居住、移転及び職業選択の自由を有する」と定め、29条2項では「財産権の内容は、公共の福祉に適合するやうに、法律でこれを定める」と定める。このことは、人権といえども絶対無制限なものではなく、一定の制限に服することを示すものである。

　それでは、人権が保障される範囲・限界（すなわち公共の福祉による制約を受ける範囲・限界）はどのようなものか。これは「公共の福祉」の理解に負うところが少なくないことになる。

1　2つの学説

　「公共の福祉」に関しては、次の2つの学説がある。まず第1説によると、憲法12条および13条における「公共の福祉」条項は、これが人権の総則的規定に位置することから、人権総体に対する制約原理を規定するものとみされる。したがって、12条および13条が人権一般に対する制約原理を規定するものである以上、すべての人権は、12条・13条の「公共の福祉」条項を根拠として、一般的に制限されることができる、と解される。これに対しては、人権制限を正当化しやすくなるものだという批判がある。

　第2説によると、12条および13条の総則的規定における「公共の福祉」条項と、22条および29条の各則的規定における「公共の福祉」条項とは異なった性

格のものであり，前者においては格別の法的意義は存在せず，たんに倫理的に当然な事理を宣言するという意義を有するにとどまる。後者においてのみ，「公共の福祉」条項は，人権制約の根拠たりうると解される。この見解は，22条および29条以外のすべての人権が絶対無制限に保障されるというものではなく，各々の人権には，内在的制約があるとする。これに対しては，「内在的制約」の意義が不明確であるとの批判がある。

　これらの2つの学説は，実際のところ，それほどの相違はない。両説ともに，12条・13条の「公共の福祉」条項には「自由国家的公共の福祉」原理が妥当し，22条・29条の「公共の福祉」条項には「社会国家的公共の福祉」原理が当てはまるとする。また両説ともに，補助理論として，二重の基準の理論などを拠りどころに人権制限を是非を論ずる。

2　補助的な理論

　そこで，上記の2つの学説が拠りどころとする補助的理論について少し述べる。

(1)　利益衡量論

　人権制限の是非は，他の憲法上の利益（法益・価値）との衡量によってなされる。たとえば，表現の自由にもとづくある行為が他者のプライバシー権を侵害する場合，前者の人権価値と後者の人権価値とが利益衡量される。また公務員に対し宣誓を強制したり，生物学者に対し遺伝子組換え研究を規制したりする場合，それらの者の人権的利益と公共の利益とが利益衡量される。最高裁判所は，公正な裁判の要請と取材の自由との衡量が問題となった「博多駅事件」において，「一面において，審判の対象とされている犯罪の性質，態様，軽重および取材したものの証拠としての価値，ひいては，公正な刑事裁判を実現するにあたっての必要性の有無を考慮するとともに，他面において取材したものを証拠として提出させられることによって報道機関の取材の自由が妨げられる程度およびこれが報道の自由に及ぼす影響の度合その他諸般の事情を比較衡量して決せられるべきであ」るとした（最大判昭44・11・26刑集23巻11号1490頁）。

(2)　二重の基準の理論

　比較される利益・価値は対等なのか，それとも優劣があるのかが問題になる

ことがある。二重の基準の理論は，後者の立場に立ち，精神的自由と経済的自由との関係においては，前者は後者に対して優越的地位にあり，両者の間においては違憲審査基準が異なり，前者においては「厳格な審査基準」が妥当し，後者においては「緩い審査基準」が妥当するとする。たとえば経済的自由に対する規制は，明白性の原則や合理性の原則により判断され，精神的自由に対する規制は，明白かつ現在の危険の原則や，より制限的でない他の選びうる手段の原則，事前抑制の禁止の原則，漠然性の故の無効の原則などにより判断される。なお「厳格な審査基準」と「緩い審査基準」との間に中間段階的な審査基準として「厳格な合理性」の基準が設けられるべきであるとする学説がある。ちなみに最高裁判所は，「小売商業調整特別措置法違反事件」において「憲法は，国の責務として積極的な社会経済政策の実施を予定しているものということができ，個人の経済活動の自由に関する限り，個人の精神的自由等に関する場合と異なって，右社会経済政策の実施の一手段として，これに一定の合理的規制措置を講ずることは，もともと，憲法が予定し，かつ，許容するところと解するのが相当」であるとした（最大判昭47・11・22刑集26巻9号586頁）。

■森林法共有林事件

　最高裁判所は，このような二重の基準論を正面から用いることはなく次のように判示した。「裁判所としては，立法府がした右（諸要素の）比較考量に基づく判断を尊重すべきものであるから，立法府の規制目的が前示のような社会的理由ないし目的に出たとはいえないものとして公共の福祉に合致しないことが明らかであるか，又は規制目的が公共の福祉に合致するものであっても規制手段が右目的を達成するための手段として必要性若しくは合理性に欠けていることが明らかであって，そのため立法府の判断が合理的裁量の範囲を超えるものとなる場合に限り，当該規制立法が憲法29条2項に違背するものとして，その効力を否定することができるものと解するのが相当である」（最大判昭62・4・22民集41巻3号408頁）。

第4節　特別な法律関係における人権保障の範囲

　国民の中には，国との法律関係において，一般の国民とは異なる地位にある

者が存在する。在監者，公務員などである。このような者は，従来，法治主義の一般原則は適用されないこととされ，命令・強制について個別的な法律上の根拠を必要とせず，また，これらの者に対する処分については，原則として裁判所の審査権は及ばないとされたのである。これを「特別権力関係」の理論という。

しかし憲法が基本的人権の尊重を基本原理として謳ったことから，このような理論は批判を受け，現在では，認められないとするのが一般的である。それでは，そのような者は，一般国民と同様の人権保障がなされるのだろうか。学説においては，特別権力関係の観念を否定しつつも，そのような者が一般国民とは異なる地位にあることは否定できないとされる。このことは，どのように考えるべきなのであろうか。

1 在 監 者

在監者といえども，原則として法律上の根拠なく，その人権が制限されてはならない。もっとも在監者といっても，受刑者，刑事被告人，被疑者，死刑囚，労役場留置者などはその拘禁目的を異にするものであり，人権の制限は一様ではない。また人権といっても，居住・移転の自由，職業選択の自由，外国移住の自由などは当然に制限されるが，精神的自由については，その権利行使が拘禁目的に反するとか，罪証の隠滅や逃亡のおそれがあるとか，または監獄の秩序を乱すとかは別として，原則として制限されない。最高裁判所は，「よど号ハイジャック記事抹消事件」において，「監獄は，多数の被拘禁者を外部から隔離して収容する施設であり，右施設内でこれらの者を集団として管理するにあたっては，内部における規律及び秩序を維持し，その正常な状態を保持する必要があるから，この目的のために必要がある場合には，未決勾留によって拘禁された者についても，この面からその者の身体的自由及びその他の行為の自由に一定の制限が加えられることは，やむをえないところというべきである」とした（最大判昭58・6・22民集37巻5号793頁）。

在監者の人権制約に関しては，そのほかに，次のような判例がある。

（1） 被拘禁者の喫煙の自由

最高裁判所は「拘禁の目的と制限される基本的人権の内容，制限の必要性な

どの関係を総合考察すると，前記の喫煙禁止という程度の制限は，必要かつ合理的なものであると解するのが相当であり，監獄法施行規則96条中未決勾留により拘禁された者に対し喫煙を禁止する規定が憲法13条に違反するものといえないことは明らかである」（最大判昭45・9・16民集24巻10号1410頁）と判示した。

 (2) 受刑者の頭髪規制

東京地方裁判所は，収容目的を達するために合理的必要がある限り，頭髪に関する自由に制限を受けることはやむをえないところといわなければならないと判示した（東京地判昭38・7・29行裁例集14巻7号1316頁）。

 (3) 収容者への教誨

大阪地方裁判所は，特定の宗教による教誨を行ったり，宗教的行事を催して収容者を参加させたり，宗教の信仰を導くための宗教教育を試みたりすることは憲法に違反しないと判示した（大阪地判昭33・8・20行裁例集9巻8号1662頁）。

2 公　務　員

公務員は，一般国民と異なり，政治的行為や労働基本権が制限されている。とりわけ前者について述べると，現行の国家公務員法や地方公務員法，さらに人事院規則は，公務員の政治活動を広汎に制限しており，一般職公務員にあっては，選挙権の行使以外のほとんどあらゆる政治活動が禁止されている。学説においては，政治活動の自由が民主制の根幹であること，現行法のような全面的禁止に近い制限を正当化する根拠が見られないことなどから，それらの制限は違憲であるとする見解がある。「猿払事件」において，旭川地方裁判所は，現業公務員が，勤務時間外に，国の施設を利用することなく，かつ職務を利用せずに行った行為で，労働組合活動の一環として行われた行為に刑事罰を科すことは，それに適用されるかぎりにおいて，合理的にして必要最小限の域を超えたものと断ぜざるをえないとした（旭川地判昭43・3・25下刑集10巻3号293頁）。しかし最高裁判所は，「行政の中立的運営が確保され，これに対する国民の信頼が維持されることは，憲法の要請にかなうものであり，公務員の政治的中立性が維持されることは国民全体の重要な利益にほかならないというべきである。したがって，公務員の政治的中立を損うおそれのある公務員の政治的行為を禁止することは，それが合理的で必要やむをえない限度にとどまるものである限

り，憲法の許容するところである」とした（最大判昭49・11・6民集28巻9号393頁）。

　その後においても最高裁判所は，「プラカード事件」において，政治的行為の禁止規定を本件行為に適用するのは憲法21条に違反するとした第1審および第2審とは異なり，「国家公務員法102条1項，人事院規則14－7第5項4号，第6項13号の規定の違背を理由として国家公務員法82条の規定により懲戒処分を行うことが憲法21条に違反するものでないことは，当裁判所の判例（上記「猿払事件」）の趣旨に照らして明らかであるから，原判決は憲法21条の解釈適用を誤ったものというべきである」（最3判昭55・12・23民集34巻7号959頁）とした。

　さらに最高裁判所は，「反戦自衛官懲戒免職事件」において，隊員相互の信頼関係を維持し，厳正な規律の維持をはかることは国民全体の共同の利益を確保することになるというべきである。このような国民全体の利益を守るために，隊員の表現の自由に対して必要かつ合理的な制限を加えることは憲法21条の許容するところであるとした（最1判平7・7・6判時1542号134頁）。

第5節　人権の私人間効力

　基本的人権の保障は，人間が本来自然の状態においてもつとされる自由を国家権力による侵害から保障しようとするものであった。このような考え方は，私人の行為に対する人権規定の効力を否定するとともに，国家権力の市民社会への介入・干渉を阻止することによって，「私的自治の原則」を保障しようとするものであり，レッセ・フェールの要請に応えるものであった。

　しかし資本主義の発展が独占段階に到達すると，情況は変わらざるをえなくなった。19世紀の末以降急速に発展した巨大企業などの「社会的勢力」は，個人の自由・権利を不断に侵害するようになり，このような「私人」の行為に対しても人権規定を適用するのでなければ，人権保障の趣旨は事実上無に帰するに至った。

　現在においては，人権規定の私人の行為に対する効力を完全に否定する見解はほとんど見られない。議論の中心は，人権規定の私人の行為への適用の根拠，方法，範囲などである。

1 学　説

　学説においては，間接適用説と直接適用説とに大きく分かれる。間接適用説は，人権規定が直接適用されるのは公権力と私人との関係であって，私人間においては，民法90条の公序良俗規定などを媒介として，間接的に適用されるにとどまる，とする。この説は，私法の一般条項を中間媒介にすることにより，社会的権力に対しても人権保障が確保されなければならないとする現代的要請と，私的自治の原則を国の関与から保障しようとする伝統的要請との調和を図ろうとするものである。

　一方直接適用説は，私人間においても，人権規定の可及的な直接適用を主張することにより，人権規定にもられた客観的価値の社会レベルにおける実現をはかろうとするものである。この説は，「社会的権力」による人権侵害行為に対して，自由権・平等権条項の適用が原則的に認められるとするものである。

　両説の間には，実際の帰結に着目すれば，外見上推察されるほどの相違は存在しないということである。というのは，前者においても，直接適用される人権(奴隷的拘束及び苦役からの自由，労働基本権など)を否定するものではないし，後者においても，対等な市民相互の関係においても人権規定を直接適用しようとするものではないし，私的自治の原則を否定するものではないからである。このことから，人権規定が私人間にも効力が及ぶかのかどうかは，それぞれの人権規定の性格や任務に照らして判断すべきであるといわれる。

　また「傾向経営（企業）」における経営とその所属員との関係については，一般論とは異なる取扱いが指摘される。ちなみにこのことが問題となった事件として「日中旅行社事件」がある。大阪地裁は，憲法14条と労働基準法3条は，イデオロギーによる差別的取扱いとイデオロギーを雇用契約の要素とすることを禁ずるが，憲法22条は営業の自由を認めるので，特定のイデオロギーを存立の条件としかつ労働者に対してもその承認，支持を要求する事業の運営が認められる。この矛盾する憲法的要請を充足するのは，その事業が特定のイデオロギーと本質的に不可分であり，その承認，支持を存立の条件とし，しかも労働者に対してそのイデオロギーの承認，支持を求めることが事業の本質からみて客観的に妥当である場合に限られるとした（大阪地判昭44・12・26労民集20巻6号1806頁）。

なお人権の私人間効力に関しては，アメリカにおける判例理論がしばしば紹介される。アメリカでは，私人の行為が国の行為とどの程度かかわりがあるのかという観点から議論がなされる。判例理論の内容は多様であり，国有財産の理論，国家援助の理論，特権付与の理論，統治機能の理論，司法的執行の理論などに分類される。

2　判　例

　最高裁判所は，間接適用説の立場に立つと一般に解されている。

■三菱樹脂事件

　学生時代の政治活動を実質的な理由になされた本採用の拒否が憲法19条「思想・良心の自由」等を侵害するとして争われた事件である。最高裁判所は，「私人間の関係における……その対立の調整は，近代自由社会においては，原則として，私的自治に委ねられ，……憲法上の基本権保障規定をそのまま私人相互間の関係についても適用ないしは類推適用すべきものとすることは，決して当をえた解釈ということはできない」。「私的支配関係においては，個人の基本的な自由や平等に対する具体的な侵害またはそのおそれがあり，その態様，程度が社会的に許容しうる限度を超えるときは，これに対する立法措置によってその是正を図ることが可能であるし，また，場合によって，私的自治に対する一般的制限規定である民法1条，90条や不法行為に関する諸規定の適切な運用によって，一面で私的自治の原則を尊重しながら，他面で社会的許容性の限度を超える侵害に対し基本的な自由や平等の利益を保護し，その間の適切な調整をはかる方途も存する」とした（最大判昭48・12・12民集27巻11号1536頁）。

■昭和女子大事件

　大学の学則に反し政治活動を行ったことを理由に私立大学によりなされた退学処分が争われた事件である。最高裁判所は，「憲法19条，21条，23条等のいわゆる自由権的基本権の保障規定は，……専ら国又は公共団体と個人との関係を規律ものであり，私人相互間の関係について当然に適用ないし類推適用されるものではないことは，当裁判所大法廷判例……の示すところである」。「特に私立学校においては，建学の精神に基づく独自の伝統ないし校風と教育方針とによって社会的存在意義が認められ，学生もそのような伝統ないし校風と教育

方針の下で教育を受けることを希望して入学するものと考えられる……。……学生の政治活動につきかなり広範な規律を及ぼすこととしても、これをもって直ちに社会通念上学生の自由に対する不合理な制限であるということはできない」。「実社会の政治的社会的活動にあたる行為を理由として退学処分を行うことが、直ちに学生の学問の自由及び教育を受ける権利を侵害し公序良俗に違反するものでないことは、当裁判所大法廷判例……の趣旨に徴して明らか」である。本件退学処分は、「社会通念上合理性を欠くものであるとはいいがた」いとした（最3判昭49・7・19民集28巻5号790頁）。

■日産自動車事件

　男子の定年を55歳、女子の年齢を50歳とする会社の就業規則の合憲性が争われた事件である。最高裁判所は、「就業規則中、女子の定年を男子より低く定めた部分は、専ら女子であることのみを理由として差別したことに帰着するものであり、性別のみによる不合理な差別を定めたものとして、民法90条の規定により無効であると解するのが正当である（憲法14条1項、民法1条の2参照）」とした（最3判昭56・3・24民集35巻2号300頁）。

■百里基地訴訟

　争われたのは人権規定ではないが、自衛隊基地の建設のための用地売買契約が憲法9条に反して無効であるかどうかが争われた事件である。最高裁判所は「憲法9条は、……人権規定と同様、私法上の行為に対しては直接適用されるものではないと解するのが相当であり」、「私法上の規範によって相対化され、民法90条にいう『公ノ秩序』の内容の一部を形成するのであり、したがって私法的な価値秩序のもとにおいて、社会的に許容されない反社会的な行為であるとの認識が、社会の一般的な観念として確立しているか否かが、私法上の行為の効力の有無を判断する基準になるものというべきである」と判示した（最3判平元・6・20民集43巻6号385頁）。

第6節　人権と制度の保障

　憲法の諸規定，とりわけ人権規定のなかには，直接個々人に「権利」として人権を保障するのではなく，特定の「制度」を客観的に保障する規定がある。これを一般に「制度（的）保障」という。この理論は，ワイマール憲法の解釈技術として，カール・シュミットなどにより説かれ，現在のボン基本法の解釈にも導入される。日本国憲法の解釈においても学説の多くはこの理論をもちいている。最高裁判所も，「津地鎮祭訴訟」において「政教分離規定は，いわゆる制度的保障であって，……間接的に信教の自由を確保しようとするものである」とした（最大判昭52・7・13民集31巻4号533頁）。

1　性　　格
　制度(的)保障の理論の性格や特質は，その論者により異なっており，一義的に定義づけることは容易ではない。一応次のように整理することができる。
① 　制度(的)保障は，客観的法規範である。それは，多くの場合，各人に人権を保障することを究極の目的とするが，それを直接の目的とするのではないと解される。
② 　制度(的)保障は，「制度」を保障する。この制度とは，法規範の複合（法規範の束）を意味する。大学の自治についていえば，大学と国の関係，大学と学生の関係，大学設置者と教授会の関係などにおけるさまざまな法規範の総体が，その制度であると解される。
③ 　制度(的)保障は，伝統的に形成された制度を保障する。「伝統」とは，多くの場合，西欧の議会制民主主義諸国において，市民革命の後に形成された立憲主義的な伝統を意味すると解される。
④ 　制度(的)保障は，制度の総体を保障するのではなく，その核心的（本質的）部分を保障する。その核心的部分の変更は許されないが，周辺部分については，法律によって変更することが許されると解される。
⑤ 　制度(的)保障は，当然のことながら，行政府，裁判所のみならず，立法府をも規範的に拘束すると解される。

しかし、この制度(的)保障の理論については、否定説が有力に主張される。その論拠は、①この理論が確立されたワイマール期のドイツと現在の日本では憲法状況が異なること、②この理論においては「人権」よりも「制度」が優位することになること、③この理論は本質的に保守的な機能をいとなむものであること、などである。

2 内容（種類）

日本国憲法の規定のなかで、どのような規定が制度(的)保障に該当するのかについては、論者により異なる。多くの論者は、一般に、大学の自治(23条)、私有財産制度(29条)、地方自治制度(憲法8章)などをその例として挙げる。そして論者によっては、政教の分離原則や、さらに検閲の禁止、通信の秘密、婚姻および家族に関する制度なども制度的保障と考える。

なお補足すると、「制度的基本権論」なるものが学説において説かれるが、これは、制度(的)保障論とは異なるものである。すなわちこの考え方は、基本権には、自由権的側面と制度的側面、すなわち国家から干渉を受けない防禦権的側面と国家に対し何らかの作為を求める請求権的側面があると理解する。たとえば「表現の自由」の基本権ならば、表現活動について国家の干渉を受けない自由と、国家に対して何らかの情報の公開を求める権利（知る権利）がある。

第5章　基本的人権（各論）

第1節　包括的人権

1　幸福追求権
（1）沿　革
　憲法13条後段は，「生命，自由及び幸福追求に対する国民の権利については，公共の福祉に反しない限り，立法その他の国政の上で，最大の尊重を必要とする」と規定し，「幸福追求権」を保障している。この規定は，「われわれは，自明の真理として，すべての人は平等に造られ，造物主によって，一定の奪いがたい天賦の権利を付与され，そのなかに生命，自由および幸福の追求の含まれることを信ずる」と唱った1776年のアメリカ独立宣言に由来するものである。さらに，アメリカ独立宣言は，「生命，自由及び財産」の保障を説くジョン・ロックに代表される近代自然法思想の自然権の影響を受けている。幸福追求権も，このような史的基礎をもとに，一人一人の人間に究極の価値が存するとの世界観にもとづき，すべての人間が不可譲な自然権を有するという基本原理を宣言するとともに，包括的な自由権的基本権を定めたものと解されている。

（2）　裁判規範性
　明治憲法と異なり，日本国憲法は裁判所に違憲立法審査権を与えた結果，原則として，基本的人権は裁判的救済を伴う「具体的権利」としての性格を有する。しかし，表現の自由や信教の自由などと比べると，相対的に「幸福追求に対する国民の権利」の意味内容が不明確であるため，幸福追求権は一般原理の宣言にすぎず，そもそも人権という名に値しないのではないかとの疑問も出されている。また，今日では，憲法上に明文根拠のない「新しい人権」が幸福追求権を根拠として次つぎに主張されている。「新しい人権」が創設されると良いことのようにも思えるが，「新しい人権」が恣意的に創設されるのであれば，人

権のインフレ化を招き，また裁判官の法創造機能拡大という危険性が増大する。たとえば，喫煙権を承認する一方で嫌煙権を認めるならば，具体的にどのように両者を調整すべきかという問題が個々の裁判官の価値観により決せられるおそれがある。このため，「法令の規定をはなれて13条のみを理由にする新しい人権の主張は，少なくとも裁判の場では承認されない」としてその裁判規範性を否定する見解もある。しかし，「新しい人権」の創設に消極的なわが国の裁判所に対して法創造機能の危険性を説くことは逆に司法的救済を狭めることになるし，「人間」の自律性を承認し，憲法に列挙された自由権以外の自由を保障する実際上の必要性があることを考えれば，個別的自由権の間隙を埋めるため，「公共の福祉に反しない限り一般的に自由を拘束されないとする一般的自由権」の存在を認めたものと解するのが妥当である（一般的自由説）。

これに対し，幸福追求権の内容を一般的自由だと考えると，内容が無制限になってしまうと批判し，幸福追求権の内容を「個人の人格的生存に不可欠な利益を内容とする権利の総体」（人格的利益説），あるいは「政治参加のプロセスに不可欠な権利」（プロセス理論）であると限定的に捉える見解もある。しかし，人格的利益説は，「人権の定義による人権制限」を認めてしまう点が問題である。また，プロセス理論にはついては，このような憲法観自体が成り立つのか疑問があり，また，政治プロセスに不可欠とはいえない自己決定権を人権ではないと解する危険性がある。思うに，一般的自由説に立っても，限定的なパターナリスティックな制約の余地を認め，他方，人格的利益説に立っても，人格的生存と自由との密接度の曖昧さを承認するのであれば，ある自由が憲法上保護されるのか否かは，結局，個別的・具体的な裁判の中で判断されることになり，実のところ理論的には大きな違いはない。しかし，具体的裁判において，国民には一般的自由権が保障されていることを前提として，国家の側に規制の必要性・合理性を厳格な基準により立証させるアプローチの方が実践的・現実的意義が見出されると思われる。

このように，幸福追求権は，日本国憲法の第三章で規定されている具体的な人権カタログから洩れている権利を補完的に保障する意義を有している。憲法の権利自体がその制定当時の経済的，政治的，社会的条件のもとで定められたものであり，これら条件が変化すれば，権利内容も変化すると考えていくこと

が大切である。

2　私法上の人格権と憲法上の幸福追求権

　生命，身体，健康，そして名誉，氏名，肖像，プライバシーなどに関する諸利益は，人格権とよばれ，主に不法行為法上の保護を受ける利益として古くから議論されてきたが，さらに，人格権が憲法上の基本的人権であるかについては，必ずしも明確ではなかった。最高裁も，名誉（北方ジャーナル事件・最大判昭61・6・11民集40巻4号872頁），氏名（氏名呼称事件・最3判昭63・2・16民集42巻2号27頁），肖像（京都府学連事件・最大判昭44・12・24刑集23巻12号1625頁。写真のみならず，イラスト画についても，一定の保護を認めている。最1判平成17年11月10日民集59巻9号2428頁）などの利益に言及しているが，これが憲法上の人格権を承認したものか否かは明確ではない。確かに，これら人格権を不法行為法上の利益として扱えば保護に欠けるところはないかもしれないが，これら人格権が究極的には人間の尊厳と密接不可分であるし，これら人格権と対抗関係にある表現の自由のような人権との調整の場面では，その憲法的価値を明らかにせざるをえないであろう。

　とくに，個人の名誉の保護と表現の自由の保障という点において鋭い対立をもたらしている。民事上の損害賠償請求事件においては，名誉権を憲法上の権利と認めた上で，表現の自由の価値と対比して（表現が「公人」に関するものか「私人」に関するものか，表現内容が公的なものか私的なものか）きめ細やかな調整を図っていく必要がある。概して言えば，公人に関する公的表現については憲法上高度の保障が及ぶが，「私人」に関する表現や，「公人」であっても私的な事柄については名誉権が優先する場合が多いであろう（名誉毀損と表現の自由については第5章第4節を参照）。

3　幸福追求権の具体的内容

（1）　プライバシー権

　(a)　プライバシーの概念　　情報技術の発達により，マスコミによって個人の私生活が暴露されたり，個人情報が漏洩するなどの危険が増大し，現代社会において，他者による個人の私生活に対する侵害を排除することが重要な課題

となっている。このような私生活を守るというプライバシー権は，アメリカにおいては，当初，ウォーレンおよびブランダイスらの見解に見られるように「ひとりで放っておいてもらう権利」として主張されてきた。その後，判例法により，個人が自分の私事に関し国家からの干渉を受けずに自由に決定できる権利として発展し，不合理な捜索・押収を受けない権利，自己負罪拒否の特権のみならず，結婚，出産，避妊，家族関係など個人の私事に関する自己決定権を意味するという，多義的・包括的概念として構成されてきた。

日本国憲法においても，憲法上のプライバシー権は，通信の秘密（21条2項）や住居の不可侵（35条）など，私生活に対する公権力の介入を拒否するという消極的自由権として保障されているが，さらに，私事に関する自己決定権としてのプライバシー権（後述のとおり，これを広義のプライバシー権とよぶ）は，憲法13条により保障されているものと解されている。プライバシー権の根拠は，個人の尊厳を究極の価値とする民主主義の理念に求められている。個人の私生活が国家により常に看視され，個人の支配する領域が認められない独裁制国家においては，そもそもプライバシー権は問題とならないからである。

(b) 自己情報コントロール権　　最近では，プライバシー権を，自己決定権とは独立した権利である「自己情報コントロール権」と解する見解が有力である。この見解は，自己に関する情報を「いつ，どのように，どの程度まで，他者に伝達するかを自ら決定する」ことをいい，個人情報の収集，管理・利用，開示・提供のすべてにつき，本人の意思に反してはならないことが原則とされ，閲覧請求権，訂正・削除要求権，利用・伝播統制権が含まれるとしている（前述のとおり，自己決定権を含んだ伝統的なプライバシー権を「広義のプライバシー権」，自己情報コントロール権は「狭義のプライバシー権」とよぶことができる）。

この見解は，情報化社会の進展を背景にプライバシー権の持つ曖昧さを払拭するのみならず，個人情報に対する国家の介入を拒否するという消極的な権利にとどまらず，差止請求権や誤情報の訂正を請求できる積極的権利として構成する点に意義が見出される。

しかし，この見解において，必ずしも「情報」の定義が明確ではなく，保護されるべき「情報」の範囲を拡大すれば，その実体が不明瞭になるとの批判が妥当するし，センシティブな「情報」のみを保護すると解するのであれば，セ

ンシティブか否かという困難な問題を抱えることになり，またセンシティブでない「情報」を排除してしまう可能性がある。さらに，「コントロール」とは具体的に何を意味するのかが曖昧であり，国家に対する請求権的側面は，具体的な立法を待って実現すべき問題であろう。もっとも，自己情報の開示，訂正，抹消を請求するという積極的権利の承認を除けば，伝統的理解と自己情報コントロール権の実際上の対立は深刻なものではない。

　近時の裁判例の中にも，自己情報コントロール権説にもとづいたものも散見されるが，その定義の曖昧さゆえか，基本的には私生活への侵入・私事の公開からの自由という構成を前提としている。いかなる「私事」，「情報」が保護されるのかは，結局，プライバシー権の定義によるのではなく，具体的事案において，私生活の平穏を現実に侵害し，あるいは侵害の危険性ある行為の態様をも加味して決せられるべきなのである。

　(c)　判例によるプライバシー保護　　わが国においても，「宴のあと」事件判決（東京地判昭39・9・28下民集15巻9号2317頁）が，「日本国憲法のよってたつところでもある個人の尊厳という思想は，相互の人格が尊重され，不当な干渉から自我が保護されることによってはじめて確実なものとなる」ことを理由に，「私生活をみだりに公開されないという法的保障ないし利益」としてプライバシーの権利を承認して以来，この定義に従い，多くの裁判例でプライバシー権が認められてきている。

　最高裁も，「前科」（前科照会事件・最3判昭56・4・14民集35巻3号620頁，ノンフィクション「逆転」事件・最3判平6・2・8民集48巻2号149頁），「指紋」（指紋押捺拒否事件・最3判平7・12・15刑集49巻10号842頁），「身体的特徴」（「石に泳ぐ魚」事件・最3判平14・9・24判時1802号60頁），「学籍番号，氏名，住所及び電話番号」（早稲田大学江沢民主席講演会名簿提出事件・最2判平15・9・12民集57巻8号973頁）などについてプライバシー保護を認めている。

　ところで，早稲田大学江沢民講演会名簿提出事件判決は，「本人が，自己が欲しない他者にはみだりにこれを開示されたくないと考えることは自然なことであり，そのことへの期待は保護されるべきものであるから，本件個人情報は，上告人らのプライバシーに係る情報として法的保護の対象となる」と判示している。最高裁は，自己情報コントロール権説の影響を受けつつ（開示・訂正等の

積極的側面を認めたわけではないので、自己情報コントロール権そのものを採用したものと即断すべきではないであろう）、プライバシー権を、個人情報について、本人の意思にもとづかず、自己が欲しない他者にみだりに開示されない権利と捉えているものと解される。ただ、今後、具体的にどのような事項がプライバシー権の対象となるのかについては未解決のままである。

(d) プライバシー保護の範囲　これまで、下級審を含めた判例によれば、個人の病歴、健康状態、身体的特徴、戸籍、前科などがプライバシー権の保護対象とされてきた。有力な学説では、「人の精神過程とか内部的な身体状況等にかかわる高度にコンフィデンシャルな性質の情報がプライバシー権の内実をなすものと観念される」として、政治的・宗教的信条にかかわる情報、心身に関する基本情報、犯罪歴にかかわる情報などが例示として挙げられている。この見解が、保障の程度に区別を設けるという意味ではなく、非センシティブ情報をプライバシー保護の対象にしないとの意味であれば、前に述べたように妥当ではない。たとえば、氏名・住所・電話番号など個人識別情報は、当然にはセンシティブな情報とはいえないが、保護すべき対象となりうる（前記早稲田大学江沢民講演会名簿提出事件）。また、役職名や肩書き、あるいは勤務先・学歴、職業など「断片的な情報」であっても、これを結びつけ、個人の特定化・識別化が可能な状況にする行為も規制する必要があろう。

今日的課題として、地球規模で情報通信技術（IT）が発達するに伴い、個人情報の漏洩、個人情報の売買などの問題が多発している。そのような中、平成15年5月に「個人情報の保護に関する法律」が成立し、個人情報取扱事業者の遵守すべき義務が具体的に定められ、また、自己情報コントロール権説で説かれていた個人情報の開示、訂正、利用停止等において本人が関与できる仕組みが創設されている。もっとも、この法律の運用次第で、表現の自由と緊張関係を生じることになり注意を要する。また、住民基本台帳ネットワークシステムの稼働に関し、国民のプライバシー侵害の危険性が指摘されている。裁判例の中には、住民基本ネットワークシステムに関し、同意なく登録することはプライバシー侵害に当たると判断するものも出てきている（大阪高判平成18年11月30日）。ITの発展により享受しうる利益と、プライバシー侵害の危険性をどのように調整していくのかが今後の重要な課題となる。また、防犯ビデオの設置とプラ

イバシー権侵害が問題とされることがある。録画したビデオテープを警察に提供する場合は，私人間効力の問題を超え，犯罪の予防と個人のプライバシー侵害の適切な利益衡量が要請される。

(e) プライバシー侵害の基準　　プライバシー侵害が成立する要件として，前記「宴のあと」事件の東京地裁判決は，①私生活上の事実または事実らしく受けとられるおそれのある事柄で，②一般人の感受性を基準にして当該私人の立場に立った場合，公開を欲しないであろうと認められるものであり，③一般の人びとに未だ知られていない事柄であることを挙げている。

これに対して，前記早稲田大学江沢民講演会名簿提出事件最高裁判決によれば，①秘匿されるべき必要性が高い情報であり，②開示することについて本人の同意がなく，③「自己が欲しない他者にはみだりにこれを公開されたくないと考えること」が自然なこと，かつ，そのことへの期待が保護されるべきものである場合にプライバシー侵害が成立すると解している。

基本的には最高裁の基準が妥当と思われるが，具体的には，個人情報の有する価値と侵害態様との相関関係により決するほかはないであろう（プライバシーと表現の自由については第5章第4節を参照）。

(2) 自己決定権

自己決定権とは，「自己の私的なことがらについて自由に決定する権利」のことであり，アメリカではプライバシーの権利（広義のプライバシー権）として議論されてきたものである。全体主義と異なり，個人が尊重される社会では，自分にとって何が幸福であるか，自分がどのように生きていくかを自分自身で決定し，自己の責任で実現していくことが保障されなければならない。具体的には，出産，性行為，結婚，医療（安楽死，輸血拒否），危険行為（登山，喫煙，薬物，ヘルメットの着用），ライフスタイル（髪型，服装）などに関する自己決定が考えられる。

これまで，在監者の喫煙の自由（最大判昭45・9・16民集24巻10号1410頁），酒をつくる自由（最1判平元・12・14刑集43巻13号841頁），バイクに乗る自由（最3判平3・9・3判時1401号56頁），パーマをかける自由（東京地判平3・6・21判時1388号3頁），丸刈りを拒否する自由（熊本地判昭60・11・13行裁例集36巻11=12号1875頁）などが争われたことがあるが，真正面から認められるに至ってはいな

い。しかし，最高裁は，エホバの証人輸血拒否事件（最3判平12・2・29民集54巻2号582頁）で，「患者が輸血を受けることは自己の宗教上の信念に反するとして，輸血を伴う医療行為を拒否するとの明確な意思を有している場合，このような意思決定をする権利は，人格権の一内容として尊重しなければならない」と判示し，生命に関する自己決定権を認めたことが注目される。

　問題は，自己決定権が問題となった場合，いかなる場合に規制しうるかである。J.S. ミルが示唆するように，他者への危害にならない限り，各個人は自分の意思で何をやってもかまわない（たとえ，その行為が他の人びとには愚かで，奇異に見える非合理的な選択であっても）とすれば，社会や国家が個人の自己決定権に介入できるのは，その自己決定を許すと他者への危害となる場合に限られる。しかし，他者に危害をもたらさない場合であっても，未成年者のように未成熟で判断能力が不十分な場合や，判断能力が備わっていても十分な情報が与えられていない場合には，パターナリスティックな介入を許容してもよいであろう。さらに，不道徳な行為が公然と行われている場合や，社会秩序や公益を損なう場合にも規制が許されるのかについては議論があり，慎重な判断が求められる。

第2節　法の下の平等

1　平等思想

　平等の原理は，古くはギリシャ哲学やローマ法思想にまで遡るといわれているが，現実には奴隷制が存在していた。中世においては，キリスト教の教義により神の前の平等が説かれたが，近代的意味における平等原理の確立は，封建社会や絶対君主制の下における身分的拘束から人間を解放することを目的に，人間の本性にもとづく生来の自由と平等を認める合理主義的な自然法思想まで待たなければならなかった。ロックによれば，自然状態の下では，人間は自由に行動することができ，それは誰にも従属・服従しない平等な状態であり，自由と平等を一体のものと捉えていた。このような前国家的な自然法思想にもとづく平等原則は，アメリカ独立宣言やフランス人権宣言にとり入れられ，近代民主主義を支える基本原理として確立された。

わが国においては，徳川幕府の時代には士農工商などの封建的身分秩序が存在しており，明治憲法では，19条で公務就任についてのみ「日本臣民ハ法律命令ノ定ムル所ノ資格ニ応シ均ク文武官ニ任セラレ及其ノ他ノ公務ニ就クコトヲ得」という規定が置かれていたが，一般的な平等原則の規定はなかった。しかも，華族制度を基礎とした貴族院が設置され，また旧民法下の家制度の下で男女平等が認められないなど，法制度上も社会生活上もさまざまな差別が行われていた。

しかし，人間の尊厳を維持するには，個人が自由であると同時に，各個人が平等でなければならず，このことは既に述べたところからも明らかであろう。

そこで，日本国憲法14条1項は「すべて国民は，法の下に平等であつて，人種，信条，性別，社会的身分又は門地により，政治的，経済的又は社会的関係において，差別されない」と定めて平等原則を宣言し，同条2項で貴族制度の廃止，さらに，24条で婚姻・家族生活における男女平等，26条で「ひとしく教育を受ける権利」，44条で参政権の平等が規定されている。なお，学説の中には，平等権と平等原則とを区別して論じるものもあるが，議論を混乱させるだけであり，とくにその必要性は認められないであろう。また，平等原則は，法秩序全体を支配するものとして，対公権力だけでなく，私人間においても公序を形成するものであり，私人間における差別も問題としうる。

2　平等の意義

「平等」の意義に関しては，さまざまな議論の対立がある。

(1) 形式的平等と実質的平等

前述のとおり，近代平等思想が要請したのは，国家権力からの解放を主眼とし，市民階級にとって自由な活動の妨げとなる身分制度の撤廃と平等な参政権の獲得であったから，ここでいう平等とは，国家権力から法律上差別なく取り扱われ，また等しく国家意思形成へ参加するという，形式的に平等な地位，権能を確保することを意味した（形式的平等・機会の平等）。この意味における平等は，国家権力から個人を解放するという視点において，個人の自由と両立するものであった。

しかしながら，人間には，さまざまな事実上の差異が存在しており，これら

現実的差異を無視して機会の平等や形式的な平等を保障しても，逆に不平等を拡大することになる。とくに，資本主義経済の発展とともに，貧富の差の拡大，階級闘争の激化，失業などの社会問題が発生すると，社会的弱者救済のため，経済的自由に制約を加え，社会権を確立するなど，不平等状態を是正することが必要となり，国民に実質的な平等を確保することが求められている（実質的平等・結果の平等）。このような実質的平等の確保は，不平等状態是正のため，個人の自由の制限を認めるものであるから，究極的には対立することがある。

日本国憲法は，自由主義を採用するとともに，他方で福祉国家理念を掲げており，実質的平等の確保も重要な使命である。しかし，日本国憲法の史的基礎からは，第一義的には形式的平等を保障したものと解され，実質的平等は，社会権にもとづく立法措置により実現することが予定されていると解される。もっとも，実質的平等を確保する施策が，程度によっては機会均等の要請に反し逆差別となる場合があることに注意が必要である。アメリカにおいては，高等教育機関への入学におけるマイノリティ優遇措置をめぐる裁判のように，いわゆるアファーマティブ・アクション（積極的差別是正措置）の合憲性が問題となっている。この点については，当該是正措置が，マイノリティの利益の最大化につながり，それが，公正な機会均等という条件の下，すべての人々に開かれた職務や地位と結びついている場合にのみ許されるとの見解が有力である。わが国においても，どのように調整していくかは今後の課題であろう。

（2） 絶対的平等と相対的平等

絶対的平等とは，人間の有する事実上の差異を無視して，人間であるという一点に着目し，あらゆる取扱いに関して絶対的に均等に扱い，いかなる理由による，いかなる程度の差別も一切認めないことをいう。アメリカ独立宣言は，この絶対的平等観に立っているが，法の理念を示したものと考えられる。なぜならば，人間には，性別，能力，年齢，財産など事実上の差異が存在し，これらを無視して均等に扱うことは，かえって不平等を強制することになるからである。事実上の差異に着目するのであれば，平等原則は，「等しいものは等しく，等しくないものは等しくなく取り扱うべき」であり，「同一の事情と条件の下では均等に取り扱う」という相対的平等の意味に解すべきである。その結果，禁止されるのは，不合理な差別であり，合理的な区別は平等原則に反しないこ

とになる。しかし、「合理的」という基準は抽象的で曖昧であるから、区別にあたっては慎重な考慮が必要とされる。そこで、ある学説は、①事実上の差異の存在、②目的の正当性、③区別の必要性、④区別の態様・程度が、社会通念上許容できる範囲内であること、の諸点を総合判断すべきであるとしている。

3 法の下の平等と立法者の拘束

14条1項をめぐっては、①法適用のみならず、法内容の平等までも要求されるのか、②本条の平等は、例外を許さない絶対的平等を意味するのか、それとも例外を許容する相対的平等を意味するのか、③14条後段の事項は、限定列挙であるのか、単なる例示であるのか、が解釈論的に議論されてきた。

通説は、「法の下の平等」とは、国政全般を直接拘束する法原則であり、法適用だけでなく、法内容の平等を要求すると解し（立法者拘束説）、また、合理的「区別」を認め、平等原則を相対的平等と解し、さらに、列挙事由については、例示であり、列挙事由以外の理由にもとづく不合理な差別も禁止されると解している。平等が人間の本性にもとづくものである以上、人間であれば当然に平等が保障され、これは自然法にもとづく前国家的性質を持つと考えられるので、一切の国家権力を拘束し、それは法適用のみならず、法の定立、すなわち立法権も拘束すると解するのが妥当である。

かつて、学説上、法適用の平等に限定する少数説（立法者非拘束説）も存在した。しかし、この見解は、「法の下の」という文字解釈にとらわれたものであり、法の内容自体に不平等があれば適用が平等であっても意味がない、あるいは、平等原則の理念から、法の内容においても適用においても差別を許さないはずである、などの批判が妥当する。もっとも、少数説の論者によれば、14条1項後段の列挙事由は限定列挙であり、例外を許さない絶対的平等を要請し、これは立法者をも拘束すると解している。この点、両者に大きな差異はないともいえるが、列挙事由について絶対的平等を主張することには無理があること、14条1項後段列挙事由以外の理由にもとづく差別であっても、不合理な差別は許されないと解すべきであり、やはり立法者拘束説が妥当である。

4 違憲審査基準

平等権が侵害された場合，最終的には裁判所による違憲審査がなされることになるが，それが合理的な区別に該当するか否かの判断基準は何かが問題となる。学説上，民主主義的合理性により判断する見解もあるが，具体的な事件における判断基準としては抽象的すぎるであろう。また，より精緻に，アメリカの判例理論を参考に，人種や国籍などによる差別については「やむにやまれぬ利益」という厳格審査，それ以外の事由にもとづく差別については合理的根拠，さらに，性や嫡出性の差別については中間審査を使い分ける有力な見解もある。しかし，これは一応の理念型であり，具体的事象を厳密に区別できるものではない。たとえば，アファーマティブ・アクションをいかなる審査基準により判断するかは難問であろう。また，これら三種の基準は，そもそも結論先行型との批判も存在する。思うに，合理的区別に該当するか否かは，人間の社会的生活の変遷に伴い変化していくものであり，現実的には総合的な利益衡量により判断していくほかないと考えられる。わが国の最高裁も，合理性の基準を捨てきれないでいる。

なお，通説は，14条1項後段に規定する「人種，信条，性別，社会的身分又は門地」は，歴史的に重要な差別事項を例示したものであることは共通するが，学説の中には，14条1項後段の列挙事由は民主制の下では通常許されないものであるから，列挙事由にもとづく区別は合理的根拠を欠くものと推定し，司法審査において，より厳格な判断基準を用いるべきだと主張するものもある。しかし，列挙事由以外の事由による区別には合理性の推定が働かず，列挙事由以外の事由にもとづく区別につき容易に合理性を認めてしまう可能性もあり，必ずしも説得力をもつものではない。

5 平等の具体的内容

14条は差別を禁止する事由を列記しているが，これが例示にすぎないことは前述のとおりである。したがって，列記事由のみ差別を禁止する趣旨ではないが，以下，内容を検討しておく。

(1) 人　種

人種差別とは，「皮膚・毛髪・目・体型等の身体的特徴」や「世系又は民族的

若しくは種族的出身」にもとづく差別を指し，これらによる偏見や差別は，大きな政治的・社会的問題を引き起こしている。わが国においても，アイヌ問題，在日韓国・朝鮮人問題などが残っており，忘れてはならない問題である。日本国籍を有しないことを理由に東京都の管理職選考試験の受験を拒否することについて，最大判平成17年1月26日（民集59巻1号128頁）は，「地方公務員のうち，住民の権利義務を直接形成し，その範囲を確定するなどの公権力の行使に当たる行為を行い，若しくは普通地方公共団体の重要な施策に関する決定を行い，又はこれらに参画することを職務とするもの（以下「公権力行使等地方公務員」という。）……の職務の遂行は，住民の権利義務や法的地位の内容を定め，あるいはこれらに事実上大きな影響を及ぼすなど，住民の生活に直接間接に重大なかかわりを有するものである。それゆえ，国民主権の原理に基づき，国及び普通地方公共団体による統治の在り方については日本国の統治者としての国民が最終的な責任を負うべきものであること（憲法1条，15条1項参照）に照らし，原則として日本の国籍を有する者が公権力行使等地方公務員に就任することが想定されているとみるべきであり，我が国以外の国家に帰属し，その国家との間でその国民としての権利義務を有する外国人が公権力行使等地方公務員に就任することは，本来我が国の法体系の想定するところではない」として憲法14条1項に反しないとした。なお，外国人であることを理由に，公衆浴場の入浴を一律に拒否することは不合理な差別であるとする裁判例がある（札幌地判平成14年11月11日判時1806号84頁）。

(2) 信　　条

信条とは，思想上の主義，信念，宗教上の信仰を指し，さらに，政治的意見や政党的所属関係なども含まれると解されている。国家公務員法27条は，信条，政治的意見，政治的所属関係による差別を禁止しているが，他方，欠格事由として，38条5号は「政府を暴力で破壊することを主張する政党その他の団体を結成し，又はこれに加入した者」を挙げている。しかし，38条5号は，公務の本質に鑑みた合理的例外と解されている。また，労働基準法3条も信条による差別的取扱いを禁止している。もっとも，三菱樹脂事件において，最高裁（最3判昭48・12・12民集27巻11号1536頁）は，企業は契約自由の原則を有するので，「特定の思想，信条を有する者をそのゆえをもって雇い入れることを拒んでも，

それを当然に違法とすることはできないのである。憲法14条の規定が私人のこのような行為を直接禁止するものではない」と判示している（私人間効力の問題については，第4章第5節参照）。

(3) 性　　別

人間の本性にもとづく平等が説かれてきたにもかかわらず，歴史的に各国において男女差別が広く行われてきており，わが国においても明治憲法時代には当然のこととされていた。女性は，参政権や公職就任権が制限され，私法上も差別的取扱いを受けていた。日本国憲法は，14条で，原則的に性別による差別を禁止し，24条において家族関係における男女の平等を定めている。雇用に関しては，昭和60年に男女雇用機会均等法が制定され，女性の採用促進が図られた。平成9年に同法は改正され，募集・採用，昇進についての差別禁止を強化し，セクシャル・ハラスメント防止についての配慮義務も新設された。さらに，平成18年に同法は改正され，「女性であることを理由とする差別的取扱いの禁止等」が「性別を理由とする」に改められ，間接差別の禁止，妊娠・出産等を理由とする不利益取扱いの禁止などが追加された。また，平成11年に男女共同参画社会の実現を目指して男女共同参画社会基本法が制定され，「男女が，互いにその人権を尊重しつつ責任も分かち合い，性別にかかわりなく，その個性と能力を十分に発揮する」という男女共同参画社会の実現に向け，国および地方公共団体の責務が定められている。

しかし，男女には，事実上，肉体的・生理的な差異が存在しており，この身体的差異（今日では，肉体的な性差と文化的な性差（ジェンダー）を区別して論じるようになってきている）にもとづき法的に異なる取扱いをすることが合理的であると認められる場合もある。もっとも，身体的差異を強調することで，かえって差別を助長するおそれがあることが指摘されており，平成9年の労働基準法改正において，女性の社会進出を妨げるものとして深夜労働の禁止規定が削除された。

本条項が問題となった事例をあげておく。民法733条が女性にのみ再婚禁止期間を設けることが憲法14条1項に反するかが争われた事件で，最高裁（最3判平7・12・5判時1563号81頁）は，「民法733条の元来の立法趣旨が，父性の推定の重複を回避し，父子関係をめぐる紛争の発生を未然に防ぐことにあると解

される」ので，14条1項の一義的な文言に反しないと判示している。

（4）　社会的身分

社会的身分とは，人が社会において占めている地位のことを指す。本条を違憲審査において特別の意味を有すると解する場合，その範囲が画定されることが必要となり，出生によって決定される社会的な地位または身分と解する見解が有力である。しかし，単なる例示と解するのであれば，広く解するべきである。部落差別は，もちろん社会的身分にもとづく差別である。

本条項関連では，尊属に対する罪が刑を重くしている点が法の下の平等に反するかが争われた事案がある。尊属傷害致死事件において，最高裁（最大判昭25・10・11刑集4巻10号2037頁）は，子の親に対する道徳的義務が，「人倫の大本，古今東西を問わず承認せられているところの人類普遍の道徳原理」であるとして，刑法205条2項を合憲としたのに対し，尊属殺重罰事件において，最高裁（最大判昭48・4・4刑集27巻3号265頁）は，「尊属に対する尊重報恩は，社会生活上の基本的道義というべく，このような自然的情愛ないし普遍的倫理の維持は，刑法上の保護に値する」が「刑法200条は，尊属殺の法定刑を死刑または無期懲役刑のみに限っている点において，その立法目的達成のため必要な限度を遥かに超え，普通殺に関する刑法199条の法定刑に比し著しく不合理な取扱いをするものと認められ，憲法14条1項に違反して無効である」と判示した。その後，刑法の条文を口語化する平成7年の刑法改正になって，ようやく尊属加重規定は全面的に削除された。

また，相続につき，民法900条4号は，非嫡出子の相続分を嫡出子の2分の1と定めているが，この規定が平等原則違反かが争われた事件につき，最高裁（最大判平7・7・5民集49巻7号1789頁）は，本件規定の立法理由は，「法律婚の尊重と非嫡出子の保護の調整を図ったもの」であり，現行民法が法律婚主義を採用している以上，右のような本件規定の立法理由にも合理的な根拠があり，憲法14条1項に違反しないとした（最2判平15・3・28判時1820号62頁。最1判平15・3・31判時1820号64頁も同旨）。

（5）　門　　地

門地とは，家系，血統等の家柄を指す。明治憲法時代に存在した華族，士族，平民がこれに該当する。貴族制度は門地による差別に該当するが，14条2項が，

とくに明示的に禁止している。

(6) その他

以上は例示であり，これ以外の事由にもとづく差別が許されるというわけではないことは既に述べた。具体的には，学歴，職業，地域，年齢などの事由による差別が考えられる。

地域的取扱いの違いが平等原則に反するかが争われた事案がある。東京都が売春取締条例を制定したことが，平等原則に反するとして争われた事件で，最高裁（最大判昭33・10・15刑集12巻14号3305頁）は，「憲法が各地方公共団体の条例制定権を認める以上，地域によって差別を生ずることは当然に予期されることであるから，かかる差別は憲法みずから容認するところである」としている。

6　平等原則の制度化

(1)　貴族制度の廃止

憲法14条2項は，「華族その他の貴族の制度は，これを認めない」と規定し，貴族制度を廃止している。華族とは，明治憲法下の華族令にもとづき，爵位を有する者とその家族をいい，一般国民と異なる特権を与えられていた。貴族制度は14条1項の門地による差別に該当するが，本項により，憲法制定当時に存在した華族制度を廃止し，さらに将来にわたって類似の制度が復活することを禁止している。

(2)　栄典の禁止

14条3項は，栄典に伴う特権を禁止している。国家や社会の功労者に対し，栄典を授与することは差し支えないが，特権を与えたり，世襲させる場合には，平等原則違反となる。文化勲章受章者に対する年金などの経済的利益が特権に該当するのかは問題となるが，功労に見合う程度のものであれば，合理性が認められるであろう。

(3)　家族生活における平等

24条1項は，婚姻の自由と夫婦の平等を，2項で婚姻および家族に関する法律は，「個人の尊厳と両性の本質的平等」にもとづいて制定されることを要求している。本条は，明治憲法下の「家制度」の解体および憲法の理念を反映した新しい家族制度の構築を目指すものである。

第3節　精神的自由権（1）

1　思想・良心の自由
（1）沿　革
19条は，「思想及び良心の自由は，これを侵してはならない」と規定する。これは，人間の内心の自由を保障したものである。人間が真に自由であるためには，他の誰からも指示や拘束されることなく，自分にとって何が幸福か，自分がどのように生きていくかを自分自身で決定しなければならない。したがって，そのための知識を吸収し創造する精神活動の自由が保障されなければならない。思想・良心の自由は，この精神的自由の中でもっとも基本的な地位を占めている。思想・良心の自由は，近代人権宣言の中心をなす権利の1つであり，諸外国の憲法においては，信教の自由と不可分なものとして主張されている。内心の自由が国家権力の介入を許さない絶対的な領域であり，とくに憲法で保障する必要がないと考えられていたこと，思想・良心の自由と表現の自由が重なり合うため，表現の自由を規定すれば十分であると考えられたためであるとされる。明治憲法には，思想・良心の自由を特別に保障した規定がなく（不十分ながら，信教の自由の一内容と解されていた），思想統制が行われたことから，ポツダム宣言を受けて，日本国憲法は，独立した条文として思想・良心の自由を保障したものである。

　なお，思想・良心の自由は，民主主義秩序に敵対する思想をも保障するものなのか争がある。思想・良心の自由を否定する思想を本条で保障することは背理ではないかとも考えられよう。ドイツは，「自由で民主的な基本秩序に敵対する」者は基本権を喪失するという「たたかう民主主義」の立場を明らかにしている。しかし，このような規定をもたない日本国憲法の下では，民主主義が価値相対主義を前提とし，何が真理であるかを知りえないという立場を採用しており，内心にとどまる限り（現実的具体的害悪を伴う外部的行為があるときは別である），これを保護するのが妥当である。また，人間の尊厳という観点からは，たとえ他人が納得できない考えであっても，それを尊重するのが当然のことであろう。戦後，総司令部の指令により，国家主義者・軍国主義者・共産主

義者などを排除するため，公職追放やレッド・パージが行われたが，超憲法的権力によるやむをえない一時的措置であり，現行では許されない措置である。

（2）　思想・良心の意味

「思想・良心」の意味に関しては，良心とは倫理的な判断の自由，思想とはその余のものと一応は区別されるが，厳密に区別する実益はない。両者を一体として，内心領域の自由を保護対象にしたものと解すれば十分である。

しかし，思想・良心の自由は，人の内心活動すべてを保障したものなのか，限定されたものかが議論されている。限定的に解する見解（信条説）は，人の内面的精神活動のうち，「宗教上の信仰に準ずべき世界観，人生観等の個人の人格形成の核心をなすものに限られ，一般道徳上，常識上の事物の是非，善悪の判断や一定の目的のための手段，対策としての当不当の判断を含まない」と解している。他方，広く解する見解（内心説）は，信条説に立てば保障対象が不明確である，あるいは，区別できないのではないかと批判し，「人の内心におけるものの見方ないし考え方」と解している。内心説は，思想・良心の自由が，精神の自由の根源であることから，できるだけ広く捉えるべきだと考えている。しかし，内心説によれば，保障範囲があまりにも広すぎることになり，実際上の不都合が生じることになり妥当ではない。信条説が正当である。たとえば，信条説に立てば，単なる事実の知不知は思想・良心に含まれないことになり，裁判で証人に事実に関する証言を強制しても，思想・良心の自由には反しない。

なお，思想・良心の自由は，内心にとどまる限り，他の権利・利益と衝突することはないので，絶対的に保障される。保障の絶対性を貫くことができる点でも信条説はすぐれている。

（3）　思想等の強制，不利益的取扱いの禁止

思想・良心の自由は，まず，特定の思想等を個人に強制したり，ある思想等を信奉していることを理由として不利益に取り扱うことを禁止している。これは，同時に，14条の信条による差別にも該当する。

内申書に政治活動歴がある等不利益的記載がなされたことが憲法19条に違反するかが争われた麹町中学内申書事件で，最高裁（最2判昭63・7・15判時1287号65頁）は，内申書の記載は「上告人の思想，信条そのものを記載したものではないことは明らかであり，右の記載に係る外部的行為によっては上告人の思想，

信条を了知し得るものではないし、また、上告人の思想、信条自体を高等学校の入学者選抜の資料に供したものとは到底解することができない」として合憲とした。しかし、本件記載は具体的であり、本人の思想、信条を推知できるものといえ、本件判決に対して、学説には異論が多い。

　政治上の主義もしくは施策を推進し、支持し、またはこれに反対する目的（政治目的）をもって犯罪をせん動することを処罰する破壊活動防止法39条および40条の規定が、思想・良心の自由に違反するかが争われた事件で、最高裁（最3判平2・9・28刑集44巻6号463頁）は、「せん動として外形に現れた客観的な行為を処罰の対象とするものであって、行為の基礎となった思想、信条を処罰するものではない」と判示し合憲とした。なお、一連の国歌斉唱事件において東京地判平成18年9月21日（判例地方自治285号78頁）は、「学習指導要領の国旗・国歌条項の制定趣旨からすれば、都立学校の卒業式、入学式等の式典において、国旗を掲揚すること、国歌を斉唱することは、生徒らに対する教育の一環ということができ、都立学校においてこのような教育が行われること自体は正当なものということができ」るが、都立高校に勤務する教職員に対し、「一律に、入学式、卒業式等の式典において国歌斉唱の際に国旗に向かって起立し、国家を斉唱すること、ピアノ伴奏をすることについて義務を課すことは、思想・良心の自由に対する制約にな」り、「必要かつ最少限度の制約を超えるものであり、憲法19条に違反する」と判示した。しかし、同様の事件で、最3判平成19年2月27日（判例集未登載）は、「入学式の国歌斉唱の際のピアノ伴奏を拒否することは、上告人にとっては、上記の歴史観ないし世界観に基づく一つの選択ではあろうが、一般的には、これと不可分に結びつくものということはできず、上告人に対して本件入学式の国家斉唱の際にピアノ伴奏を求めることを内容とする本件職務命令が、直ちに上告人の有する上記の歴史観それ自体を否定するものと認めることはできない」、本件職務命令は、「公立小学校における儀式的行事において広く行われ、A小学校でも従前から入学式等において行われていた国家斉唱に際し、音楽専科の教諭にそのピアノ伴奏を命ずるものであって、上告人に対して、特定の思想の有無について告白することを強要するものでもなく、児童に対して一方的な思想や理念を教え込むことを強制するものとみることもできない」と判示し、憲法19条に違反しないと結論づけた（なお藤田宙靖裁

（4） 団体の活動と構成員の思想・良心の自由

　私的な団体が一定の政治活動を行い，その構成員に協力を義務づける場合がある。基本的には，団体内部で自主的解決すべき事項であるが，その限界が問題となる。労働組合が特定の立候補者支援のためにその所属政党に寄付するため，臨時組合費を徴収した国労広島地本事件で，最高裁（最3判昭50・11・28民集29巻10号1698頁）は，労働組合が組織として特定の候補者の支持を決定することは自由であるが，組合員に対してこれへの協力を強制することは許されないとした。

　同様に，税理士会の特定政治団体への寄付のため特別会費の徴収が争われた南九州税理士会政治献金事件で，最高裁（最3判平8・3・19民集50巻3号615頁）は，「多数決原理によって団体の意思として決定し，構成員にその協力を義務づけることはできない」とした。もっとも，同じく強制加入団体である司法書士会が阪神淡路大震災復興支援の寄付をするため，負担金の徴収を求めた群馬司法書士会事件で，最高裁（最1判平14・4・25判時1785号31頁）は「本件負担金の徴収は，会員の政治的又は宗教的立場や思想信条の自由を害するものではない」として違法ではないとした。最高裁の判断が分かれた理由は明確ではないが，基本的には，個々具体的な利益衡量の結果と思われる。難しい問題であるが，一般的には強制加入団体の場合は構成員の思想・良心の自由が団体の活動より優先されるべきであろう。

（5） 沈黙の自由

　個人が内心においていかなる思想を有するかは，外部から容易には知りえない。そこで，思想・良心の自由の侵害態様としては，国家権力が，個人に対して内心を表出するよう求めることがあり，思想・良心の自由は，かかる思想等の表出を国家権力により強制されないという沈黙の自由を含んでいる。沈黙の自由については，表現しない自由（21条）ないし信仰の告白を強制されない自由（20条）等の問題として理解すべきだとの見解もある。重なり合う部分があることは確かであるが，信条説に立って，思想・良心については，本条により絶対的に保障されると理解すべきである。

（6） 意思に反する謝罪等の強制

名誉毀損の民事裁判の判決で，新聞紙上に謝罪広告を掲載するよう命じられた被告が，謝罪広告を命ずる判決が思想・良心の自由を侵害するとして争われた謝罪広告事件で，最高裁（最大判昭31・7・4民集10巻7号785頁）は，「単に事態の真相を告白し陳謝の意を表明するに止まる程度のものにあっては，……倫理的な意思，良心の自由を侵害することを要求するものとは解せられない」として合憲と判断した。不明確ながら，この判決は信条説に立ったものと理解されている。なお，補足意見として田中耕太郎裁判官は「憲法19条の『良心』というのは，謝罪の意思表示の基礎としての道徳的の反省とか誠実さというものを含まない」ので19条とは無関係であるとした。これに対して，藤田裁判官は，良心の自由とは「単に事物に関する是非弁別の内心的自由のみならず，かかる是非弁別の判断に関する事項を外部に表現するの自由並びに表現せざるの自由をも包含するものと解すべきであり，……人の本心に反して，事の是非善悪の判断を外部に表現せしめ，心にもない陳謝の念の発露を判決をもって命ずるがごときことは，まさに憲法19条の保障する良心の外的自由を侵犯するものである」とした。田中裁判官は信条説，藤田裁判官は内心説に立っている。

また，労働委員会が不当労働行為に関する救済命令において，謝罪公告を命じること（ポスト・ノーティス命令）が憲法19条に反しないかが争われた事件で，最高裁（最3判平2・3・6判時1357号144頁）は，「ポスト・ノーティス命令が，労働委員会によって上告人の行為が不当労働行為と認定されたことを関係者に周知徹底させ，同種行為の再発を抑制しようとする趣旨のものであることは明らかであ」り，「上告人に対し反省等の意思表明を要求することは，右命令の本旨とするところではないと解される」ので「右命令は上告人に対し反省等の意思表明を強制するものであるとの見解を前提とする憲法19条違反の主張は，その前提を欠くというべきである」と判示した。

（7）　私人間での思想・良心の自由

私人間においても思想・良心の自由が問題となる。三菱樹脂事件最高裁判決（最大判昭48・12・12民集27巻11号1536頁）は，「労働者を雇い入れようとする企業者が，労働者に対し，その者の在学中における右のような団体加入や学生運動参加の事実の有無について申告を求めることは，上告人も主張するように，その者の従業員としての適格性の判断資料となるべき過去の行動に関する事実を

知るためのものであって，直接その思想，信条そのものの開示を求めるものではないが，さればといって，その事実がその者の思想，信条と全く関係のないものであるとすることは相当でない。元来，人の思想，信条とその者の外部的行動との間には密接な関係があり，ことに本件において問題とされている学生運動への参加のごとき行動は，必ずしも常に特定の思想，信条に結びつくものとはいえないとしても，多くの場合，なんらかの思想，信条とのつながりをもっていることを否定することができない」と判示している（もっとも，本判決は，結果的に違法ではないと結論づけている）。同様に，使用者が労働者の所属政党を調査することが思想の自由を侵害するかが争われた事件で，最高裁（最2判昭63・2・5労判512号12頁）は，「企業内においても労働者の思想，信条等の精神的自由は十分尊重されるべきであることにかんがみると」，調査目的との関連性を明らかにしないで本件書面交付の要求を繰り返したことは，慎重な配慮を欠き，調査方法として不相当な面があるといわざるをえないが，強要にわたるものではなく，社会的に許容しうる限界を超えて精神的自由を侵害した違法行為であるということはできないと判示した。

2　信教の自由
（1）沿　革

　宗教と国家権力が密接に結びつくと，国民に特定の信仰を強制することが国家の使命となり，宗教内部での迫害（異端）や十字軍に見られるような他宗教に対する迫害が顕著となる。とくに，ローマ教会に異を唱えたルターに始まる宗教改革は，カトリックとプロテスタントで激烈な宗教的抗争をもたらした。しかし，何が宗教的真理か明らかにできない以上，自分の信仰の絶対性を根拠に宗教的迫害を正当化することは理論的には困難であり，自分とは異なる教義を信じる権利を相手に認めるべきこと，すなわち「寛容」の理念が自覚されるようになってきた。やがて，宗教的な寛容の理念は政治的な寛容をもたらし，それぞれの国家において，信教の自由，政教分離原則として結実されていったのである。近代自由主義は，このような中世の宗教的弾圧に抵抗する中で発達したもので，信教の自由は，精神的自由権を獲得する原動力となってきた。個人がいかなる信仰を有するのか，また有しないのかは内心の問題であり，これに

国家が関与すべきではないことは明らかであろう。また，信仰が多様であればあるほど，思想も多様化し活力ある社会を実現できるはずである。ここに信教の自由を保障する意義がある。

わが国においては，明治時代初期においては，徳川時代のキリスト教禁止政策を承継していたが，明治憲法28条は，「日本臣民ハ安寧秩序ヲ妨ケス及臣民タルノ義務ニ背カサル限ニ於テ信教ノ自由ヲ有ス」と定めた。しかし，明治憲法下の信教の自由は極めて不完全なものであり，政府は「神社は宗教に非ず」との立場に立ち，神社神道を特別扱いし，実質的には国教化していった。そして，国家主義・軍国主義の台頭とともに，政府は，神社を崇拝することを国民に義務づけ，他宗教を迫害するに至ったのである。

日本の敗戦後，連合国最高司令官は，「国家神道（神社神道）ニ対スル政府ノ保障，支援，保全，監督及弘布ノ廃止ニ関スル覚書」を発し，国家と神社神道との完全な分離を命じた。これらの経験を踏まえ，日本国憲法は，信教の自由を保障すると同時に，国家と宗教の分離を定めている。

(2) 信教の自由

(a) 内面における信仰の自由の絶対的保障　憲法20条1項は，「信教の自由は，何人に対してもこれを保障する」と規定している。20条1項の保障する信教の自由の中心をなすものは，ある特定の宗教を信じ，あるいは宗教を信じない自由，すなわち宗教上の内心における信仰の自由である。同じく内心の自由である19条の思想・良心の自由の宗教的側面を構成するものである。具体的に，信仰の自由は，信仰を持つ者に対してその信仰の告白を強制することを禁止し（沈黙の自由），および特定の信仰を強制されないことを意味する。

信教の自由は，内心を問題とするものである限り，思想・良心の自由と同じく絶対的に保障されるものであり，一切制限することは許されない。たとえある特定の宗教が俗悪な邪教に見えるものであっても，内心にとどまる限り国家権力がこれを禁止することは許されない。しかしながら，信教の自由が内心にとどまらず，それが外部的行為として現れ，他者の権利等を侵害する場合には，国家権力による規制の対象となりうることはもちろんである。たとえば，精神病者の平癒を祈願するために宗教行為として加持祈祷を行った結果，被害者を死に至らしめた加持祈祷事件で，最高裁（最大判昭38・5・15刑集17巻4号302

頁）は，信教の自由の保障が絶対無制約のものではないことを認め，反社会的で信教の自由の保障の限界を逸脱したものと判断している。

　(b) 信仰と国民一般に課せられた義務の免除　　もっとも，今日では国家権力が特定の宗教を狙い撃ちにした直接的な侵害は少なく，信教の自由をめぐる現実的な紛争形態としては，宗教に対する中立的な規制ではあるが，その適用に当たり信教の自由の侵害になるのではないか，という形で争われることが多い。すなわち，宗教上の教義にもとづいて，一般の国民に課された義務を履行せず，または部分社会における規律に服さず，拒否行為に出た場合，一般に課された義務を免除しうるか，ということが問題となる。

　キリスト教の教会学校に参加するため公立小学校が実施した日曜参観授業を欠席した児童を欠席扱いとすることが信教の自由を侵害するかが争われた日曜日授業参観事件で，東京地裁（東京地判昭61・3・20行裁例集37巻3号347頁）は，得られる利益と失われる利益を衡量し，本件児童の欠席扱いは許されるとした。すなわち，サラリーマン家庭が7割を占める地域において父母双方あるいは平日参観ができない父親に授業参観させるため，授業参観を日曜日に設定したことは必要かつ適切な措置であり，他方，指導要録への欠席の記載は法律上あるいは社会生活上の処遇において不利益な効果が発生するとは認められないとした。そして，信教の自由との関係につき，「宗教行為に参加する児童について公教育の授業日に出席することを免除する（欠席として扱うことをしない。）」ことは，宗教，宗派ごとに信仰上の集会の「重複・競合の日数が異なるところから，結果的に，宗教上の理由によって個々の児童の授業日数に差異を生じることを容認することになって，公教育の宗教的中立性を保つ上で好ましいことではな」く，「公教育上の特別の必要性がある授業日の振替えの範囲内では，宗教教団の集会と抵触することになったとしても，法はこれを合理的根拠に基づくやむをえない制約として容認しているものと解すべきである」とし，さらに「国民の自由権といっても，それが内心にとどまるものではなく外形的行為となって現れる以上，法が許容する合理的根拠に基づく一定の制約を受けざるをえないことについては信教の自由も例外となるものではないと解される」として義務の免除を否定した。

　また，神戸市立工業高等専門学校の学生が，その信仰する宗教（エホバの証

人）にもとづき，必修科目であった剣道実技の履修を拒否したため，総合評価の結果，体育の単位が認定されず，2年連続して進級拒否処分を受け，その結果，退学処分となったことが信教の自由を侵害するかが争われた神戸高専格技拒否事件で，最高裁（最2判平8・3・8民集50巻3号469頁）は，「本件各処分は，その内容それ自体において被上告人に信仰上の教義に反する行動を命じたものではなく，その意味では，被上告人の信教の自由を直接的に制約するものとはいえないが，しかし，被上告人がそれらによる重大な不利益を避けるためには剣道実技の履修という自己の信仰上の教義に反する行動を採ることを余儀なくさせられるという性質を有するものであったことは明白である」から，神戸高専は「他の学生に不公平感を生じさせないような適切な方法，態様による代替措置を採ること」を十分に考慮すべきであり，結果的に，「考慮すべき事項を考慮しておらず，又は考慮された事実に対する評価が明白に合理性を欠き，その結果，社会観念上著しく妥当を欠く処分をしたものといわざるをえない」と判示し，剣道実技の履修を免除した。なお，代替措置を採ることが政教分離に反するかという争点については，「信仰上の真しな理由から剣道実技に参加することができない学生に対し，代替措置として，例えば，他の体育実技の履修，レポートの提出等を求めた上で，その成果に応じた評価をすることが，その目的において宗教的意義を有し，特定の宗教を援助，助長，促進する効果を有するものということはできず，他の宗教者又は無宗教者に圧迫，干渉を加える効果があるともいえないのであって，およそ代替措置を採ることが，その方法，態様のいかんを問わず，憲法20条3項に違反するということができないことは明らかである」とし，政教分離に反しないと結論づけた。

　義務の免除については，アメリカで多くの裁判例が存在し，①信教の自由に対する実質的な制限があるかどうか，②宗教上の理由にもとづいて例外を認めることが，州のやむにやまれぬ利益を侵すかどうか，という利益衡量論が採用されている。日曜日授業参観事件と神戸高専格技拒否事件は，いずれも学校教育をめぐり争われたものであるが，結論の差異は，事案に応じた具体的な利益衡量の結果とみることができる。しかし，注意を要するのは，信仰上の理由にもとづき，学校教育にさまざまな要求がなされる可能性である。アメリカでは，キリスト教の創造説と相容れない進化論教育の是非が議論されているし，フラ

ンスでは，平成16年2月に公立学校においてイスラム教徒の女子生徒にスカーフ着用を禁ずる法律が制定された。日本においても，格技拒否にとどまらず，世界史，生物，家庭科実習，さらには生徒会活動など特別活動にまで特別措置の要求が拡大する可能性を有している。これらが恣意的に拡大すれば，学校教育の健全性が損なわれることは明らかであり，慎重な判断が求められる。

宗教と困惑する学校教育

　神戸高専格技拒否事件は，教育現場に対し困難な課題を残したように思われる。すなわち，生徒等は，今後，学校に対して宗教上の観点から特別の取扱いを求めるようになり，学校はこれらの要求にどこまで応じなければならないか判断を迫られることになる。しかしながら，この点について正確な判断を法律のプロではない教師にどこまで期待することができるのであろうか。これまでも，宗教と教育の緊張関係は見られたが，その多くは，学校側が見て見ぬふりで大目に見逃していた。神戸高専事件以前にも，信仰上の理由にもとづく格技拒否の問題は全国的に起こっていたのである。神戸高専も，総合評価制度を採用し，平成3年度には，15人の格技拒否者のうち，10人が体育で合格点を取得している。格技拒否即退学という図式はあてはまらない。神戸高専は平成2年の移転を機に武道場が整備されたため，指導要領にもとづき剣道実技を開始したのであるが，それまでは剣道の授業はなかった。判決によれば，平成3年度の1年生のうち15人の学生が剣道の受講を拒否した（うち，5人は前年度の受講拒否者）というのであるから，学校全体では，潜在的に数十人にのぼる格技拒否者が在籍していたと思われる（なお，工業高等専門学校であるから5年制である）。

　今後も，公立学校に特定宗教の信者やその師弟が入学を求めてくる場合も考えられるし，特定の信仰を有する多数の学生が一斉に一般的義務の免除を求める場合も想定されるであろう。また，逆に，親とともに集団生活を強要され，義務教育を否定し，労働に従事させられる子供がいる場合も考えられる。その場合でも「寛容」が優先し，一般的義務の免除を認めるべきなのであろうか。

　今回のフランスでのスカーフ禁止問題は，背景に民族問題やフランス特有の政教分離観があることも事実であるが，スカーフの着用を「一定の宗教的確信の明白なシンボル」だとか，「挑発」，さらには「改宗と宣伝を強要する行為」という個々の判断から教師を解放した点では評価できる。日本においては，このような極端な立法が認められる可能性は少ないが，少なくとも，最高裁で明確な基準を示すべきではなかっただろうか。

(c) 宗教的行為の自由　　信教の自由は，宗教的行為の自由を含んでいる。20条2項は，「何人も，宗教上の行為，祝典，儀式又は行事に参加することを強制されない」と規定し，礼拝，祈祷，その他の宗教上の行為，祝典，儀式または行事を行い，または参加し，もしくはかかる行為をしない自由を保障している。この規定は，戦前において見られた神社参拝の強制がなされたことに鑑みて，とくに規定したものと解される。宗教を宣伝する自由（布教の自由）も，宗教的行為の自由に含まれると解されている。

宗教的行為は外部的行為であるから，加持祈禱事件で述べたように，制約の可能性が認められ，とくに刑法犯を構成する行為については，信教の自由を根拠に安易に違法性阻却を許容すべきではない。ただ，牧師が，建造物侵入・凶器準備集合罪等の嫌疑がある2人の少年を教会施設に宿泊させて犯人蔵匿罪に問われた牧会活動事件で，神戸簡裁（神戸簡判昭50・2・20判時768号3頁）は，「被告人の右牧会活動は，国民一般の法感情として社会的大局的に許容しうるものであると認めるのを相当とし，それが宗教行為の自由を明らかに逸脱したものとは到底解することはでき」ず，「それは全体として法秩序の理念に反するところがなく，正当な業務行為として罪にならない」と判示した。正当な結論である。

京都市が制定した指定社寺の文化財の観賞者に対し1回50円の税を課す京都市古都保存協力税条例が，布教の自由及び参拝者の信教の自由を侵害するかが争われた事件において，京都地裁（京都地判昭59・3・30行裁例集35巻3号353頁）は，「本税が，有償で行う文化財の観賞という行為の客観的，外形的側面に担税力を見出して，観賞者の内心にかかわりなく一律に本税を課すものであること，本税の税額が現在の物価水準からして僅少であることなどに鑑みると，本件条例は，文化財の観賞に伴う信仰行為，ひいては観賞者個人の宗教的信仰の自由を規律制限する趣旨や目的で本税を課すものでないことは明らかであり，また，右信仰行為に抑止効果を及ぼし，これを結果的に制限するものでもない」と判示した。信仰にかかわりなく一律に，文化財の観賞に対して僅少な額を課税しても，信仰行為を制限したことにならず，憲法20条に反しないであろう。

(d) 宗教上の結社の自由　　信教の自由には，宗教上の集会・結社の自由が

含まれる。布教，礼拝等のためには，会合したり，同じ信仰を持つ者が宗教団体を設立し，宗教的活動を行い，宗教団体に加入する等の自由が不可欠であるからである。ところで，宗教法人法は，宗教法人の設立については，所轄庁に規則の認証を受けなければならないと規定し，また，裁判所が宗教法人の解散を命ずることを認めている。この解散命令が宗教上の結社の自由を侵害するかどうかが問題となったのが宗教法人オウム真理教解散命令事件である。宗教法人オウム真理教が毒ガスであるサリンの生成を企てるなどしたとして，東京都知事等が解散命令を求めた事件で，最高裁（最1決平8・1・30民集50巻1号199頁）は，宗教法人の解散命令の制度は，宗教団体や信者の精神的・宗教的側面に容喙する意図によるものではなく，その制度の目的も合理的であること，オウム真理教を解散し，その法人格を失わせることが必要かつ適切であること，他方，解散命令によって宗教団体であるオウム真理教やその信者らが行う宗教上の行為に何らかの支障を生ずることが避けられないとしても，その支障は，解散命令に伴う間接的で事実上のものにとどまること，したがって，本件解散命令は，宗教団体であるオウム真理教やその信者らの精神的・宗教的側面に及ぼす影響を考慮しても，必要でやむをえない法的規制であるとして合憲とした。

(3) 政 教 分 離

(a) 政教分離の意義　憲法は，信教の自由を保障するだけではなく，国家と宗教との分離（政教分離）を定めている。すなわち，20条1項後段は，「いかなる宗教団体も，国から特権を受け，又は政治上の権力を行使してはならない」，そして同条3項は，「国及びその機関は，宗教教育その他いかなる宗教的活動もしてはならない」，さらに89条は，「公金その他の公の財産は，宗教上の組織若しくは団体の使用，便益若しくは維持のため，……これを支出し，又はその利用に供してはならない」と規定している。国家と特定の宗教が何らかの結びつきをもつと，前述のとおり，権力者が直接的，間接的に他宗派の人たちの信教の自由を侵害するおそれがあり，また，その結果として，当該宗教と国家の双方が堕落するというのがその理由である。すなわち，政教分離を制度的に保障することをもって国家の宗教的中立性を確保し，もって個人の信教の自由の保障を一層確実なものとしようとするものである。

もっとも，国家と宗教の関係の規律は，国により，また，時代により一律で

はない。国家と宗教との結びつきを認めて国教制度を採用するもの，国家と宗教の厳格な分離を採用するもの，その中間形態などさまざまである。日本国憲法における政教分離は，戦前の反省から，国教制度を否定し，両者の分離を求めるものである。

以下，政教分離違反が問題となる場合を見ておく。

　(ア)　特権付与の禁止　　憲法20条1項後段は，宗教団体に対する国の特権付与を禁止している。特権とは，「一切の優遇的地位・利益」を意味し，ある特定の宗教団体に特別の利益を与えることのみならず，宗教団体全体に他の団体と区別して特別の利益を与えることも禁止される。

　宗教団体に対する非課税措置が特権付与に該当するのではないかが問題とされているが，法人税法が，財団法人，社団法人，学校法人等と並んで宗教法人を免税しているので，特権には該当しないと考えられる。

　(イ)　政治上の権力の禁止　　憲法20条1項後段は，宗教団体が政治上の権力を行使することを禁止している。政治上の権力とは，立法権，課税権，裁判権，公務員の任免権・同意権等の権力を意味する。もっとも，宗教団体が積極的な政治活動によって政治に強い影響を与えることを禁止したものと解する少数説がある。この少数説によれば，ある宗教団体が政治活動をしたり，選挙に際して特定の候補を推薦することは許されないことになろう。しかし，この少数説は，宗教を理由に宗教団体と他の団体と差別することになりとりえない。

　(ウ)　国家機関等の宗教活動の禁止　　憲法20条3項は，「国及びその機関は，宗教教育その他いかなる宗教的活動もしてはならない」と規定している。何が宗教活動に該当するかは，目的効果基準を用いて判断すべきことは後述する。

　(エ)　財政的支援の禁止　　憲法89条は，国または地方公共団体が宗教団体のために公金を支出したり，公の財産をその利用に供したりすることを禁止している。この規定は，財政面において，政教分離原則を貫いたものである（第7章第4節4参照）。

　(b)　政教分離の法的性質　　政教分離原則の法的性質について，個人の自由権なのか（人権説），それとも前述のように，国家機関に対して宗教的中立を要求する制度として保障した（制度的保障説）のか争いがある。制度的保障とは，

個人の権利ではなく、一定の客観的制度を憲法で保障することを目的とするもので、立法権がある制度そのものを排除したり、ある制度の本質的内容を侵害することを禁止する法理論をいう。津地鎮祭事件において、最高裁（最大判昭52・7・13民集31巻4号533頁）は、「政教分離規定は、いわゆる制度的保障の規定であって……間接的に信教の自由の保障を確保しようとするものである」として制度的保障説を採用している。

これに対して人権説は、制度的保障説に立てば、本質的部分以外の制約が可能となり政教分離の緩和につながること、そもそも政教分離規定は信教の自由の単なる手段ではなく「必須の前提」であり、政教分離条項によって、国民は、信仰に関し間接的にも圧迫を受けない権利が保障されていると批判する。確かに、人権説に立てば、政教分離違反の行為があれば人権侵害となり、個々の国民が政教分離違反を理由に裁判で争うことが可能になるという利点がある。しかし、制度的保障であるか否かと政教分離が厳格か否かという問題は必ずしも結びつくものではない。また、人権説を前提とすれば、政教分離違反がある場合に、具体的に誰の権利が侵害されたのか特定が困難であるから（ある意味では、支援を受けた宗教に属する者以外の者ということになろう）、訴訟の客観化をもたらして「法律上の争訟」概念を希薄化するおそれがあろう。さらに、20条3項が政教分離の要請を国家に対する禁止命題として定めており、どのような場合に人権侵害が認定されるのか人権としての政教分離の具体的内容が明確ではないという批判も妥当する。したがって、政教分離を制度的保障と解した上で（これを制度的保障と異なる客観的法規範と解しても矛盾はない）、適切な判断基準を設定することが重要である。

(c) 限定分離と目的・効果基準　政教分離の意味について、学説の中には、国家行為が宗教的活動に該当すれば政教分離違反であるとする「完全分離説」を主張するものもある。この学説によれば、「宗教的活動」か否かが政教分離違反の基準となる。しかし、宗教的活動にいう「宗教」をどのように定義するかは難問である。宗教を、非合理主義的・神秘主義的教義と広く解する見解もあるが、「超自然的、超人間的本質（すなわち、絶対者、造物主、至高の存在、なかんずく神、仏、霊等）の存在を確信し、畏敬崇拝する心情と行為」（名古屋高判昭46・5・14行裁例集22巻5号680頁）と解するのが一般的である（この定義によれば、死

者に対する追悼，慰霊等の行事も宗教にかかわることになる。なお，宗教的起源を有するものであっても，現在では国民の日常生活上習俗化した行為（正月の門松やクリスマス・ツリー）は，宗教的活動ではない。習俗行為か否かに関しては，前記名古屋高裁が，①主催者が宗教家か否か，②順序作法が宗教界で定められたものか，③一般人に違和感なく受容される程度に普遍性を有するか，という基準を用いて判断している）。いずれにせよ，現実には宗教と社会は密接に関連しており，完全分離説によれば，あまりにも「非常識な結論」をもたらすことは明らかである。

　そこで，国家と宗教との間に一定の関わり合いがあることを前提に（限定分離説），その限界を探求すべきである。最高裁も，限定分離説に立ち，その上で審査基準として目的効果基準を示している。すなわち，前記津地鎮祭事件において，宗教的活動とは，「国及びその機関の活動で宗教とのかかわり合いをもつすべての行為を指すものではなく，そのかかわり合いが……相当とされる限度を超えるものに限られるというべきであつて，当該行為の目的が宗教的意義をもち，その効果が宗教に対する援助，助長，促進又は圧迫，干渉等になるような行為をいう」と判示し，いわゆる「目的効果基準」を採用することを明らかにした。この目的効果基準は，アメリカの判例理論の影響を受けたものである。アメリカでは，宗教関係の学校への援助が国教樹立禁止条項に違反するかが争われたレーモン事件において，①当該国家行為が，世俗的目的を有するか，②その主要な効果が，宗教を援助または抑制するものか，③国と宗教との過度のかかわり合いを助長するものか，という3つの基準（レーモン・テスト）が確立された。その後，レーモン・テストにさまざまな批判が加えられており，動揺も見られるものの，修正を加えられつつも生き続けている。なお，レーモン・テストでは，①～③までが独立したテストであり，どれか1つが充たされれば違憲となるが，日本の最高裁は，③のテストの該当性を判断するために①と②のテストが検討されるという構成を採っている。

　わが国においても，目的効果基準は，その後も，自衛官合祀事件（最大判昭63・6・1民集42巻5号277頁）および愛媛県玉串料事件（最大判平9・4・2民集51巻4号1673頁）の両最高裁判決でも採用されている。しかし，この目的効果基準を緩やかに適用するのか厳格に適用するのかで結論に差異が生じる可能性があるため（地鎮祭判決は緩やかに適用したのに対し，愛媛県玉串料判決は，厳格に

適用されている），基準としての曖昧性が指摘されている。今後は，この基準につきより明確化・精緻化を図っていくことが大切である。

　(d)　目的効果基準の適用例　　以下において，目的効果基準の適用例を紹介しておく。

　前記津地鎮祭事件は，津市が市民体育館を起工するに際して神道式の地鎮祭を実施したことが政教分離に反するかが争われた事案である。第1審の津地方裁判所は，本件地鎮祭は習俗行為であるとしたのに対し，第2審の名古屋高裁は，本件地鎮祭を宗教的活動にあたると判断した。これに対し，最高裁は，「その目的は建築着工に際し土地の平安堅固，工事の無事安全を願い，社会の一般的慣習に従った儀礼を行うという専ら世俗的なものと認められ，その効果は神道を援助，助長，促進し又は他の宗教に圧迫，干渉を加えるものとは認められないのであるから，憲法20条3項により禁止される宗教的活動にはあたらない」とした。

　妻の意思に反して殉職自衛官の霊を隊友会等が県の護国神社に合祀申請した行為が宗教的活動に該当するかが争われた自衛官合祀事件において，最高裁は，「その宗教とのかかわり合いは間接的であり，その意図，目的も，合祀実現により自衛隊員の社会的地位の向上と士気の高揚を図ることにあったと推認され」「その宗教的意識も希薄であったといわなければならないのみならず，その行為の態様からして，国又はその機関として特定の宗教への関心を呼び起こし，あるいはこれを援助，助長，促進し，又は他の宗教に圧迫，干渉を加えるような効果をもつものと一般人から評価される行為とは認め難い」とした。

　忠魂碑を箕面市が小学校増改築のため，公費で移設し，土地を無償で貸与した行為が争われた箕面忠魂碑事件で，最高裁（最3判平5・2・16民集47巻3号1687頁）は，忠魂碑は地元の人びとが郷土出身の戦没者の慰霊，顕彰のために設けたもので，元来，戦没者記念碑的な性格のものであり神道等の特定の宗教とのかかわりが少なくとも戦後は希薄であること，目的が小学校の校舎の建替え等のため公有地上に存する戦没者記念碑的な性格を有する施設を他の場所に移設し，その敷地を学校用地として利用することを主眼とするものであり専ら世俗的なものと認められること，効果も特定の宗教を援助，助長，促進しまたは他の宗教に圧迫，干渉を加えるものとは認められないとして，政教分離に反

しないと判示した。

　大阪市が市営住宅の立替事業を円滑に進めるため，地元住民の要望を受け，町会に地蔵像建立のための敷地として私有地を無償貸与した行為が争われた大阪地蔵像事件で，最高裁（最1判平4・11・16判時1441号57頁）は，本件無償貸与の目的は市営住宅の立替事業を行うに当たり，地元の協力と理解を得て右事業の円滑な進行を図るとともに，地域住民の融和を促進するという何ら宗教的意義を帯びないものであること，寺院外に存する地蔵像に対する信仰は仏教としての地蔵信仰が変質した庶民の民間信仰ではあったが，それが長年にわたり伝承された結果，その儀礼行事は地域住民の生活の中で習俗化し，このような地蔵像の帯有する宗教性は希薄なものとなっていること，町会は地域居住者により構成されるいわゆる町内会組織であって宗教的活動を目的とする団体ではないことから政教分離に反しないと判示した。

　これに対し，愛媛県が靖国神社の例大祭に玉串料等を支出した行為が宗教的活動に該当するか否かが争われた愛媛玉串料事件において最高裁は，県が特定の宗教団体の挙行する重要な宗教上の祭祀にかかわり合いを持ったことは明らかであり，神社自体がその境内において挙行する恒例の重要な祭祀に際して玉串料等を奉納することは，その宗教的意義が希薄化し，慣習化した社会的儀礼にすぎないものになっているとは到底いうことができず，一般人が本件の玉串料等の奉納を社会的儀礼の一つにすぎないと評価しているとは考え難いこと，地方公共団体が特定の宗教団体に対してのみ本件のような形で特別のかかわり合いをもつことは，一般人に対して，県が当該特定の宗教団体を特別に支援しており，それらの宗教団体が他の宗教団体とは異なる特別のものであるとの印象を与え，特定の宗教への関心を呼び起こすものといわざるをえないとして，宗教的活動に該当すると認定した。最2判平成16年6月28日判時1890号41頁は，平成2年に行われた今上天皇の即位儀式である即位の礼と大嘗祭に県知事及び県議会議長が参列した行為は，憲法20条3項により禁止される宗教的活動には当たらないとした。

　また，中曽根首相（当時）が靖国神社に公式参拝し公費を支出した行為が政教分離に反するかが争われた靖国訴訟で大阪高裁（大阪高判平4・7・30判時1434号38頁）は結論的には具体的な権利・利益の侵害はないとしながら，傍論で，靖

国神社が宗教団体であること，神社に参拝する行為は外形的・客観的には，神社，神道とかかわりをもつ宗教的活動であること，政府が靖国懇報告で公式参拝は違憲の疑いがある旨の見解を採っていたこと，公式参拝を是認する国民的合意は得られていないこと，公式参拝のわが国の内外に及ぼす影響は極めて大きいこと，宗教団体やアジア諸国等の抗議・反発が強いこと，将来も継続して行われることを予定してなされたもので，儀礼的・習俗的なものとは言い難いことから，公式参拝には違憲の疑いが強いと判示している。また，小泉首相（当時）の靖国神社参拝に関し，大阪高判平成17年9月30日（訟務月報52巻9号2979頁）も，権利・利益の侵害を否定して請求を棄却したものの，傍論部分で，本件参拝が「国又はその機関が靖国神社を特別視し，あるいは他の宗教団体に比べて優越的地位を与えているとの印象を社会一般に生じさせ，靖国神社という特定の宗教への強い社会的関心を呼び起こしたことは容易に推認される」とし，その効果が特定の宗教に対する助長，促進になると認められ，憲法20条3項の禁止する宗教的活動に当たると判示した（同旨のものとして，福岡地判平16・4・7判時1859号125頁）。しかし，傍論で違憲判断を示すことは憲法判断回避の原則からも疑問がある。最2判平成18年6月23日（判時1940号122頁）は，「人が神社に参拝する行為自体は，他人の信仰生活等に対して圧迫，干渉を加えるような性質のものではないから，他人が特定の神社に参拝することによって，自己の心情ないし宗教上の感情が害されたとし，不快の念を抱いたとしても，これを被侵害利益として，直ちに損害賠償を求めることばてきないと解するのが相当である。上告人らの主張する権利ないし利益も，上記のような信条ないし宗教上の感情と異なるものではないというべきである。このことは，内閣総理大臣の地位にある者が靖国神社を参拝した場合においても異なるものではないから，本件参拝によって上告人らに損害賠償の対象となり得るような法的利益の侵害があったとはいえない」と判示した。正当である。

3　学問の自由
（1）沿　革
　憲法23条は，「学問の自由は，これを保障する」と規定しており，学問の研究という精神活動が外部から干渉されないことを保障している。仮に真理を探究

する研究活動に対して国家権力から干渉が加えられるならば，学問の発達が期待できないからである。もっとも，学問の自由は，その内心活動としての側面は思想・良心の自由として，その成果の発表という側面では表現の自由により保障されているといえるが，とくに，「学問の自由」として保障される理由は，大学等の研究機関が外的価値判断により制限されやすいという歴史的事実（日本でも，滝川事件，天皇機関説事件などがある）から「大学の自治」を発展させること，学問の自由が真理探究という「民主政の発展を支える基本」となりうる重要な権利であることを自覚するためである。

　明治憲法には，学問の自由を保障する規定はとくに存在しなかった。しかし，大学の自治は慣行として確立されるようになったが，全く不十分なものであった。その反省から，日本国憲法は，学問の自由を保障したが，その内容として，第1に，自由権としての学問の自由，第2に，制度的保障として大学の自治を保障していると解されている。

（2）　学問の自由の内容

　学問の自由の内容については，①学問研究の自由，②学問研究の成果を発表する自由，③教授の自由が挙げられる。学問研究の自由は，19条の思想・良心の自由，学問研究の成果を発表する自由は，21条の表現の自由の学問における現れといえよう。最高裁も，大学における学問的研究の自由，研究結果発表の自由，教授の自由を認めている。すなわち，東京大学の教室で，同大学公認の劇団ポポロ主催の演劇発表会が行われた際に，警備情報収集のため立ち入っていた私服警官を学生が見つけ，暴行を加えたというポポロ事件で，最高裁（最大判昭38・5・22刑集17巻4号370頁）は，「学問の自由は，学問的研究の自由とその研究結果の発表の自由とを含むものであって，同条が学問の自由はこれを保障すると規定したのは，一面において，広くすべての国民に対してそれらの自由を保障するとともに，他面において，大学が学術の中心として深く真理を探究することを本質とすることにかんがみて，特に大学におけるそれらの自由を保障することを趣旨としたものである。教育ないし教授の自由は，学問の自由と密接な関係を有するけれども，必ずしもこれに含まれるものではない。しかし，大学については，憲法の右の趣旨と，これに沿って学校教育法52条が『大学は，学術の中心として，広く知識を授けるとともに，深く専門の学芸を教授

研究』することを目的とするとしていることに基づいて，大学において教授その他の研究者がその専門の研究の結果を教授する自由は，これを保障されると解する」と判示している。

（３） 学問の自由の限界

　学問研究の自由は，これまで，思想・良心の自由と相まって，その性質上制約を受けることがほとんどないと解釈されてきた。しかし，近年における科学技術の発展に伴い，これまでのように学問研究の自由を思想・良心の自由と同質のものという捉え方が困難になってきた。というのは，研究活動そのものが，環境汚染・破壊の危険，プライバシー権侵害，遺伝子の組換実験等の遺伝子技術，体外受精・臓器移植等の医療技術の研究の進展による生命・健康に対する危害，さらに「人クローン」技術のように，人間の尊厳を根底から揺るがす事態に至ったからである。クローン技術は，特定の人と同一の遺伝子構造を有する人（「人クローン個体」）や人と動物のいずれであるかが明らかでない個体（「交雑個体」）を作り出し，あるいは，これらに類する個体を人為的に生成する危険があり，これにより，人の尊厳，人の生命・身体の安全の確保，社会秩序の維持に重大な影響を与えることは明らかである。具体的には，人間の育種や手段化・道具化，生まれてきた子の人権侵害，家族秩序の混乱等の社会的弊害などの問題がある。この問題は，憲法学のみならず，哲学，宗教，生命倫理学，医学，刑事法学等さまざまな分野からの検討を必要とする。

　これらのことから，学問の自由といえども，必要最小限度の国家的規律が例外的に許容される場合があると解するべきである。

　教授の自由に関しては，大学における教授の自由に限定されるのか，高等学校以下の初頭中等教育機関の教師の教育の自由をも含むのかが問題とされている。前述のように，教授の自由は，沿革的には大学における教授の自由を意味しており，大学が学問研究の中心的役割を担ってきたこと，大学における学生は批判能力を有するが，下級教育機関は学問研究ではなく普通教育を施すことを目的としており，児童生徒は批判能力を備えていないことから，教師の教育の自由は，23条の学問の自由により保障されるものではないと解される。これに対して，下級教育機関の教師に対して教授の自由を認める見解もあるが，むしろ26条の「教育を受ける権利」により教師に信託された教育制度の枠内で自

由を認めるべきであろう。最高裁も，下級教育機関の教師の教授の自由については制限的である。すなわち，文部省の指示にもとづいて行われた全国学力テストを実力阻止せんとした被告人が，建造物侵入，共同暴行罪および公務執行妨害罪に問われた旭川学テ事件で，最高裁（最大判昭51・5・21刑集30巻5号615頁）は，「普通教育の場においても，例えば教師が公権力によって特定の意見のみを教授することを強制されないという意味において，また，子どもの教育が教師と子どもとの間の直接の人格的接触を通じ，その個性に応じて行われなければならないという本質的要請に照らし，教授の具体的内容及び方法につきある程度自由な裁量が認められなければならないという意味においては，一定の範囲における教授の自由が保障されるべきことを肯定できないではない。しかし，大学教育の場合には，学生が一応教授内容を批判する能力を備えていると考えられるのに対し，普通教育においては，児童生徒にこのような能力がなく，……教育の機会均等をはかる上からも全国的に一定の水準を確保すべき強い要請があること等に思いをいたすときは，普通教育における教師に完全な教授の自由を認めることは，とうてい許されないところといわなければならない」と判示した。

また，県立高校の教師が社会科の授業において所定の教科書を使用しないこと等を理由に懲戒免職となった伝習館高校事件で，最高裁（最1判平2・1・18民集44巻1号1頁）は，高等学校の生徒は教師を批判する十分な能力はなく，教師を選択する余地も大きくないことから，教師により教科書が年間を通して使用されず，しかも，教科書の内容が自分の考えと違うとの立場から使用しなかった場合，「教育の具体的内容及び方法につき高等学校の教師に認められるべき裁量を前提としてもなお，明らかにその範囲を逸脱して，日常の教育のあり方を律する学校教育法の規定や学習指導要領の定め等に明白に違反する」とした。

（4）　大学の自治

憲法23条は，大学の自治を明文で規定していないが，この規定は，大学の自治を制度的に保障しているものと解される。というのは，前述のとおり，大学が外部の価値判断により制限されることになれば，学問の自由な研究が望みえないからである。すなわち，学問の自由と大学の自治は観念的には別個のもの

ではあるが，大学の自治は，学問の自由を保障する目的の上で必要不可欠な制度であること，大学の自治を単なる慣行にとどめず，憲法上の保障にまで高めることができるからである。もっとも，大学の自治を制度的保障と解する場合，大学の自治の具体的内容は法律により規律されること，法律により当該制度を廃止したり，その本質的内容に及ぶ制約を加えることはできない。

前述のポポロ事件最高裁判決は，「大学における学問の自由を保障するために，伝統的に大学の自治が認められている。この自治は，とくに大学の教授その他の研究者の人事に関して認められ，大学の学長，教授その他の研究者が大学の自主的判断に基づいて選任される。また，大学の施設と学生の管理についてもある程度で認められ，これらについてある程度で大学の自主的な秩序維持の権能が認められている。このように，大学の学問の自由と自治は，大学が学術の中心として深く真理を探究し，専門の学芸を教授研究することを本質とすることに基づくから，直接には教授その他の研究者の研究，その結果の発表，研究結果の教授の自由とこれらを保障するための自治とを意味すると解される」と判示している。

大学の自治の範囲としては，①学長・教授その他の研究者の人事，②大学の施設管理，③学生の管理，この他，広く学問研究および教育に必要なことがらは，事情の許す限り，自治を尊重すべきだと解されている。

大学の自治の主体に関し，教授その他の研究者がそれに該当することは当然であるが，学生が大学の自治の主体になるかについては争いがある。学生が大学の不可欠の構成要素であることは認められるが，大学の自治は，学問研究および教育という任務の達成に必要な事柄を自主的に決定することであるから，学生はこのような地位にはないというべきである。

大学の施設および学生の管理に関し，警察権との関係が問題となる。研究活動が警察権力により統制・監視されることは許されないが，しかし，大学の自治は，絶対的な治外法権を認めるものではない。というのは，大学の自治は国法秩序の枠内で認められるものであるし，また，学問の自由を保障する範囲内でのみ認められる権利だからである。

第4節　精神的自由権（2）

1　表現の自由の意義とその変容

　憲法21条1項では，「集会，結社及び言論，出版その他一切の表現の自由は，これを保障する」と定めている。そして，現在では，先進国において，この表現の自由は，基本権のなかでも極めて重要性の高いことが認められている。しかし，歴史的にみてみると，表現の自由は弾圧の対象であった。なぜなら，表現活動によって，政治的・社会的変動をもたらされることが警戒されていたからである。事実，明治憲法では，「日本臣民ハ法律ノ範囲内ニ於テ言論著作印行集会及結社ノ自由ヲ有ス」(29条)と定められており，法律の留保がおかれていたため，その保障が不十分であった。また，法律上も，治安維持法，治安警察法，新聞紙法，出版法などによって，表現の自由が厳しく制限されていたのである。

　しかし，表現の自由を過度に規制してしまうと，いわゆる，萎縮効果 (chilling effect) が社会に生まれる。つまり，規制されるかもしれないと怖れた個人が表現を控えるという現象を生んでしまうのである。そうすると，個人の豊かな発想やより良い意見が公にされなくなってしまう危険性があり，それは，その個人にとっても社会にとっても甚大な不利益となる。よって，表現の自由は最大限保障されなければならない。

　表現の自由は，文字どおり，表現する自由を保障しているが，さらに，この表現する自由を十全なものとするためには，表現する行為の前提として情報を収集する権利をも保障する必要がある。聞く，読むなどの行為により，情報を十分に得ることなしに，自らの表現活動を充実させることはできないからである。たとえば，国家の有する情報をできる限り公開してもらうことによって，国家の不正を糾弾するという表現活動ができるのである。なお，このような情報収集の権利は，単に知る権利ともいわれているが，この知る権利の意味は多義的であり注意を要する。

　さらに，情報収集権の重要性は，近時，対私人との関係でも増加していると考えられる。なぜなら，マスメディアの急速な発達により，情報を送り続ける

テレビ・新聞・ラジオなどとその情報の受け手である国民との間の分離が顕著になってきたからである。そのため，そのようなマスメディアの情報を一般国民が十分かつ正確に知ることが必要となってきている。

とはいえ，インターネットの普及により，個人の表現活動を行う機会は，従来よりも飛躍的に増加した。しかも，コストが安く，場所的障壁すらないため，個人が容易に表現活動をすることができるようになっている。とすれば，情報の「送り手」と「受け手」の分離という単純な図式では考えられなくなっていることも事実である。もっとも，マスメディアの巨大化に歯止めがかかっているわけではなく，その影響力は依然として増加し続けている。それゆえ，マスメディアに対する国民の知る権利という視点を失ってよいということにはならないだろう。

なお，場所的障壁を失わせることのできるインターネットの普及により，日本での発信が禁止されている表現内容が，それを禁止していない外国から送られてきた場合に規制することが事実上不可能であるなどの困難な問題を提起している。

2　表現の自由の重要性

表現の自由が基本権の中でもとりわけ重要とされている根拠としては，主に，自己実現論，思想の自由市場論，民主主義的プロセス論があげられている。自己実現論とは，表現行為を通じて自己の人格を形成していくため，表現の自由が重要であると考える見解である。思想の自由市場論とは，経済の自由市場論のアナロジーとして，多様な表現を自由に発表させ議論させることでよりよい，より真実に近い表現が残ると考える見解である。最後に，民主主義的プロセス論は，表現の自由が民主主義を形成，発展，熟成させていくうえで不可欠であると考える見解である。

自己実現論に対しては，内容があまりにも不明確であること，また，内容的には，いかなる基本権にもあてはまるものであるなどの批判がある。思想の自由市場論に対しては，現実にここ10年で最も多く残っている表現は性表現であり，その表現が真理とはいえないはずであること，また，マスメディアの著しい発達により，そもそも思想の自由市場というものが存在し得ないなどの批判

がある。最後の民主主義的プロセス論に対しては，民主主義のプロセスと無関係な表現であってもこれを高く保障するというところに基本権としての表現の自由の意味があるということ，また，論者によっては，自由主義よりも民主主義を優先させるような結果を容認していることなどの批判がある。

　しかし，これらの批判に対しては，自己実現論を支持する論者は，内容の不明確性はいずれの立場も程度問題であり，あまり変わらないこと，また，この理論は，そもそもその議論の射程範囲を表現の自由に限っていないし，そのことが理論的障害となるともいえないことなどをあげて反論している。思想の自由市場論を支持する論者も，性表現について，100年後も同じ状況とは言い切れないこと，また，インターネットの急速な普及は，誰にでも表現できる手段を与えており，マスメディアの発達がもたらした情報の送り手と受け手の分離という弊害は徐々に小さくなっていることなどをあげて反論している。最後に，民主主義的プロセス論を支持する論者は，基本権の考え方の相違であり，民主主義的プロセス論に対する根本的な批判とはならないこと，また，基本権の価値の序列を認める論証は不可能であり，民主主義的プロセスを基礎として機能的に憲法を解釈していくべきだと反論している。

　これらの見解は，基本的に，相互排他的なものではない。つまり，これら複数の見解を支持することは何ら論理矛盾とはならないのである。なぜなら，これらの議論は，表現の自由の規範内容を画定しようという視点が希薄であり，表現の自由の重要性を説明しようという理論として提示される傾向にあるからである。ある権利の重要性を論証する際に，ひとつの説明以外は，論理的に誤りだということはいい難いのである。

　そこで，表現の自由について自己自治，道徳的自律の権利をベースに考える見解が有力になりつつある。この見解は，個人の道徳的価値観を国家が押し付けてはならず，表現の自由を通じた自己の道徳的価値観の形成を最大限尊重するのである。この見解によれば，たとえば，わいせつ表現の情報受領行為や個人鑑賞目的での所持を禁止することはできないという。なぜなら，個人のモラルに国家が介入することになり，自己の道徳的人格形成を妨げるからである。

無責任な発言も表現の自由に含まれるのか？

　最近，授業評価と称する学生によるアンケートを実施する大学が増加している。これは，大学の授業の質を見つめ直そうというものであり，その趣旨は理解できる。しかし，現実には，その弊害も大きいことに注意すべきである。

　まず，授業に対する支持者が多ければ，その授業が良いわけではない。多数決によって，授業の質は評価されない。たとえば，2割の学生が，「あの授業は最低だ」と指摘したとしても，5割の学生が「あの授業は最高だ」と解答していれば，すばらしい授業であるように思われる。ところが，9割の学生が，何も解答していない，または，解答してあっても，「つまらない，特にコメントなし」と指摘してある授業の方は，はるかに深刻であるように思われる。つまり，特徴ある印象に残るような授業とは，皆から苦情のでないものであるとは必ずしもいえないのである。ところが，学校側は，後者の授業については，とりたてて苦情がないとの判断により，何もしないことが多い。他方，前者の授業については，その2割の苦情を根拠に，担当教員を苦しめようとする。これでは，全教員が，画一的な授業しかできなくなる虞がある。教員の個性をなくすようなことをしておきながら，どうして，個性的な人間が生まれる余地があるのだろうか？

　さらに，学生の中には，全く予習もせず，授業も聞かず，最後のアンケートによって，あの先生の授業は厳しいなどと意味不明なコメントをしてくる者もいる。自分で努力しない結果，または，授業内容を理解できない自分の低い能力を，教員の責任に転嫁してくるのである。教員の中には，このような学生の指摘にうんざりし，採点が甘くなる者さえいる。実際アメリカ合衆国では，この弊害が大きいことを理由に，学生によるアンケートを中止する大学が増加している。教員も，頭では色々な学生がいることはわかっているが，心ないアンケートの指摘に傷つきやすい。

　私も，「死刑制度は，憲法上許される」との発言に関して，「先生は人を殺したくて仕方ないんですね」と指摘されたことや，「差別的表現に対して，刑事処罰を加えることができない」との発言に関して，「加藤は差別論者だ」と指摘されたことがある。自分のイデオロギーベースでしか物事をみることができず，発言の真意を忖度できない，また，忖度しようとしない人間に，アンケートで授業を評価させることはナンセンスであるし，そもそもそのような人間に学ぶ資格はない。

　また，インターネット上の表現をハンドル・ネームという匿名で表現活動することが許されている。それゆえ，匿名による表現行為によって，相手を攻撃することも可能である。確かに，ネット上は不特定多数の人間が容易に交流を図

れるため，実名を公表することについては高いリスクが伴う。しかし，だからといって，ルールなく表現することが許されるとすれば，ネット・スペースは無秩序となる。

　大学のアンケートやインターネット上の発言は，匿名性を維持できるという点で共通している。匿名であれば，いいたいことが自由にいえるというメリットがある。しかし，表現行為は，必ず，相手を伴うものである。表現は，自分に向けられているのではなく，他人に向けられている以上，その他人との関係で，常に無責任な発言であって良いわけではない。ところが，匿名の発言は，責任を追及される虞がないため，時として危険である。学校などにおいて，生徒が相手を傷つける無責任な発言によっていじめるということを耳にすることは，こうした発言が過度に許されていることと無関係ではないように思われる。

　大人とは，自分の発言に責任がもてる人を指す。表現の自由とは，発言の放縦（license）を許すものではないと思うのである。

3　表現の自由の保障範囲およびその限界

（1）　表現方法・場所とその保障範囲

(a)　表現方法の保障の限界　　たとえば，集会での発言や町内会の会合での発言が表現の自由で保障されることは問題ない。さらに，発言でなくとも，執筆，絵画，または，ジェスチャーのみによって表現する行為も表現の自由に含まれる。この点に関して，たとえば，国旗を燃やすという行為によって自己の主張を表現した行為（象徴的表現といわれている）を器物損壊罪として処罰できるか争われたケースがある。那覇地裁では，民主主義社会では，自己主張は言論や説得という平和的手段によるべきこと，また，象徴的表現が表現の自由に含まれるとしても，そのことをもって刑法犯罪を免れることは原則としてできないことを理由として被告人を有罪とした（那覇地判平5・3・23判時1459号157頁）。象徴的表現もジェスチャーによる表現であり，表現の自由で保障されるものといえよう。しかし，その行為も，原則として，刑法に違反するものであってはならない。よって，判旨は正当である。

　また，表現に通常伴う行為を越えた行動を伴い表現する，いわゆる，スピーチプラスのような表現行為についても，表現の自由で保障されている。この典型例としては，デモ行進があげられる。デモ行進は，21条1項の動く「集会」

として理解する見解と「その他一切の表現の自由」として理解する見解とがあるが重要な問題ではない。いずれにせよ，純粋な表現活動を越えた行動を伴うことから，事前の許可を要するなどの必要最小限度の制約を受けることもやむを得ない。

デモ行進については，その許可制が争われた公安条例に関する判例が重要である。最高裁は，当初，届出制ならともかく，特定の場所または方法について，合理的かつ明確な基準を設けないと，条例で一般的な許可制を定めることはできないとしていた（新潟県公安条例事件判決：最大判昭29・11・24刑集8巻11号1866頁）。しかし，その後，デモ行進が暴徒化するという理由からその保障を大幅に後退させ，かなり包括的な許可制度を合憲と判断した（東京都公安条例事件判決：最大判昭35・7・20刑集14巻9号1243頁）。デモ行進は，表現の自由で保障される重要な表現活動であるから，その規制が無限定なものであってはならず，新潟県公安条例事件判決が妥当である。

(b) 表現場所の保障の限界　このように，ほぼあらゆる表現方法が表現の自由の保障下にあるといえるとしても，その表現が表現できる場所に関する制約の例は比較的多い。たとえば，他人の財産権や管理権を侵害することは許されないのであるから，他人の家屋等にビラはりをすることは軽犯罪法1条33号前段において（最大判昭45・6・17刑集24巻6号280頁），私鉄駅構内での無許可のビラまきや演説は鉄道営業法35条において，禁止されている（最3判昭59・12・18刑集38巻12号3026頁）。

また，公衆への危害の防止や美観風致の維持の観点から表現の場所が制約されることも許されている。最高裁は，橋りょう，電柱，電信柱などへの広告物の表示や掲出を禁止する条例や，街路樹の支柱に立て看板をくくりつけることを禁止する条例が表現の自由に違反しないと判断した（最大判昭43・12・18刑集22巻13号1549頁，最3判昭62・3・3刑集41巻2号15頁）。このように，個人的な利益のみならず，社会的な利益を根拠として，表現の自由が制約されることもその程度によっては許容されるのであり，判旨は正当である。

以上のような一般的な規制そのものではなく，特定の個人の表現のみが表現の場所を奪われたケースも問題となっている。そのひとつが，公立図書館による図書の廃棄と著作者の表現の自由が問題となった事件である。この事件では，

市図書館資料の除籍基準を充足していないにもかかわらず，その市職員が独断で廃棄したところ，それらの図書の著作者が損害賠償を請求した。控訴審では，原告の主張を認めなかったが（東京高判平16・3・3民集59巻6号1604頁），最高裁は，原告の思想，意見を公衆に伝達する利益を不当に損なうものであると判示した（最1判平17・7・14民集59巻6号1569頁）。もっとも，この判決は，本の著作者に対し，その著作物を図書館で所蔵することを求める権利を認めたものではない。

　もうひとつは，生徒会誌へ寄稿文を投稿した教諭の表現の自由が問題となった2つの事件がある。それらは，教諭が生徒会誌に政治的内容を含む寄稿文を掲載しようとしたところ，校長がこれを拒んだという点で共通している。これらの事件に対し，最高裁は，先例を引用するのみで，実質的な理由を述べずに上告を棄却している（最1判平16・7・15，最3判平16・9・28いずれも判例集未登載）。いずれの教諭も社会科の担当ではなく，生徒会誌を通じてその政治的意見を披瀝することには問題があるため，判旨の結論は正当である。このような教諭は，職場である学校ではなく，一般紙や地域活動などを通じて，自己の見解を広めるべきであろう。

（2）　表現行為を支える自由の保障

　表現活動を行うには，その前提として，そのテーマに関する情報収集をし，これを分析・整理するといった行為が必ず必要である。具体的には，取材の自由や公権力に対する情報公開請求権などがこの行為として重要である。このような行為も表現の自由で保障されていると解さなければ，その保障が画餅に帰するということになってしまいかねないからである。

　(a)　取材の自由　　取材の自由は，報道の自由の前提となる重要な情報収集活動をする自由である。個人も取材の自由（情報収集活動）を行う自由を有するが，マスメディアのそれは，その影響力の大きさにかんがみてより重要な社会的意義を有する。しかし，最高裁は，博多駅事件判決で，報道のための取材の自由が，憲法21条の精神に照らし，十分尊重に値するという微妙な表現をした（最大決昭44・11・26刑集23巻11号1490頁）。この判決の表現は，放送済み取材ビデオテープの押収が問題となったTBSビデオテープ押収事件判決でも繰り返されている（最2決平2・7・9刑集44巻5号421頁）。また，裁判所で傍聴人の

メモを取る自由があるかについて争われたレペタ事件で，最高裁は，81条が傍聴人に対しメモを取ることを権利として保障していないとし，そのような筆記行為の自由は，21条1項の規定の精神に照らして尊重されるべきであるという微妙な表現を繰り返した（最大判平元・3・8民集43巻2号89頁）。そして，いずれの判決でも情報収集の権利の制約を肯定した。これらの判決に対しては，やや安易に，取材の自由を否定しているのではないかという批判が強い。さらに，公判廷での写真撮影の許可が裁判所の裁量に委ねられている刑事訴訟規則215条の合憲性が争われた北海タイムス事件で，最高裁は，公判廷の審判の秩序の維持や訴訟関係人の正当な利益の保護を理由に右規則を合憲とした（最大決昭33・2・17刑集12巻2号253頁）。

　もっとも，取材の自由が表現の自由で保障されると考えたとしても，その方法は無制約なものではない。肉体関係を持ち，それを利用して，新聞記者が外務省の事務官から秘密電文を入手する取材が，秘密漏示そそのかし罪に問われた西山記者事件で，最高裁は，その取材の手段・方法が相当なものとはいえないと判示した点は妥当である（最1決昭53・5・31刑集32巻3号457頁）。

　また，裁判の公正と取材源の秘匿との相克が問題となることがある。つまり，取材の自由によって，取材源の秘匿が公判廷でも許されるかが検討されなければならない。この権利が認められなければ，記者が国民の重大な利益にかかわる政治的な取材活動等を行うことは困難となる。汚職などの情報は，匿名性が確保されるからこそ，メディアへのリークが内部からなされるのである。しかし，最高裁は，司法権の公正な発動につき必要不可欠な場合，取材源の秘匿はできないと判示し（石井記者事件：最大判昭和27・8・6刑集6巻8号974頁），やや安易に取材源の秘匿を否定している。

　この石井記者事件では，刑事事件での取材源の秘匿が認められるかが問題とされていたが，近年，民事事件でも取材源の秘匿が認められるかが争われた。この事件では，NHKや読売新聞などが，アメリカ合衆国の健康食品会社X社日本法人の所得隠しとそれに対する多額の追徴課税，および，アメリカ合衆国の国税当局（IRS）の関連会社に対する追徴課税について報道したが，追徴課税額は後に減額されたため，X社が，本件報道により株価下落などの損害を被ったことを理由として，アメリカ合衆国に損害賠償を求めたというものである。X

社は，IRS が日本の国税庁に虚偽の内容を含む情報を伝え，日本の税務官が本件報道の取材源となったことを立証するため，NHK 記者 Y の証人尋問を申請したが，そのアメリカ合衆国連邦地方裁判所の嘱託による証人尋問において，Y は取材源の特定に関する証言を拒絶した。

　この証言拒絶に関して，最高裁は，報道関係者の取材源がみだりに開示されると，報道関係者と取材源となる者との間の信頼関係が損なわれ，将来にわたる自由で円滑な取材活動が妨げられ，その業務遂行が困難になるため，取材源の秘密は「職業の秘密」(民訴法197条1項3号)にあたるとし，その秘密にあたるか否かは諸事情を比較考量して決すべきであると判示した（最3判平18・10・3裁時1421号13頁）。この判決では，原則的に，取材源の秘匿を認めており妥当である。この趣旨は，刑事事件にも及ぼされるべきである。

(b)　情報公開請求権　　さらに，国家の保有する情報を収集するための重要な手段として，情報公開に関する制度が整備されてきている。平成11年には，国の有する情報の公開を認める行政機関の保有する情報の公開に関する法律が制定されたが，これ以前にも，多くの地方公共団体で情報公開条例が制定されてきた。また，平成13年には，独立行政法人等の保有する情報の公開に関する法律が制定された。これらの情報公開制度は，国民の知る権利を具体化するものであるといわれている。知る権利とは，国民が国家の有する情報を収集する権利であり，表現の自由のひとつとして保障されていると解されている。この権利を認める意義は，国や地方公共団体の有する情報を国民が手にすることによって，民主主義における意思決定を充実させることにある。また，情報公開制度を認めることで，国民による行政の職務の適正・適法性に関するチェックができるというメリットもある。

　この情報公開制度をめぐって多くの裁判例が出ているし，また，現在も訴訟が係属している。その原因の多くは，適用除外規定の解釈にある。つまり，多くの情報公開制度では，国家機密に関わる場合やプライバシー侵害等にあたる場合には情報公開を認めないという情報公開規定の適用を除外する規定をおいている。この適用除外規定の解釈を緩やかに認めれば，国民に流れてくる国の情報の量は少なくなり，それだけ情報公開制度の意義は薄れてしまう。

　情報公開制度に関する判例は非常に数が多く，網羅的にあげることはできな

いので，代表的なものをやや詳しくみてみることにする。近時，条例にもとづいて，大阪府知事の交際費に関する公文書の公開を求める訴訟に対する最高裁判決があった（最3判平13・3・27民集55巻2号530頁）。この事件では，公開を請求された歳出額現金出納簿，支出証明書，債権者の領収書及び請求書兼領収書が，大阪府公文書公開等条例8条1号（法人等情報），4号（企画・調整等情報），5号（交渉事務執行情報）及び9条1号（個人情報）に該当するとして，非公開とされたのである。そして，最高裁では，本件文書に記載されている情報が，同条例8条4号，5号・9条1号（適用除外規定）に該当しないと原審が判断した部分は違法であるとして原審に差し戻した（最1判平6・1・27民集48巻1号53頁）。

この差戻し後の控訴審では，生花料，供花料，会費及び祝い金の一部（国会議員主催の会合に対する祝金及び団体に対する祝金に関する情報は，同条例の適用除外規定にはあたらないが，その余の祝金（政府に協力・貢献した個人に対する出版祝等）），香料，見舞い，懇談会，餞別，賛助金，援助金に関する情報は同条例の適用除外規定に該当するとした。また，非公開事由に該当すると解される情報が記載されている領収書などの文書については，同条例10条の部分公開の規定にもとづき，交際の相手方に関する記載部分を除いた部分を公開すべきであるとした（大阪高判平8・6・25行裁例集47巻6号449頁）。これに対し，双方の当事者が上告し，最高裁は，国会議員主催の会合に対する祝金，団体の会合の祝金および団体の周年記念の祝金に関する情報がいずれも条例8条5号に該当しないとした部分は是認できないとし，さらに，同条例10条による領収書等の部分開示も否定した。

その他の判例として，同じく，知事の交際費の公開を京都府知事に求めたもの（最3判平13・5・29裁判集民202号235頁），逗子市米軍住宅事情聴取記録公開請求に関するもの（最2判平11・11・19民集53巻8号1862頁）等があるが，いずれも非公開との判断を認めるものであった。このように，最高裁は，地方公共団体の情報公開についてあまり好意的であるとはいえない。

なお，情報公開制度は，自己の情報についての開示をも認めている。もっとも，自己の情報は，表現の自由で保障されるのではなく，プライバシー権の問題として，13条の幸福追求権の規定で保障されると解するのが一般的である。

この点が争われた事件として，自らの分娩に関する診療報酬明細書（レセプト）の開示を求めたものがある。最高裁は，論旨がやや不明確であるが，不開示とした決定が違法であることを認めた（最3判平13・12・18民集55巻7号1603頁）。自己情報については，本人に開示されるのが原則であり，判旨は妥当である。

(c) 結社の自由　　これら情報収集にかかわる権利とは別に，表現活動を有効に行うための権利として結社の自由が認められている。つまり，この結社の自由は，表現行為そのものとはいえないが，集団での表現活動を可能とするため，このような自由が認められなければならない。たとえば，政治的結社の自由，すなわち，政党を結成する自由などは，表現行為を行う前提として必要不可欠なものといえよう。

なお，この自由は，結社への参加または不参加の自由のことであるが，弁護士会・税理士会・公認会計士協会のように専門技術を要し，公共性が高い職業団体にあっては，強制加入制度がとられている。このような制度の合憲性については議論がある。

結社の自由が問題となったケースとして，公安審査委員会が，平成9年に，オウム真理教に対する解散の審査請求を棄却したものがある。破壊活動防止法7条では，暴力主義的破壊活動を行った団体に対する解散を認めているが，そもそも，この規定が結社の自由を侵害するという学説も有力である。

また，この結社の自由を根拠として，団体は構成員を管理・規律するといういわゆる内部統制権を有するが，これは主に労働組合で問題となっており，第5章第8節4(2)(a)に譲る。

(3)　**表現内容とその保障範囲**

(a)　政治的表現と非政治的表現　　表現の自由の保障のあり方としては，まず，営利的表現・扇動表現・名誉毀損表現・性表現・残虐表現・差別的表現というような表現類型も表現の自由の高い保障のもとにあるのかという問題がある。とくに，表現の自由の重要性について，民主主義的プロセス論を中心に理解する見解は，民主主義的プロセスと無関係である性表現・芸術的表現などについて，政治的表現に比して低い保障，または，場合によっては保障を全く認めない傾向にある。

しかし，自己実現論や思想の自由市場論を表現の自由の基礎理念として認め

る見解は，営利的表現や名誉毀損表現といったあらゆる表現類型について，政治的表現と同様の価値を認める。自己実現論からは，どのような表現によって自己の人格を形成しようとも国家がこれを規制すべきではないと解することができるし，また，思想の自由市場論も，表現の価値の高低を国家ではなく自由市場に委ねるということであるため，あらゆる表現類型が同等に扱われなくてはならないということになるからである。

　また，このような理論的な背景を拠りどころにせず，けんか表現・名誉毀損表現・性表現のうちのわいせつ表現等に限って，その定義にあてはまる表現について，端的に表現の自由の保護にないとカテゴリカルに考える学説もある。たとえば，けんか表現とはなにかを定義づけする際に，表現の自由の価値に比重を置きつつも，規制利益との調整を図りながら厳格に定義をすることによって，その定義にあてはまる表現を保障外とするのである。しかし，このように定義付けの段階で衡量を加えることは，ひとつの文言にさまざまな規範命題をとり込まなければならず，解釈上の無理を強いることになるのみならず，具体的なケースにおいて微妙な利益衡量ができなくなる危険性があり支持できない。

　(b)　名誉毀損表現　　名誉を毀損する表現は，刑法230条で処罰され，民法709条による損害賠償責任を負う。もっとも，名誉を毀損する表現であっても，公共の利害に関する事実であること，その目的がもっぱら公益を図るものであること，真実であることの3つの要件を充足すれば免責される（刑法230条の2第1項，同じ要件のもと民事責任も免責される，最1判昭41・6・23民集20巻5号1118頁参照）。

　最高裁は，私人の私生活上の行状であっても，その社会活動の性質や社会への影響力の程度のいかんによっては，公共の利害に関する事実にあたることを認めた（『月刊ペン』事件：最1判昭56・4・16刑集35巻3号84頁）。そして，右判決では，創価学会の池田大作会長の女性関係に関する雑誌記事が，そのような事実にあたると判示した（ただし，この事件では，真実性の証明はなされていない）。

　また，最高裁は，真実性の要件を緩和している。つまり，真実であると誤信したことについて，確実な資料，根拠に照らして相当な理由があるときは，名誉毀損罪が成立しないと判示した（「夕刊和歌山時事」事件：最大判昭44・6・25刑集23巻7号975頁）。用意周到に資料を収集したにもかかわらず，結果として

真実でなかった場合にも名誉毀損罪で処罰されるとすれば，表現行為を控えるという萎縮効果を招きかねない。よって，個人の名誉の保護と表現の自由の保障との調整という観点からは，右判決のように解するのが妥当である。

　名誉毀損によって不利益を受けた者は，損害賠償請求と謝罪広告（民723条）によってその救済を受けることができる。しかし，これらの事後的な手段では，救済として不十分な場合もある。そこで，最高裁は，「北方ジャーナル」事件において，これから発行されるある出版物が名誉毀損していると判明した場合，それを防ぐための事前差止めを認めた。この判決の詳細については，事前抑制禁止の原則と検閲の項目である第5章第4節5に譲る。

　(c) プライバシー権侵害の表現　プライバシー権を侵害する表現も名誉毀損と同じく，結果的に，表現の自由の保障を受けないが，どのような場合にプライバシー権侵害の表現といえるかについては争いがある（なお，プライバシー権や名誉権などのいわゆる人格権が憲法上保護されるかについては第5章第1節1参照）。

　㋐ 小説や雑誌によるプライバシー権侵害　三島由紀夫がある政治家をモデルとして小説を描いた『宴のあと』事件判決は，下級審判決であるにもかかわらず，この点に関する先例的意義を有する。東京地裁は，公開された内容が私生活上の事実，または，事実らしく受け取られるおそれのあることがらであること，一般人の感受性を基準にして公開を欲しないことがらであること，一般人が未だ知らないことがらであり，公開によって当該私人が不快，不安の念を覚えたことの要件を満たした場合にプライバシー権が侵害されるとした（東京地判昭39・9・28下民集15巻9号2317頁）。

　プライバシー権侵害の場合も，公共の利害に関する事実であること，その目的がもっぱら公益を図るものであることの要件を満たせば，その公表が許されることがある。しかし，名誉毀損の免責要件である真実性の要件は不要である。なぜなら，プライバシー権は，その表現内容が真実であること，または真実らしく受け取られることを前提として侵害されるものだからである。また，いったん公表されてしまうと，謝罪広告によってプライバシー権を回復することは不可能であるし，逆にプライバシー権の侵害が増幅する虞があることから，そのような権利救済方法はとれない。

その他に，プライバシー権の保護と表現の自由との調整が問題となった事件としては，12年前に起こした事件の傷害致死罪及び傷害罪の前科を小説によって暴露されたことに対し損害賠償を求めたものもある（ノンフィクション『逆転』事件訴訟：最判平6・2・8民集48巻2号149頁）。もっとも，犯罪歴である前科が，そもそもプライバシー権に含まれるか争いがある。しかし，かりに，これが含まれないとしても，この事件では，出所後平穏に暮らしていたのであり，社会的意義のない前科の公表は，このような平穏に暮らすという利益を侵害するものといえよう。右判決も，その点を理由として，原告の損害賠償を認めており妥当である。

さらに，ある表現が，私人の名誉権とプライバシー権の双方を侵害している点が問題となることもある。たとえば，柳美里の『石に泳ぐ魚』という小説はこの点が問題となった。この小説では，柳の友人女性（原告）について，事実と虚構が織り交ぜられて書かれており，事実としては次のようなことも書かれていた。原告は，幼少時に血管奇形に属する静脈性血管腫に罹患し，その血管奇形が外貌に現れており，完治の見込みがなかったということ，原告の父は，日本国内の国際政治学の教授であったが，昭和49年に講演先の韓国においてスパイ容疑で逮捕され，昭和53年まで投獄されたということである。これに対し，虚構の部分は，原告が高額の寄付を募る新興宗教に入信しているなどの記載がなされていた。

この事件に対し，最高裁は，小説中の「朴里花」と原告が容易に同定可能であること，公的立場にあるものではないこと，本件小説の出版や新たに読者が加わることにより，原告の精神的苦痛が増加し，平穏な日常生活が害される可能性も増大するため，出版等による公表を差し止める必要性は極めて大きいことなどを理由に，この小説の出版の差止めを認めた（最3判平14・9・24判時1802号60頁）。この判決に対しては，私小説というジャンルを否定するものであり，その価値を裁判官は正当に評価していない（できない）という批判や事前抑制を認めることへの疑問が提起されている。しかし，芸術性を理由に私人の権利を侵してよいわけではないし，また，厳格な要件のもと事前抑制を認めることはやむを得ないのであって，判旨は妥当である。

なお，この判決後の平成14年10月に，『石に泳ぐ魚』の改訂版が新潮社から出

版された。この出版の前後には，出版の自粛要請や抗議がモデルとなった友人側からなされたが聞き入れられなかった。また，この改訂版に対する出版差止めも裁判所に請求されていたが認められていなかった（東京地判平11・6・22判時1691号91頁）。

　また，近年，田中真紀子代議士の長女の離婚に関連する記事を掲載しようとした出版社に対して，その出版差止めを求める申立てがなされ，東京地裁決定（平16・3・19判時1865号18頁）ではこれを認めたが，東京高裁決定では，本件離婚記事の内容及び表現方法において，人格に対する非難といったマイナス評価を伴ったものとまではいえないとし，原決定を取り消した（平16・3・31判時1865号12頁）。

　(ｲ)　報道の自由と肖像権　　みだりに自己の容ぼうなどを撮影されない人格的利益の存在については，京都府学連事件判決において既に肯定されていたが（最大判昭44・12・24刑集23巻12号1625頁），この事件では，犯罪捜査との関係で肖像権侵害の有無が争われていたため，雑誌社などのメディアの報道の自由と肖像権侵害との関係については，最高裁判例が存在しない状況が続いていたところ，近年，この点に関する判断が下された。今後も，メディアに関連する技術の進化により，肖像権侵害のケースが増加するものと予想される。

　問題となった事件では，和歌山カレーライス毒物混入事件の被告人が，手錠をされ，腰縄をつけられた状態の容ぼう等を撮影された写真及びそのイラスト画を週刊誌『FOCUS』に公表されたため，その出版社等に対して慰謝料を請求した。この事件に対し，最高裁は，イラスト画について，その描写に作者の主観や技術が反映するという特殊性に配慮しながらも，本件公表行為が，いずれも被告人の人格的利益を侵害し不法行為法上違法であると判示した（最1判平17・11・10民集59巻9号2428頁）。この判決の結論自体は，学説によっても支持されているが，とりわけ，イラスト画については，慎重な判断を要しよう。

　(ｳ)　犯罪の実名報道　　罪を犯した成人の実名報道については，これを許容するのが多数説である。少数説は，氏名は個人情報であることや犯罪報道において氏名を公表する必要性がないことを理由に，実名報道に否定的である。しかし，いかなる権利とも利益衡量の余地なく，個人情報保護の権利が保障されると考えるのは誤りであるし，また，犯罪事実において，どのような人物が

罪を犯したのかという意味で、その者の氏名が重要な意義を有していることに鑑みると、実名報道を肯定すべきである。

けれども、犯罪の実名報道の対象が未成年者となると、その実名報道を肯定すべきとはいえない。未成年者は、将来性もあり可塑性が高いため、条文上は、その実名報道が少年法61条によって全面的に禁止されている。とはいえ、これに違反した場合の罰則規定を欠いていることから、少年の年齢や凶悪性を考慮し、実名や写真を掲載する出版社もある。実際、新潮社は、犯行当時、19歳と6ヶ月であった少年が15歳の女子高生と5歳の幼稚園児を殺害し、その幼稚園児をかばおうとした母親にも重傷を負わせた、という堺市通り魔殺人事件で実名報道を行った。

ここで問題となるのは、少年法61条が例外を許さないもの（ルール規範）であるのか、もしくは、成年に近い少年が、極めて重大な事件を犯した場合には、実名報道が許されるもの（原理規範）であるかが検討されなければならない。この事件の控訴審では、本件が極めて凶悪重大な事犯であり、被控訴人が現行犯逮捕されていること、および、被控訴人とは何の因縁もなく殺傷された被害者側の心情を考慮すれば実名報道をしたことが被控訴人に対する権利侵害とはならないとし、新潮社の実名報道を認めた（大阪高判平12・2・29判時1710号121頁）。少年の実名報道が絶対的に禁止されるのではなく、例外的に、表現の自由が優先される場合もあることを認めるこの判決は正当である。

反対に、長良川リンチ殺人実名報道事件の控訴審判決では、少年法61条が一律にその報道を禁止していると判示した（名古屋高判平12・6・29判時1736号35頁）。この控訴審に対しては、近時、最高裁判決が出されたが、少年の実名報道されない権利がどこまで認められるかについての実質論を展開することなく、少年法61条の推知報道に当たるか否かの判断は、その記事等により、不特定多数の一般人がその者を当該事件の本人であると推知することができるかどうかを基準にして判断すべきであるとして、本事件を推知報道にはあたらないと判示した（最2判平15・3・14民集57巻3号229頁）。

ともあれ、少年の実名報道を認めるか否かにかかわらず、少なくとも成人の実名報道を認める以上は、個々の犯罪事件の報道に際して、どの程度まで個人的な事柄の報道が許されるかについて慎重に検討されなければならない。すな

わち，犯人の氏名や顔は，犯罪事実を考察する上で重要な要素であるが，生い立ち，小学校の成績，家族や親戚の構成，資産等が，犯罪事実とどこまで関係のある事柄であるのかは個々の事件で具体的に検証されなければならない。たとえば，犯罪事実と無関係である家族の経歴や職業を報道することは許されない。また，犯罪や非行の事実が，裁判や審判の前後で，報道の内容やその方法も異なってくるであろう。たとえば，有罪判決前には，罪を犯して逮捕されたという事実の報道が許されるが，あたかも犯人であるという形での報道は，場合によって許されない。

個人情報保護の迷走――表現の自由よりも絶対に上位の規範か？

　最近，個人情報の保護を声高に唱える風潮が強くなっている。確かに，コンピューター技術の発達により，大量の個人情報を保有することが容易になり，その流用や悪用から個人を保護する必要性は，以前よりも格段に高くなった。それゆえ，個人情報を大量に保有する官公庁及び民間の団体は，その取り扱いにより慎重になるべきであり，新たな対策を講じることが求められている。

　しかし，個人情報の保護という響きの良い言葉が独り歩きし，個人情報であれば常に非公表であるという，行き過ぎた考えが出始めていることも事実である。私の勤務している青森県の教育委員会では，従来の方針を改め，実名公表していた飲酒運転などによる教職員の懲戒免職処分者の氏名や校名などを公表しないことにしている。

　このような措置は，個人情報保護条例の改正の趣旨に沿うものとされているが，そのように条例を解釈することは疑問であるし，そもそもその条例改正が正当といえるか検討の余地がある。なぜなら，個人情報といえども，利益衡量の余地なく絶対的に保障されるわけではなく，個人が社会活動を営む以上，その公表が認められる場合もあるからである。

　そうでなければ，犯罪の実名報道すら許されないことになってしまう。また，個人情報の過大な保護は，匿名性の高いバーチャルに近い感覚の社会を形成することになりかねない。個人情報の欠けたニュースなどの情報は，現実味のないものとなる。さらに，個人情報の保護が，常に，その者にとってプラスに作用するとはいえないこともある点に注意する必要がある。たとえば，過度に重い懲戒処分がなされたような場合に，その個人情報が公表されないと，個々の処分の妥当性についてチェックがおろそかになる虞が生じるのである。なぜなら，マスメディアが個人情報の乏しい事件について，その事件の真理を追及していくことは困難だからである。

私たちの個人情報は守られなければならない。しかし，自分たちの思惑で個人情報を守ることが常に許されるわけではない。社会において必要とされている社会的意義を有する情報は，個人情報であっても公表されるべきである。匿名性の高い社会は，個人の責任感を希薄にし，お互いに無関心であることを助長する可能性が大きい。我々が望む社会とは，そのような社会なのであろうか？

(d)　性表現　　性表現のなかには，(ア)わいせつ表現，(イ)有害な性表現（とくに未成年者にとって），(ウ)児童ポルノ表現に類型化することができる。わいせつ表現については，刑法175条によってその頒布・販売・公然陳列・販売目的での所持行為が処罰されている。わいせつに近い性表現では，いわゆる有害図書として，各都道府県の条例で自動販売機での販売行為などが処罰されている。さらに，児童ポルノ表現については，平成11年に施行された児童買春，児童ポルノに係る行為等の処罰及び児童の保護等に関する法律によって，その頒布・販売・業としての貸与・製造・所持・運搬・国内外での輸出入行為が禁止されている。

(ア)　わいせつ表現　　わいせつの定義について，最高裁は，普通人の羞恥心を害すること，性欲の興奮，刺戟を来たすこと，善良な性的道徳観念に反することの3要件をあげている（『チャタレイ夫人の恋人』事件，最大判昭32・3・13刑集11巻3号997頁）。さらに，右判決では，わいせつ表現の規制根拠を性行為の非公然性であるとした。

わいせつの規制根拠としては，学説上，未成年者の保護，成人の見たくない権利，教育や住環境の保護などがあげられている。しかし，これらの根拠では，刑法175条のように，結局，わいせつ表現を事実上，全面的に禁止することを容認する根拠とはなりえない。このような行為まで禁止するためには，性犯罪との因果関係の存在が証明されていることを要するが，成功していない。結局，刑法175条を合憲と解するためには，判例のように性的道徳観念の維持という道徳理念を根拠とする以外にないという指摘もある。

しかし，判例がわいせつ物規制をモラル規制であることを前提に肯定していることに対して批判的である。このような学説のなかには，性器がすべて見えるヌードや激しいセックスシーンの多く含まれているビデオを今すぐにでも流

第4節 精神的自由権（2）　123

通してよいという見解も存在するが(流通経路は限定するにせよ)，そのような見解は疑問であろう。また，学説のなかには，わいせつ規制の根拠を成人の見たくない自由及び未成年者の保護という利益に限定し，その観点から刑法175条を限定解釈しようとする見解も有力である。しかし，すべての刑法犯の保護法益が個人的利益のみで考えられているわけではないことにも留意すべきである（同法第24章の礼拝所及び墳墓に関する罪を参照）。

　ところで，裁判では，本来規制すべきではないと思われる表現物について，わいせつであることを理由に処罰されてしまうことがある。そのような最高裁のケースとして『チャタレイ夫人の恋人』事件判決，『悪徳の栄え』事件判決（最大判昭44・10・15刑集23巻10号1239頁），『四畳半襖の下張』事件判決（最2判昭55・11・28刑集34巻6号433頁）の3つがあげられる。いずれの判決でも，わいせつであることを認め，被告人を有罪とした。しかし，いずれの表現物も芸術性の高いものであり，かつ，小説であるため視覚に訴えるものではない。小説がわいせつ表現に含まれることは極めて限定的なケースの場合と解すべきである。なぜなら，文字を理解するには，必ず知的想像力が必要だからである。このように，これまで，刑法175条の執行が理論的一貫性を持っているとはいい難い面がある。もっとも，現在では，わいせつ表現に該当する表現物が著しく狭くなっており，あまりにも性表現が氾濫しすぎているともいえる。実務レベルで具体的なわいせつ表現物を画定し，これらを厳格に規制する必要がある。

ポルノに対する正しい認識の必要性

　北欧諸国はポルノ解禁国として紹介されることもあるが，誤解を招きやすい表現である。確かに，表現できない性表現が存在しないという意味で，ポルノ解禁と評されることは正当である。しかし，北欧における性表現の場所的規制（流通規制）は，日本よりも厳しい（少なくとも，取締レベルでは）のでないかと思われる。私はデンマークに数日間滞在したことがあるが，田舎ではあらゆる形態の性表現（いわゆるソフトポルノであっても）をみかけなかった。また，コンビニエンスストアのような小規模な店舗でポルノグラフィを入手することも日本ほど容易ではなかった。

　他方，日本では，表現してはならない性表現がある（性器そのものを見せる等わいせつ表現にあたる場合）という意味において，ポルノ解禁国ではない。しか

> し，わいせつ表現以外の性表現に関する場所等の規制はかなり緩やかである。電車やバスなどの車内広告などでは，単なるヌードはもちろん水着であっても規制すべき場合があろう。また，多少古いとはいえ，最高裁で合憲とされたわいせつ規制は非常に問題があるように思われる。『チャタレイ夫人の恋人』は，性的なテーマを題材としているだけであり，これをわいせつ本ということは大きな誤りである。作者である D.H. ローレンスは，ポルノを薄汚いものとして否定しているにもかかわらず（Pornography and Obscenity（Phoenix（1936）所収）），多くの誤解を受けた。ローレンスの性に対する考え方は真摯で深いものである。四畳半襖の下張も擬古文体で書かれており，読むだけでも相当高い知性が必要であるといわれている。このように，日本の性表現規制はややちぐはぐなものとなっている。

　(イ)　有害な性表現　　わいせつに該当しない性表現についても一定の法規制がなされるべきであると考えられている。このようにわいせつに近い性表現である有害な性表現については，主として，青少年保護育成条例で規制が加えられていることが多い。現在，この点に関する法律を欠いているため，各自治体が条例によってこの問題について取り組んでいるのである。たとえば，岐阜県青少年保護育成条例事件では，右条例によって，有害指定図書を青少年に販売・配布・貸付・自動販売機への収納を禁止しており，この条例の合憲性が争われたが，最高裁は合憲と判断した（最3判平元・9・19刑集43巻8号785頁）。未成年者保護のための法的規制は，喫緊の問題であるし，成人が入手しにくくなるという不利益は許容しなければならない範囲にとどまっているため，その規制が過度に広範とはいえない。よって，判旨は妥当である。

　とはいえ，自動販売機の規制を除けば，書店での未成年者への販売禁止規制などが実効的になされているとはいい難い。たとえば，コンビニエンスストアなどで容易に未成年者が有害な性表現を描写した雑誌を入手できるのは問題である。これは，条例での対応には限界があるが，違反行為に対して，当該図書の撤去命令及び数10万円程度の罰金刑しか用意されておらず，最も効果的な営業免許取消などの厳しい措置が用意されていないことに一因がある。

　さらに，未成年者保護を理由とせずとも，わいせつとはいえない性表現を公の場所で表現することを規制できる。住環境，自然環境，文化環境などの保全

は重要な公共の利益だからである。たとえば，京都や鎌倉の寺院の周辺で，半裸の女性の写されたいわゆるピンクビラを配布することは禁止されなければならない。

　㋒　児童ポルノ表現　　児童ポルノとは，一般に，16歳未満の児童を被写体とした性描写のことである。このようなポルノは，必ずしもわいせつである必要はないが，わいせつである場合も多い。いずれにせよ，児童ポルノは，児童虐待そのものであるし，また，児童ポルノ産業につかせるための誘拐などが後を絶たない。それゆえ，児童保護の必要性という観点から，流通を目的としたその製造行為はもちろん，個人の購入行為及びその鑑賞目的での所持まで，児童ポルノにかかわるほぼ全面的な行為が禁止されるべきである。欧米ではそのような立法が一般的であるが，日本では，個人鑑賞目的での所持までは禁止されておらず，十分とはいえない。

　なお，絵や漫画による仮想児童ポルノ（virtual child pornography）については，これを完全に禁止することはできない。被害者である児童の存在が欠落しているからである。もっとも，この仮想児童ポルノの中には，コンピュータ技術を使って本物の児童ポルノと区別のつかないものも数多く存在するため，そのような児童ポルノの規制をめぐって激しい論争が続いている。

セクハラ発言は許されないか？
　最近は，セクハラ発言やその行為に対する処分が，メディアのニュースとして報道されることも多くなった。大学でも，セクハラを理由とした処分がなされたということを耳にすることが増えた。確かに，女性に対してセクハラ行為をすることには，厳しい目が向けられなければならない。しかし，最近のセクハラ事件に関連する処分については，首をかしげざるをえないものも多い。
　そもそも，よくいわれているように，セクハラにあたる発言か否かは相対的なものであり，一定の発言をしたら，セクハラというものではない。仮に，一定の発言がセクハラにあたると定義したら，人間同士のコミュニケーションの幅を喪失させることになる。もちろん，このように考えることによって，女性の中には不快な思いをする人もいるであろう。しかし，それを乗り越える術を学ぶのも必要である。また，それを指摘する勇気も，成人であれば必要であるし，指摘してもらう男性だってそのことによって，人の気持ちを学ぶきっかけとなる。なにもいわせない方が，人間関係がうまくいくと思っているのは間違

いである。セクハラに対する処分の追及は，言葉狩りであり，説得の機能や機会を低下させる。

　このような主張に対しては，弱い立場におかれやすいとされる女性や精神的に傷つきやすい人の中には，相手の男性に反論できない人もいるという主張もある。しかし，表現の自由は，最も傷つきやすい人（most sensitive person）を基準として，その規制を容認できないことは，既にアメリカ合衆国では50年以上も前に認められている。仮に，最も傷つきやすい人を基準とすれば，発言の受け取り方や感じ方は人それぞれであるから，相当広範囲で言論規制ができることになってしまう。つまり，「私は不快です」と発言する者がいれば，それだけで規制できることになってしまいかねないのである。このようなことが蔓延れば，誰もが安心して発言できなくなる。男性であっても，時には，女性からの何気ない身体的な特徴に関する指摘によって傷つく。しかし，それがセクハラだから許されないと考えるのは間違いである。

　ところが，さらに，セクハラの発言がなくても人間関係を豊かにできるという反論もある。しかし，このような考えは非現実的である。我々は，生身の人間であり，相手に対して好意を抱く感情を常におさえられる存在ではない。理性的な人間になれというのは，時として，人間性を失えといっているに等しい。また，超能力者ではないから，相手の気持ちをすべて理解できるはずもない。我々は，お互いのコミュニケーションを通じて，理解を深めあうのである。

　それゆえ，私は，何も男性が，女性の気持ちを知る必要がないと主張しているのではない。いわんや，セクハラの発言が増えればいいと願っているわけでもない。どのような発言を女性が嫌がっているのかについて知り，お互いに，良い関係が営めればそれでいいと思うのである。失言は誰にでもある。それを許容できない社会の方が窮屈である。処分という脅しを盾にして，セクハラ発言した相手に矛を向けるというのは，「言論には言論で対抗する」という原則の観点からみても正当なものではない。

　このような私の主張が，誤解されないように，次の3点を指摘しておきたい。まず，セクハラ発言は，すべて問題がないと考えているというわけではないということである。私がいいたいのは，一般的にその定義が広範すぎるというものである。そこで，どのような場合にセクハラといえるかについては，基本的には，1対1の関係における執拗で性的な発言がこれに相当しよう。大学などで，授業との関係でもセクハラ・コードを設けているところがあるが，常識的に考えて，授業で男女関係を迫るような発言ができるはずがない。

　つぎに，表現以外の行為は直ちにセクハラになりうるということである。同意なしに相手にふれることは，それが指1本であっても，セクハラである。しかし，この同意というのが非常にくせ者で，100パーセントの同意があったか否

かは，誰も知る由がない。そのため，あとで，実は同意がなかったと主張されるとどうしても不利になる。これに対処するには，きちんとしたコミュニケーションをとる以外に方法がないだろう。

さいごに，セクハラ発言に限らず，どのような発言であっても，場所に応じた発言をすることは大切である。このことは，本人の品格やコミュニケーション能力の問題であるが，Aという場所で許される発言であっても，Bという場所では許されないことは当然あり得る。この点を無視して，セクハラ発言がすべてダメというのであれば，安心して酒も飲めない!!

(e) **営利的表現** 営利的表現とは，営利を直接目的とした内容をもつ表現のことである。このような表現は，営業の自由（22条1項）のみ又は表現の自由と営業の自由によって保障されるとする見解もある。このような立場の論者は，営利的表現は政治的表現よりも保障の程度が低いと解する傾向にある。

この営利的表現が問題となったケースはあまり多くない。最高裁は，あん摩師，はり師，きゅう師及び柔道整復師法において，適応症の広告をも許していないことが争われた事件において，広告が虚偽誇大に流れ，一般大衆を惑わす虞があるからであるとしてこのような制限もやむをえない措置であるとした（最大判昭36・2・15刑集15巻2号347頁）。しかし，右法律では，禁止される営利広告の範囲が広すぎるのではないかという疑問がある。

(f) **差別的表現** 差別的表現とは，不利な立場の特定の集団に対する差別，偏見，侮辱ないし蔑視を内容とした表現をいう。もともとは，特定人種に対する差別的表現の是非に関して主に問題となったのであるが，現在では，人種への差別の表現に限らず，身体障害者や女性等に対する差別的表現についても共通の問題として議論される傾向にある。なお，特定の個人を差別するような表現は，名誉毀損表現または侮辱表現として罪になりうる。

この差別的表現の問題は，日英米に共通した非常に深刻な社会問題であったし，今日でもその問題が解決されたとはいえない状況にある。事実，有色人種，とくに黒人に対する差別的表現の問題は，第2次世界大戦前から英米で議論の絶えることのないテーマであったし，彼らに対する差別的発言は，現在でも時として知識階級の人間からさえも聞かれることがある。教育が広く一般市民に行き渡るようになった1980年代に入っても，英米の大学では学生の差別的発言

の集会が盛んに開かれるなど，この問題は根強く残っている。

　日本では，この問題をあまり耳にすることがないようにも思われるが，昭和50年代に「部落地名総鑑」（同和地区の名称や所在地，戸数，主な職業などを記載した差別文書）が売買されている事件が広く報道された。また，1990年には，ちびくろサンボの本の焼却や図書館からの除去を長野市が命じたことなどが問題となった。さらに，在日朝鮮人などに対する差別的表現が長い間問題とされていることは周知の事実である。

　このような差別的表現の規制が許されるかについて，学説上，この表現が個人の人格の発達にとっても民主政治にとっても役に立たないことや個人でなくても精神的損害は生じることなどを理由として規制を容認する見解も有力である。しかし，差別的表現も思想の自由市場に委ね，その評価は他の言論に論駁されるか否かで判定するべきである。また，差別的表現に対して不寛容の態度をとることが社会的に有益ではないと考えられる。差別的表現を規制することによって，差別的思想が減少または消滅するという実証結果は得られていないからである。

差別的表現規制の必要性

　人種差別に関する差別的表現をめぐる紛争は，英米では後を絶たないが，ここでは，ある1つの事件をみてみることにしたい。1970年代にアメリカ合衆国のスコーキー村という所で，極右グループがかぎ十字の紋章及びナチの軍服を着てデモ行進しようとしたことが問題となった。なぜなら，そのデモ行進を行おうとした地域は，第2次世界大戦中に行われたホロコーストから生き残った者を含む約5000人のユダヤ人が居住していたからである。スコーキー村では，人種又は宗教上の憎悪を促進又は生み出すものを流布することを軽罪とする条例があった。その条例では，そのようなデモ行進がもたらす暴力行為の危険など，物理的危険性がまったく正当化の根拠とされていなかった。連邦最高裁では，そのようなデモ行進がもたらす精神の痛みが表現の自由を禁止できるような実質的害悪を生み出すものではないとし，そのスコーキー村の条例を違憲と判断したのである（Collin v. Smith, 439 U. S. 916（1987）; Skokie v. National Socialist Party, 373 N. E. 2d 21（1987））。

　差別的表現が非常に不快なものであり，忌むべきものであるという点については，学説上争いがない。つまり，道徳的・倫理的価値観については一致してい

> るのである。問題なのは，具体的な差別的「行為」ではなくて，差別的「表現」に対して規制をして良いのかという点なのである。このスコーキー事件における示威表現は，結局，警察や多くのユダヤ人の見守るなか，盛りあがらずに終わったといわれている。裁判では民衆が負けたが，実際には，言論によって民衆が勝ったともいえるケースであった。
>
> 　残念ながら，法規制によって人の思想を変えることはできないように思われる。逆に押さえつけられることによって，その人間の思想を強固にしてしまう可能性もある。つまり，隠せばいい，言わせなければいいという発想こそ差別の温床となりかねないのであり，近年の過剰な言葉狩りにもこのような思考が根底にあるようで危機感を感じる（佐藤秀峰『ブラックジャックによろしく9』参照）。差別的思想の持ち主に対しては，粘り強く説得する以外に方法がないように思われるのである。

(g)　**扇動表現**　扇動表現は，違法行為を唱導する表現であり，この表現行為が明らかに重大な結果を生むという差し迫った危険のある場合にのみ制約される（明白かつ現在の危険）。しかし，判例は必ずしもそのように考えているわけではない。食糧管理法にもとづく食料緊急措置令による主要食料の強制的供出に反対する発言を農民大会でした者が起訴された事件において，最高裁は，国民の重要な義務の不履行を慫慂し，公共の福祉を害することを理由に21条に反しないと判示した（最大判昭24・5・18刑集3巻6号839頁）。

また，沖縄返還協定批准反対集会で，自らの武装や機動隊のせん滅，渋谷の大暴動の実現などを内容とする演説をした者が破壊活動防止法39条・40条のせん動罪に問われた事件で，最高裁は，重大犯罪を引き起こす可能性のある社会的に危険な行為であるから公共の福祉に反することを理由に21条1項に違反しないと判示した（最3判平2・9・28刑集44巻6号463頁）。

もっとも，市民会館における集会の不許可が争われた事件などでこの明白かつ現在の危険の基準が適用されたものもあり注目される。これらの事件の判決については，表現の自由における具体的な審査基準の項目でふれる。

(h)　**選挙表現**　選挙に関連する表現については，主に選挙の公正を確保する観点から幅広い制約が許容されている。たとえば，戸別訪問や文書図画の頒布という事前運動の禁止（公職選挙法（以下，公選法という）129条・138条・142条），また，一定回数以上かつ定期に頒布する新聞・雑誌でなければ選挙に関す

る論評ができないとする規定（同148条3項1号イ）が問題となったケースで，最高裁は，これらの規制をいずれも合憲と判示している（最大判昭44・4・23刑集23巻4号235頁，最大判昭30・3・30刑集9巻3号635頁，最1判昭54・12・20刑集33巻7号1074頁）。しかし，これらの規制は先進国に例のない厳しいものであり，学説から強い批判を受けている。

4 表現の自由における審査基準
（1） 二重の基準

　日本国憲法の自由権は，大きく精神的自由と経済的自由とに分けることができる。表現の自由は，思想良心の自由（19条）や信教の自由（20条1項）などとならんで精神的自由権の1つである。通説は，ある規制が許されるかを判断するにあたって，精神的自由と経済的自由とが問題となるケースとではその厳格度が異なると考えている。それが二重の基準（double standard）といわれるものである。つまり，裁判所は，精神的自由権が問題となるケースに対して，厳格な基準を用いて審査しなければならないが，他方，経済的自由が問題となるケースに対して，それに比して緩やかな審査基準を用いて審査することが許されるというのである。

　この二重の基準が認められる根拠としては，経済的自由が侵害された場合，表現の自由等を行使して，その経済措置の不当性や違法性を訴えることができ，その経済的自由の回復を図ることができるが，精神的自由そのものが侵害された場合には，それを回復する正当な手段がないということが主張されている。さらに，経済的自由の規制においては裁判所の審査能力が乏しいということが主張されることもある。つまり，社会・経済政策の問題が関係する場合には，証拠の収集能力の点からいっても，裁判所がその当否について審査することが十分できないと主張するのである。しかし，裁判所の証拠収集能力の問題については，必ずしも経済的自由が絡んだ紛争に限られないことから，後者の論拠は疑問である。

　また，最近は，この基準論そのものに疑問を呈する見解も有力である。たとえば，この理論は，結局，タクシーの運転手よりも大学の先生の価値を高くみていることになるという批判がある。しかし，タクシーの運転手が表現の自由

を行使する際に，それを低く見積もっているわけではない。また，この理論は，精神的自由が重要だという論証しかしておらず，経済的自由が重要でないということは何ら論証していないという批判もある。確かに，経済的自由の重要性の論証に力を注ぐ必要性があることは事実である。しかし，精神的自由の重要性が論証されれば，少なくとも，経済的自由の重要性は相対的に低くなるといえよう。よって，二重の基準を支持できるであろう。とはいえ，二重の基準の内容が，非常に大雑把なものであるため，それを補完すべく，表現の自由の領域において，次のように具体的な審査基準が提示されている。

（2） **表現の自由における具体的な審査基準**

表現の自由は精神的自由権のひとつとして，とても重要な権利と考えられていることから，相当重要な規制利益がない限り，その自由を規制することはできない。表現の自由に対する規制が問題となっているケースで，二重の基準を前提としたうえで，具体的にどのような基準のもとにその規制が許されるかについてはさまざまな議論がある。

(a) 内容規制と内容中立規制　たとえば，ある表現をそれが伝達するメッセージを理由に制限する場合には（内容規制），やむにやまれぬ規制利益が必要というような，厳格な審査基準が適用されるが，ある表現をそれが伝達するメッセージとは無関係に制限する場合には（内容中立規制），やや厳格性を弱めたより制限的でない他の選びうる手段（LRAの基準）のような基準を用いてよいとする学説が有力である。

内容規制は，表現内容に着目した規制であることから，思想統制等を理由とした国家の恣意的な規制を招く虞があるため，その合憲性が厳しく判断されなければならない。この内容規制としては，扇動表現・性表現・名誉毀損表現・差別的表現・児童ポルノ表現などがあげられている。

内容中立規制とは，時・場所・表現方法についての規制であり，たとえば，小中学校や病院周辺でのビラ貼りの禁止があげられる。判例は，他人の財産権，管理権を不当に害することはできないという理由で，電柱へのビラはり行為（軽犯罪法1条33号前段）や駅構内でのビラ配布行為の禁止（鉄道営業法35条）を合憲と判断している（最大判昭45・6・17刑集24巻6号280頁，最3判昭59・12・18刑集38巻12号3026頁）。また，美観風致の維持が公共の福祉であることを主な理

由として屋外広告や立看板を禁止する条例を合憲と判断している（最大判昭43・12・18刑集22巻13号1549頁，最3判昭62・3・3刑集41巻2号15頁）。しかし，時・場所・方法に関する規制であっても，たとえば，選挙表現や性表現ゆえにビラ配りを禁止するなどといった表現の内容を勘案しているものも多い。このように内容規制・内容中立規制の区別が絶対的なものとはいえないが，その基本的発想は支持できると解する。

　(b)　具体的な審査基準　　日本でよく取り上げられている具体的な審査基準としては，(ｱ)不明確性ゆえに無効の原則，(ｲ)過度の広範性ゆえに無効の原則，(ｳ)明白かつ現在の危険の基準，(ｴ)より制限的でない他の選びうる手段の基準，事前抑制禁止の原則がある。最後の事前抑制禁止の原則に関しては，別項目で論じる。

　(ｱ)　不明確性ゆえに無効の原則　　ある法令が不明確であり国民に対する告知機能を十分果たしていないため，それを無効とするものである。つまり，この原則は，国民が不利益な処分を受ける前提として法令の内容が正しく明確に伝えられていなければならないとするものである。また，この原則は，手続的要請にもとづくものであるから，とくに刑事手続においては，21条ではなく31条によって認められると解する説もある。

　(ｲ)　過度の広範性ゆえに無効の原則　　権利・自由の制約そのものの正当性を問題としており，制約の対象やその範囲が適正であることを要求するものである。この原則についても21条ではなく31条の要請とみる学説もある。この学説は，31条が刑事手続の法定・適正のみならず，刑事実体面の法定・適正を要求していると考えるからである。この原則と不明確性ゆえに無効の原則は似ているようにもみえるが，法令が明確であっても，その規制が過度に広範なこともあり（また，その逆もありうる）区別されなければならない。もっとも，判例や学説によって両者が厳然と区別されているわけではない。なお，不明確性ゆえに無効の原則と過度の広範性ゆえに無効の原則とを合わせて明確性の理論ということがある。

　この明確性が争われた判例としては，徳島県公安条例事件訴訟の「交通秩序を維持すること」というデモ行進の許可条件に関するもの（最大判昭50・9・10刑集29巻8号488頁），税関訴訟において，輸入禁止されている「風俗を害すべき

書物，図画」の「風俗」に関するもの（最大判昭59・12・12民集38巻12号1308頁）などがある。前者において，最高裁は，「交通秩序を維持すること」とは，「道路における集団行進等が一般的に秩序正しく平穏に行われる場合にこれに随伴する交通秩序阻害の程度を超えた，殊更な交通秩序の阻害をもたらすような行為を阻止すべきこと」と述べた。また，後者において，最高裁は，「風俗」とは，「専ら性的風俗を意味し，右規定により輸入禁止の対象とされるのは猥褻な書籍，図画等に限られる」と述べた。そして，いずれの判例も，一般人がその内容を明確に理解できないことはないことを理由として，問題となっている文言が不明確であるといえないと判示した。

　(ウ)　明白かつ現在の危険の基準　　ある表現行為が実質的害悪を引き起こす蓋然性が明白であり，さらに，その発生が時間的に切迫している場合にのみその表現を規制できるとするものである。なお，この危険の発生は具体的に予見できるものでなければならない。この基準は，著名なアメリカ合衆国のブランデンバーグ事件判決において，その内容が厳格な形で示されたものである（Brandenburg v. Ohio, 395 U.S. 444（1969））。

　日本では，この基準を適用して，市民会館での集会を不許可とした判断を合憲とした泉佐野市市民会館事件判決（最3判平7・3・7民集49巻3号687頁），また，反対に，福祉会館の使用不許可処分を条例違反と認めた上尾市福祉会館事件判決がある（最2判平8・3・15民集50巻3号549頁）。前者の事件は，やや特殊なケースであるが，その申請団体がすでに違法な実力行使を繰り返しており，他のグループと暴力により抗争を続けてきていたため，その判決は妥当な判断であったといえよう。そして，後者の判決では，生じる危険が警察の警備などによってもなおその混乱を防止することができない事情がなければならないなどと述べ，厳格に危険の認定を行っており妥当である。

　(エ)　より制限的でない他の選びうる手段の基準　　立法・規制目的とそれを達成する手段として，より権利を制約しないで済む他の手段がある場合には，その手段を利用しなければならないという原則である（Less Restrictive Alternative を訳したものであり，頭文字をとって LRA の原則ともいう）。つまり，立法目的達成のためには，必要最小限度の手段をとらなければならないということである。このことは，必ずしも，表現の自由の規制のみならず，いかなる

権利規制にもあてはまることであるが、表現の自由のような重要な権利を規制する際には、この点が強く要請されよう。職業選択の自由の規制が問題となった薬事法距離制限規定事件判決では、この基準が適用され、薬局の距離制限規定が違憲と判断された（最大判昭50・4・30民集29巻4号572頁）。しかし、表現の自由の規制に関する判例でこの基準を明示したものはない。

5 事前抑制禁止の原則と検閲禁止の法理

(a) 検閲禁止の法理　21条1項では、ある表現活動を事前に禁止することを許さないとする事前抑制禁止の原則を要請している。なぜなら、表現を事前に禁止してしまう制度があると、禁止される可能性の少しでもある表現行為は控えようという過大な萎縮効果（chilling effect）が生じてしまうからである。また、ある表現を事前に葬り去ることは、その表現の評価を対抗言論に委ねるという思想の自由市場論の趣旨に反し、表現の自由の侵害の程度が大きいからである。これらと同様の趣旨から、21条2項前段では、「検閲は、これをしてはならない」と定められているため、21条1項の事前抑制と検閲との関係が問題となる。この点、両者は同一概念であるとする学説も有力であるが、通説・判例（税関訴訟）（最大判昭59・12・12民集38巻12号1308頁）は、両者は別個のものと解している。そして、検閲は絶対的禁止、事前抑制禁止の原則は相対的禁止であるとし、前者は後者の概念より狭いものと解されている。なお、広義では、事前抑制禁止の原則に検閲も含めて使われることもある。

最高裁は、税関訴訟において、検閲概念を「行政権が主体となって、思想内容等の表現物を対象とし、その全部又は一部の発表の禁止を目的として、対象とされる一定の表現物につき網羅的一般的に、発表前にその内容を審査した上、不適当と認めるものの発表を禁止すること」と定義し、税関検査制度における「風俗を害すべき」表現物の輸入禁止制度が、国外において既に発表済みの表現物を規制の対象としていることなどを理由として、検閲にあたらないと判示した。この判決の定義では、あまりにも検閲にあたるケースが限定されすぎ、内容も明確とは必ずしもいえないと学説は批判している。学説の主張する検閲概念も百家争鳴の感があるが、行政機関が出版物などの表現物の内容を事前に審査し、不適当と判断したときにその表現内容を禁止する、という定義が最大公

約数的なものといえよう。

税関訴訟以外に検閲との関係が問題となった判例としては，教科書検定制度が争われた家永訴訟がある。しかし，右判例は，教科書検定制度が一般図書としての発行を禁止していない，つまり，発表を禁止しているわけではないということ等を理由として検閲にあたらないと判断した（最3判平5・3・16民集47巻5号3483頁，最1判平17・12・1判時1922号72頁などを参照）。また，政見放送をNHKが削除した政見放送事前削除事件判決では，NHKが自治省に対しその削除の当否を照会したとはいえ，行政機関ではないNHKが最終的に自らの判断で削除したことを理由に検閲性を否定した（最3判平2・4・17民集44巻3号547頁）。

(b) 事前抑制禁止の法理　もっとも，ある出版物の事前差止めが検閲に該当しないとしても，直ちに表現の自由に反しないとされるわけではなく，論理的には，事前抑制禁止の原則にも抵触しないか検討されなければならない。この点が争われた判例として，「北方ジャーナル」事件判決（最大判昭和61・6・11民集40巻4号872頁）が有名である。この事件では，ある知事候補者が自分を中傷する雑誌の発行を事前に知り，名誉毀損の予防を根拠として，その発行の差止めを求めた事件である。この判決では，出版物の事前差止めの主体が裁判所であったため，検閲にはあたらないとしたうえで，事前抑制禁止の原則との関係が詳細に検討されたのである。

そして，右判決では，事前抑制は原則的に禁止されるが，人格権侵害を理由に，それが許される場合のあることを次のように認めた。「表現行為に対する事前抑制は，表現の自由を保障し検閲を禁止する憲法21条の趣旨に照らし，厳格かつ明確な要件のもとにおいてのみ許容されうる」。「その対象が公務員又は公職選挙の候補者に対する評価，批判等の表現行為に関するものである場合」は，「その表現が私人の名誉権に優先する社会的価値を含み憲法上特に保護されるべきであることにかんがみると，当該表現行為に対する事前差止めは，原則として許されない」。ただ，「その表現内容が真実でなく，又はそれが専ら公益を図る目的のものでないことが明白であって，かつ，被害者が重大にして著しく回復困難な損害を被る虞があるときは」，例外的に事前差止めが許される。

さらに，この判決では，本件のような事前抑制にあたる仮処分の場合には，

手続的配慮が必要であることも次のように示した。「事前差止めを命ずる仮処分命令を発するについては、口頭弁論又は債務者の審尋を行い、表現内容の真実性等の主張立証の機会を与えることを原則とすべきものと解するのが相当である」。「口頭弁論を開き又は債務者の審尋を行うまでもなく、債権者の提出した資料によって、その表現内容が真実でなく、又はそれが専ら公益を図る目的のものでないことが明白であり、かつ、債権者が重大にして著しく回復困難な損害を被る虞があると認められるときは別である」。

6　通信の秘密

21条2項後段で保障されている通信の秘密は、特定人に対して意思を伝達するという表現手段の一種であるため、表現の自由の部分で保障されている。もっとも、その趣旨は、個人のプライバシー権保護に重点がある。この保障の対象となる通信手段としては、手紙・葉書・電報・電話・Eメールなどのあらゆるものを含む。また、通信の内容のみならず、送受信者の氏名や送受信時刻などその存否についても保障が及ぶ。

現行法上、通信の秘密が制限されている制度として、たとえば、郵便物の押収（刑訴100条・222条）、破産管財人による郵便物や電報の開披（破産190条）、在監者の信書の発受信などについての制約（監獄法46条〜50条、同施行規則130条）がある。

そのほかの制度として、通信の秘密との関係が問題となるものは、犯罪捜査のための電話傍受、いわゆる、盗聴をすることである。しかし、電話傍受は、強制処分法定主義や令状主義といった刑事上の手続的権利との関係で論じられることが多い。なぜなら、犯罪捜査において通信の秘密の侵害は避けられないが、その際の手続的保障を与えることが大切だからである。それゆえ、電話傍受については、第5章第7節4 (2)(b)に譲る。

第5節 参　政　権

1　選 挙 権
（1）　選挙権の法的性格
　国会を構成する両議院は，全国民を代表する選挙された議員でこれを組織することを定め（43条1項），また，成年者の普通選挙権を保障している（15条3項）。この選挙権の法的性格をめぐっては，次の3説の争いがある。まず，国民はある私人を公的地位に就かせる機関として位置づけられるため，選挙権の行使は公務であるとする公務説がある。次に，選挙権は，権利と義務（公務）の双方の面があるとする二元説も主張されている。確かに，選挙権が公的性格を有することは疑いがないが，それはあくまで，選挙権がどのような機能や意義を有するかという目的指向型の議論であり，選挙権が義務であるという法的性格に直ちに結びつくものではない。さらに，二元説に対しては，概念上権利と義務とは両立しえないものであるため，両者の関係が不明確であるという問題も抱えている。結局，選挙権は他の基本権と同様に，権利であるとする権利説が妥当である。そして，選挙権は，一般人を議員という法的な地位に就かせる形成権を中核とした権利である。

（2）　選挙権の内容
　選挙権の規範内容については，(a)普通選挙の原則（15条3項），(b)平等選挙の原則（15条1項・44条但書，なお判例は14条1項），(c)秘密選挙の原則（15条4項前段），(d)直接選挙の原則（93条2項，国会議員については直接明文なし），(e)自由選挙の原則（直接の明文なし）があげられる。
　この原則に反するかという点が争われた事件として，在宅投票制度を廃止した国会の作為及びその制度を復活させなかった国会の不作為が争われた在宅投票制廃止事件がある。在宅投票制度が廃止されることにより，投票所に行くことのできない寝たきりである重度の身体障害者は，事実上選挙権を奪われることになってしまったのである。この事件に対し，最高裁は，立法内容の違憲性が直ちに国家賠償法上の違法とは評価されないことや47条により選挙事項の立法に関して国会に広い裁量が認められていることなどを理由として，原告の損

害賠償請求を否定した（最１判昭60・11・21民集39巻７号1512頁）。

　この判決では，国賠法上の違法の評価は，立法内容が憲法の一義的な文言に違反しているにもかかわらず国会があえて立法を行うような容易に想定し難いような例外的な場合に限られると判示した。ところが，在宅投票制度の廃止が普通選挙の原則に反するか否かについては，明確な立場を示さなかった。しかし，在宅投票制度の廃止は，障害者の選挙権を奪い普通選挙の原則に反し，さらには，国賠法上違法と評価されるべきである。

　また，近年，精神的原因による投票困難者に対し，選挙権行使の機会を与えていないことの合憲性が争われた事件で，最高裁は，少なくとも本件選挙以前に，このような者に係る投票制度の拡充を国会が立法課題として取りあげる契機があったとは認められず，今後国会において十分な検討がされるべきものであるものの，本件立法不作為は国賠法上違法の評価を受けないと判示した（最１判平18・７・13裁時1415号10頁）。この判決では，国賠法上の違法性判断基準に関して，次にみる在外日本人の選挙権に関する平成17年判決を引用している。

　　(a) 普通選挙の原則　　普通選挙の原則とは，投票権が財産や身分に関係なく成人国民に与えられなければならないという原則のことをいう。この原則は，投票の有無に関するものである。ところで，平成10年の公職選挙法の改正により，在外投票制度が導入され，住民登録を抹消して海外に在住し選挙権を行使することができなかった者についても投票の道が開かれた。この投票の対象となるのは衆参両院議員の選挙であるが，当分の間の暫定措置として，比例代表選出議員の選挙に限るものとされていた（同法附則８項）。また，平成11年の公職選挙法の改正により，洋上投票制度が導入され，船員が船上からファックスで投票することが認められるようになった。この投票の対象となるのは衆議院議員の総選挙及び参議院議員の通常選挙である。

　このように平成10年の公選法改正で国政選挙権を与えられたものの，完全には有していなかった在外日本人が，その選挙権を求めて争っていた事件で，最高裁は，既に昭和59年の時点で内閣がその選挙権付与の法律案を国会に提出しており，その後，同法律案が廃案となった後，国会が10年以上これを放置したことにやむを得ない自由があったとはいえないこと，および，通信手段のめざましい発達により，候補者個人の情報伝達が著しく困難とはいえなくなったこ

とを理由として，国家賠償請求を認めた（最大判平17・9・14民集59巻7号2087頁）。なお，右判決では，衆議院小選挙区選挙・参議院選挙区選挙でも選挙権を有することの確認訴訟（行訴法4条）も認めた。

　この判決では，国賠法上の違法性判断基準に関して，「立法の内容又は立法不作為が国民に憲法上保障されている権利を違法に侵害するものであることが明白な場合や，国民に憲法上保障されている権利行使の機会を確保するために所要の立法措置を執ることが必要不可欠であり，それが明白であるにもかかわらず，国会が正当な理由なく長期にわたってこれを怠る場合などには，例外的に，国会議員の立法行為又は立法不作為は，国家賠償法1条1項の規定の適用上，違法の評価を受ける」とし，昭和60年の在宅投票事件判決がこれと同旨であると判示した。しかし，憲法の条文に一義的に反するなどの表現がなくなっており，実質的には，この在宅投票事件判決の要件を緩和するものである。

　(b)　平等選挙の原則　　平等選挙の原則とは，財産，身分，家柄等に関係なく個人の有する選挙権の価値が等しいという原則である。この原則には，1人当たりの票数が等しくなければならないということとその1票当たりの価値が基本的に等しくなければならないということの2つの原則を含む。後者の点に関して，1票の価値が地域間で著しい格差を生じているという議員定数不均衡の問題が検討されなければならない。この問題については，後述2　選挙制度と議員定数不均衡に譲る。

　(c)　秘密選挙の原則　　秘密選挙の原則とは，選挙において，投票と投票者とのつながりが投票者自身以外の者に知られないようにするという原則をいう。そして，秘密選挙の原則は投票の内容のみならず，投票の有無についても妥当する。もっとも，投票の有無については，たとえば，強制投票制が採られたような場合には，例外的にその点の保障が及ばないと解することが可能であろう。投票の有無については，投票の内容の保障と異なり，相対的な保障が与えられるに過ぎないからである。なお，強制投票制については，自由選挙の原則との関係でも問題となる。他方，誰に投票したのかという投票の内容に関しては，絶対的に保障されなければならない。この点，最高裁は，議員の当選の効力を定める手続において，無資格投票者等の投票に対する検索が許されるか否かが問題となった事件で，その投票が何人に対してなされたかについて，議員の当

選の効力を定める手続において取り調べてはならないとした（最1判昭25・11・9民集4巻11号523頁）。

　この趣旨は，選挙犯罪における刑事手続においても基本的には妥当するものと思われる。この点についての憲法判断を行ったものではないが，秘密投票に関する注目に値する判決がある（最2判平9・3・2訟務月報44巻8号1303頁）。その事件は，選挙違反の疑いがあるため，警察官が令状にもとづき，投票所入場券32枚と原告名記載の投票済記載用紙1158枚を押収し，さらに，その押収した投票用紙の指紋検出を行い，これと詐偽投票罪（公選法237条2項）の被疑者のうち警察が指紋を保管していた26名の者とを照合し，うち5名について指紋が一致したというものである。そこで，本件選挙の選挙人で右選挙において投票した原告が，投票済み投票用紙の差押え等により投票の秘密にかかる自己の法的利益が侵害されたとして損害賠償を求めた。なお，この原告は本件詐偽登録罪（公選法236条）及び詐偽投票罪の被疑者にはされておらず，また，同人らの指紋が押収した投票済み投票用紙から検出された指紋との照合に使用されたという事実もなかった。判決では，押収した投票用紙の指紋との照合に使用された指紋には，原告の指紋は含まれておらず，原告の投票内容が外部に知られるおそれもなかったので，投票の秘密に係る自己の法的利益を侵害されたということはできないということを根拠に原告の請求を棄却した。

　この判決では，福田裁判官が補足意見のなかで詳細に，本件の国家行為が秘密選挙の原則に反することを次のように述べており妥当である。投票の秘密の保障は，近代の選挙法において，普通選挙，平等選挙，直接選挙と並ぶ基本原則である。投票の秘密の保障は，選挙権のない無資格者のした投票にも及ぶ。他方，正当な選挙の実施のためには，選挙の公正の維持，確保が必要不可欠である。ところで，投票の秘密といえども，犯罪捜査の必要性など他の利益を保護するため，一定の制約を受ける。本件の場合は，憲法上の要請である「選挙の公正の確保」と「投票の秘密の保障」という2つの利益が対立している。投票の秘密は，選挙人の自由な意思による投票の確保を目的とし，代表民主制を直接支えるものであるのに対し，選挙犯罪の捜査は，選挙の公正の確保を図ることを本来の目的とするものであって，代表民主制を支える役割はより間接的なものであるから，投票の秘密の保持の要請の方が選挙犯罪の捜査の要請より

一般的には優越した価値を有する。当該選挙犯罪が選挙の公正を損なう重大なものである場合において，投票の秘密を侵害するような捜査方法を採らなければ当該犯罪の立証が不可能ないし著しく困難であるという高度な捜査の必要性があり，かつ，投票の秘密を侵害する程度の最も少ない捜査方法が採られるときに限って，これが許される。これを本件についてみるに，①本件詐偽投票の規模が本件選挙の公正を実質的に損なうほど重大なものではなかったこととはいえないこと，②警察は本件被疑者らの投票所入場券を押収しており，被疑者らが投票したという事実を推認することができること，③投票所に入場したという事実から，「投票しようとした」という詐偽投票罪の構成要件は立証できると考えられるところ，詐偽投票罪においては，投票をした場合と投票しようとした場合とで法定刑は異ならないから，本件差押えをする必要性がどの程度あったか疑問であることなどの諸点に照らすと，本件差押えは15条4項前段に違反する。

　なお，刑事手続であっても，不正投票者の投票内容についての供述を証拠となし得るか否かが問題となった事件で，検察官に対し，自ら進んで被選挙人の氏名を表示したにすぎないことがうかがわれるときは，検察官が投票の秘密を犯したものとは認められないとした判例がある（最1判昭30・2・17刑集9巻2号310頁）。秘密選挙の原則が個人の主観的権利としての性格をも有していることにかんがみると，これを放棄することは可能であり，判旨は妥当なように思われる。

　(d) 直接選挙の原則　　直接選挙の原則とは，選挙人が被選挙人を直接選択するという原則のことである。この原則については，「地方公共団体の長，その議会の議員及び法律の定めるその他の吏員は，その地方公共団体の住民が，直接これを選挙する」(93条2項) という規定があるが，国会議員については直接明文がない。そこで，両議院の議員の選挙に関する事項は，法律でこれを定める (47条) という規定を根拠に，間接選挙制を採用できるとも考えられる。しかし，国政選挙における直接選挙があまりに自明のことであるから，日本国憲法ではその旨の明文をおかなかったのであり，間接選挙や複選制の採用はできない。民意の忠実な反映を妨げかねない間接民主制の採用を許すような解釈を安易に肯定すべきではないからである。

(e) 自由選挙の原則　　自由選挙の原則とは，選挙の際の意思決定や選挙権の行使において，国家から不合理な介入を受けないという原則のことである。このように，この原則が選挙権の行使及びその不行使の自由を含むとすれば，強制投票制導入の合憲性が問題となる。この点について，選挙権の不行使の自由も憲法上の規範的要請であるとする立場からは，強制投票制の導入はできないという結論が帰結されるようにも思われる。しかし，強制投票制を導入しても，白票を投じることが認められるのであれば，自由選挙の原則が本質的に侵害されたといえない。よって，選挙権不行使の自由は，自由選挙の原則における不可欠の要素ではなく，強制投票制を導入することが可能である。

2　選挙制度と議員定数不均衡
(1)　選挙制度

　衆議院議員選挙に関しては，平成6年公職選挙法改正によって，小選挙区比例代表並立制が採用された。この制度は，小選挙区制と比例代表制を並べ，総定数480を小選挙区定数300と比例区定数180に分け（公選法4条1項）小選挙区選挙で有効投票数の最多数を得た者と，全国11ブロックで行う比例選挙において各党の得票をブロック単位で集計し，ドント式（各党の得票数を，1，2，3，……，という整数で割り，その商の大きい順に各党に議席を与える方法をいう（同95条の2第1項））で獲得議席数を決定し，各党の比例名簿搭載者の上位から当選者としていく制度である（同12条1項・13条・95条1項・95条の2第1項）。選挙人は，小選挙区では各候補者を選ぶが，比例代表区では政党等の団体を選択することになる。

　この選挙制度の合憲性について，最高裁は，重複立候補制，比例代表制，小選挙区制すべてを合憲とした（同日に，重複立候補制と比例代表制の合憲性について判断したものと小選挙区制の合憲性について判断したものの関連する3つの判決が出された。最大判平11・11・10民集53巻8号1704頁，最大判平11・11・10民集53巻8号1577頁，最大判平11・11・10民集53巻8号1441頁）。もっともこの判例では，それぞれの制度の合憲性が議論されており，小選挙区比例代表制そのものの合憲性が認められたわけではない。このうち，重複立候補者について，平成12年の公職選挙法の改正により，小選挙区における得票数が供託金没収点（有効投

票総数の10分の1）に達しなかった重複立候補者の比例代表選挙における当選が排除されることになり（95条の2第6項），小選挙区の得票に関係なく比例代表選挙の当選者となる不合理性は，一定程度で解消された。

　他方，参議院議員は，昭和57年公職選挙法改正によって，選挙区選出議員と比例代表選出議員からなる選挙制度が採用された。定数242人のうち前者が146人で後者が96人である（同4条2項・12条2項・14条）。前者の選挙区は都道府県を単位としている。そして，後者は拘束名簿式比例代表制を採っていた。しかし，平成12年の通常国会で，激しい議論の末，非拘束名簿式の比例代表制が採用されるに至った。この非拘束名簿式の比例代表制についても，最高裁は合憲と判示した（最大判平16・1・14民集58巻1号1頁）。

　小選挙区制は，当該選挙区の多数派が選任されるため多数代表といわれる。他方，比例代表制は，当該選挙区の少数派が選任される可能性を残しているため少数代表といわれる（もっとも，現実の選挙制度は複雑であることが多く，たとえば，大選挙区制を採用しながらも完全連記制をとると多数代表法を採用したことになる。なぜなら，完全連記制とは，選挙区の議員定数と同数の候補者名を記載させる制度であり，大選挙区完全連記投票制を採用すれば多数派がその選挙区を独占できる可能性が高くなるからである。完全連記制の反対は，制限連記制であり，この制度の下では，議員定数より少ない投票権しか選挙民に与えられていない）。両者の中間的な制度としての大選挙区制は，1つの選挙区から2人以上の当選人が選出される制度をいい，参議院の選挙区のうち選出される議員が2人以上の選挙区がそれにあたる（中選挙区制といわれることもある）。

　小選挙区制は，2大政党を形成する流れを助長し政局が安定するというメリットがあるものの，多様な民意を反映できず死票が多くなるというディメリットがある。他方，比例代表制は，選挙人の意思を忠実に反映するというメリットがあるものの，少数の政党が乱立し政局が不安定になりうるというディメリットがある。大選挙区制は，小選挙区制及び比例代表制の欠点をある程度はカバーしているが，同じ政党から複数の候補者が立候補するため選挙が政党本位のものとならず，選挙人がどちらを選んでよいのか選択に窮するというディメリットがある。結局，いずれの選挙制度も一長一短であるため，現行選挙制度は，すべての制度を取り入れバランスを図ろうとしたとも評しえよう。

(2) 議員定数不均衡に関する判例の流れ

選挙制度において，不平等な議員定数の配分がなされると，選挙人の持つ1票の重みに差がでることになり，平等選挙の原則に抵触する。投票価値を全ての平等にすることは，人々の転居がある限り法技術上不可能であるが，その価値を可能な限り1対1に近づける立法努力が必要である。学説は，投票価値の平等について1対2を限界とするものが多いが，この数字には説得的な根拠がないように思われる。つまり，議員定数の配分にあって考慮に入れることができるファクターは行政区画のみであり，このことから生じる若干の投票価値の不平等が許されるにすぎないと解すべきであろう。選挙に関する事項を法律で定めるとしている47条を根拠として行政区画以外のファクターを考慮に入れることは平等原則に抵触する。もっとも，行政区画に対する配慮から，逆に，1対2をこえる定数配分規定を直ちに違憲とすることはできないようにも思われる。

現実には，定数配分規定は改正の頻度が少なく，しばしば選挙権の価値について著しい差異が生じ，この規定の合憲性が争われてきた。そこで，昭和50年以降の両議院の議員定数不均衡に関する最高裁判例の流れをみることにする。

(a) 衆議院

	判決日	判決内容
i	最大判昭51・4・14（民集30巻3号223頁）	—最大較差は1対4.99で平等選挙の原則に反する。定数配分規定の改正後8年余たっており，合理的期間を経過した。
ii	最大判昭58・11・7（民集37巻9号1243頁）	—最大較差は1対3.94で平等選挙の原則に反する。定数配分規定の改正・施行後3年半たっているが，合理的期間を経過していない。
iii	最大判昭60・7・17（民集39巻5号100頁）	—最大較差は1対4.40で平等選挙の原則に反する。定数配分規定の改正・施行後約7年たっており（判決文で期間の明示なし），合理的期間を経過した。

iv	最2判昭63・10・21 (民集42巻8号644頁)	——最大較差は1対2.92で平等選挙の原則に反しない。
v	最大判平5・1・20 (民集47巻1号67頁)	——最大較差は1対3.18で平等選挙の原則に反する。 定数配分規定の改正・施行後約3年7カ月たっているが，合理的期間を経過していない。
vi	最1判平7・6・8 (訟務月報42巻3号597頁)	——最大較差は1対2.82で平等選挙の原則に反しない。
vii	最大判平11・11・10 (民集53巻8号1704頁)	——最大較差は1対2.309で平等選挙の原則に反しない（同日で2つの判決が出されているが，定数不均衡の点における内容は同一である）。

　最高裁は，最大較差1対3以内であることが衆議院議員選挙における憲法上の平等選挙の原則であると解しているようである。しかし，この点について学説は，1対2以内にすべきであるとして判例に反対する論者が多い。また，合理的期間の長さについても，判例の見解は明示されていないが，3年半を越える期間が経過していながら，未だ合理的期間を経過していないというのは長すぎるとの批判がある。選挙権は重要な権利であるため，この権利の回復を国会は急がねばならないはずだからである。

(b) 参 議 院

	判　決　日	判　決　内　容
i	最大判昭58・4・27 (民集37巻3号345頁)	——最大較差は1対5.26で平等選挙の原則に反しない。
ii	最1判昭61・3・27 (裁判集民147号431頁)	——最大較差は1対5.37で平等選挙の原則に反しない。
iii	最1判昭62・9・24 (裁判集民151号711頁)	——最大較差は1対5.56で平等選挙の原則に反しない。
iv	最2判昭63・10・21 (裁判集民155号65頁)	——最大較差は1対5.85で平等選挙の原則に反しない。
v	最大判平8・9・11	——最大較差は1対6.59で平等選挙の原

	（民集50巻8号2283頁）	則に反する。現実に選挙人数比で6倍を越えた1987年から5年弱たっているが，相当期間を経過していない（参議院では，平成6年に初めて定数配分規定の改正が行われた）。
ⅵ	最大判平10・9・2 （民集52巻6号1373頁）	一最大較差は1対4.81で平等選挙の原則に反しない。
ⅶ	最大判平12・9・6 （民集54巻7号1997頁）	一最大較差は1対4.98で平等選挙の原則に反しない。
ⅷ	最大判平16・1・14 （民集58巻1号56頁）	一最大較差は1対5.06で平等原則に反しない。
ⅸ	最大判平18・10・4 （裁時1421号1頁）	一最大較差は1対5.13で平等選挙の原則に反しない。

　最高裁は，最大較差1対6以内であることが参議院議員選挙における平等選挙の原則の要請であると解しているようである。そして，最高裁は，参議院議員選挙において，最大較差が衆議院議員選挙の場合よりも大きいことが許容される論拠として，公職選挙法が採用した参議院議員地方選出議員についての選挙の仕組みが国会に委ねられた裁量権の合理的行使として是認しうる以上，投票価値の平等の要求は，人口比例主義を基本とする選挙制度の場合と比較して一定の譲歩，後退を免れないことを指摘している（参議院の特殊性，平成8年判決参照）。しかし，この判例理論では，投票価値の平等原則が，立法府の形成した選挙制度の仕組みによって決定されることになり，このように憲法と法律の優越関係を逆転させる論理構成は疑問である。なお，平成12年判決の福田博裁判官の反対意見が重要である。

（3）　議員定数不均衡を争う訴訟

(a)　訴訟類型と合理的期間　　議員定数不均衡を争う訴訟類型としては，従来，国家賠償請求訴訟が利用されていた。しかし，最高裁が公選法203条（地方選挙について）及び204条（国会議員選挙について）により定数不均衡を争うことを認めてからは（衆議院議員定数不均衡訴訟昭和51年判決），同法によって訴えが提起されることが一般的となった。この訴訟形態による場合，選挙訴訟の第一審管轄は高等裁判所にあり，その訴訟の提起は，当該選挙から30日以内になさ

れなければならない。

　議員定数不均衡を争う訴訟が提起されると，定数配分規定が違憲か否かの判断がなされなければならない。しかし，その規定が投票価値の平等の原則に反するとしても，直ちに違憲との判断されるわけではない。なぜなら，随時変化していく人口の変化に定数配分規定が対応するには時間がかかるからである。そして，その立法改正に要する期間内，すなわち，合理的期間内であれば，裁判所は，違憲な状態であることは認めながらも合憲と判断せざるを得ないのである。

　(b)　定数配分規定の可分性　　配分規定を裁判所が違憲とする場合，その配分規定全体を違憲とすべきか，それとも，一部分を違憲とすべきか争いがある。定数配分規定を可分とみるか不可分とみるかによって結論が分かれる。定数配分規定の一部改正も，配分規定全体に対し，不均衡倍率の点で影響を及ぼすので，配分規定は不可分のもの，つまり，一体不可分のものとして理解するのが正当であろう。判例も同旨である（衆議院議員定数不均衡訴訟昭和51年判決）。

　(c)　いわゆる事情判決　　公選法219条によれば，選挙訴訟では，処分または裁決が違法であっても請求を棄却することを認める事情判決の法理（行政事件訴訟法31条）の規定の適用が排除されている。そこで，選挙訴訟では，定数配分規定を違憲としつつ，それにもとづく選挙を有効とすることはできないのではないかが問題となる。そうでないと公選法219条が骨抜きとなってしまうからである。それにもかかわらず，衆議院議員選挙の定数配分規定が争われた前出の51年判決は，事情判決の法理に含まれる「一般的な法の基本原則」にのっとり選挙自体はこれを無効としないとした。すなわち，判例は，行政事件訴訟法31条によらずに事情判決の法理を認めたのである。

　しかし，裁判所がこの判決を繰り返すことができるか否かは問題である。選挙訴訟においては，違憲な定数配分規定を違憲とし，その規定にもとづく選挙自体をも違憲無効としてしまうと，その国会議員がいなくなるという結果を招来し，定数配分規定を改正することができないという窮地に陥るため，この判決を繰り返すことができるとする見解もある。とはいえ，それでは，いつまでも国会の怠慢を許すことにもなりかねない。三権分立の原則に反するという批判もあるが，最初の事情判決の趣旨が無視され，合理的期間が経過した場合に

は，違憲無効判決を下し，最高裁自らが定数配分規定を修正できると解するのが妥当である。

3 被選挙権

被選挙権とは，議員等の地位に選ばれうる権利であり，選ばれる権利ではない。また，この権利は，立候補する権利ともいう。最高裁は，立候補の自由を15条1項の保障する重要な基本的人権のひとつとしてとらえている（最大判昭43・12・4刑集22巻13号1425頁）。この権利は，泡沫候補の出現の防止を目的とした供託金制度（公選法92条）や無所属の個人の立候補を認めない拘束名簿式比例代表制（同86条の2・3）との関係で問題となる。しかし，これらの点については，学説上充分な検討がなされているとはいえない。

また，知事や市町村長の多選を禁止する法制度の導入も立候補の自由との関係で問題となる。実際，アメリカ合衆国憲法では，大統領の三選が禁止されている（アメリカ合衆国憲法修正第22条）。強力な権力が一個人に集中すると，その濫用を伴うことが歴史上明らかとされているからである。日本でもこのような制度の導入を検討すべきである。

さらに，この被選挙権が問題となる制度として連座制がある。連座制とは，たとえば，親族，秘書及び組織的選挙運動管理者などが行った選挙犯罪行為に対して，立候補者が当選無効や5年間の立候補禁止の処分を受ける制度のことをいう（公選法251条の2・251条の3）。この連座制については，違法な選挙活動に影響を受けずに投票した者の選挙権が侵害されるのではないかという点に加えて，当選人の当選を無効とすること及び5年間の立候補を禁止とすることは，当選人の立候補の自由を侵害するのではないか否かについても問題となる。今後5年間の立候補を禁止することは，立候補の自由の侵害が問題となることに疑いがない。また，当選人の当選無効は実質的に公職に就いていない者（形式上は公職に就いている）の地位を否定するのであるから，この場合も立候補の自由が問題となるといえる。立候補の自由は，議員になりうる自由を含むからである。

なお，被選挙権が認められるためには，十分な知見や良識を兼ね備えている必要があることから，年齢制限が加えられている（公選法10条1項）。

衆議院議員	満25歳
参議院議員	満30歳
都道府県議会の議員	満25歳
都道府県知事	満30歳
市町村議会の議員	満25歳
市町村長	満25歳

　また，立候補するためには，日本国民でなければならない。さらに，都道府県議会の議員及び市町村議会の議員の被選挙権資格として，当該地方議会の選挙権を有する者であることが要求されている。

第6節　経済活動の自由および居住・移転・国籍離脱の自由

1　職業選択の自由
（1）　職業選択の自由の意味

　憲法22条1項は「何人も，公共の福祉に反しない限り，居住，移転及び職業選択の自由を有する」と定め，居住，移転の自由と職業選択の自由を保障している。職業選択の自由（22条1項），経済的自由のひとつである。経済的自由とは，職業の自由と財産権（29条）とからなる。この職業選択の自由とは，文字どおりの職業を選択する自由のみならず，その職業を遂行する自由をも含む。つまり，憲法上の「職業選択の自由」には，文字どおり職業を選択する自由とそれを遂行する自由の双方を含む。仮に特定の職業を選択できても，これを遂行できないのであれば職業選択を認める意味がないからである。広義の職業選択の自由と狭義のそれとの混同を避けるため，広義の方を単に職業の自由ということがある。

　さらに，職業選択の自由のなかには，銀行員になるなど雇われる職業を選択する自由と自らが営業主になる自由とを含む。後者は営業の自由といわれることもある。実際に紛争が多いのはこの営業の自由に関するものであり，そのうち，営業を遂行する自由ではなく，それを選択する自由について争われることが多い。これは，多くの職業で許認可制度がとられており，その職業を許可す

る基準の合憲性が問題となるからである。許可制をとっている職業の例として，風俗営業の許可，医師や弁護士の免許，質屋営業の許可，個人タクシーの免許があげられる。

(2) 規制目的と審査基準

(a) 目的区分論　職業選択の自由に対する規制の合憲性を判定する審査基準は，規制の目的によって異なると解するのが多数説である（目的区分論）。すなわち，社会経済政策的な目的（積極目的）の規制の場合には，緩やかな審査基準（明白性の原則等といわれる審査基準）でその規制の合憲性を審査するが，公共の安全等の警察目的（消極目的）の規制の場合には，やや厳しい審査基準（他に選びうる手段のないことという審査基準，いわゆるLRAの基準，言葉は同じであるが，表現の自由のLRAの基準よりはやや緩やかなものである）でその規制の合憲性を審査するという。そして，その論拠としては，主に，政策的な目的を有する積極目的の規制については，裁判所よりも国会の判断の方が優れているため，その判断を尊重すべきであるということが主張されている。

判例のなかにも，この目的区分論にもとづいて判断したとみられるものがある。消極目的と解した判例として，薬事法距離制限規定違憲判決があげられる（最大判昭50・4・30民集29巻4号572頁）。薬事法6条は，かつて，配置の適正を欠くと認める場合には薬局開設の許可を与えないことができるとし，その配置基準は都道府県条例で定めることとしていた。そして，県条例の配置基準に適合しないとして不許可処分を受けた原告は，右薬事法と県条例が憲法22条に違反し，受けた不許可処分が違法であるとして右処分の取消を求めた。この事件に対し，最高裁は，国民の生命及び健康に対する危険の防止という立法目的を達成する手段についてLRAの基準を用い，立法事実（法律の合憲性を支える一般的事実のことである。他方，司法事実とは，当事者に直接かかわる事実のことである）を詳細に検証したうえで違憲と判示した。

他方，積極目的と解した判例として，小売商距離制限規定事件判決があげられている（最大判昭47・11・22刑集26巻8号586頁）。小売商業調整特別措置法3条1項では，小売市場の許可に際し距離制限要件の定めをしている。これにもとづき，大阪府小売市場許可基準内規では，700メートルの距離制限が設けられている。そして，この距離制限に違反して小売市場を建設した会社及びその代表

第6節　経済活動の自由および居住・移転・国籍離脱の自由　151

者が起訴され罰金15万円が科された。そこで，被告人は，この許可規制及び距離制限が職業選択の自由に違反するものであるとして争った。この事件に対し，最高裁は，右距離制限規定の立法目的について，小売商を保護し社会経済の発展を企図することと解し，それを達成するための手段が著しく不合理であることが明白である場合に限って違憲となるとし，結局，この規定を合憲と判断した。

　また，生糸の一元輸入措置及び生糸価格安定制度を内容とする法律により安価な外国産生糸の購入ができなくなった織物業者が被った損害を賠償するよう国に求めた西陣ネクタイ事件において，最高裁は，積極的な社会経済政策の手段として，個人の経済活動に対して合理的規制措置を講ずる際，この規制が著しく不合理であることの明白な場合に限って，これを違憲とできると判示した（最3判平2・2・6訟務月報36巻12号2242頁）。この判決では，本件規制を積極目的と考え緩やかな審査基準を用いていると理解できよう。

　さらに，農業共済組合の区域内に住所を有する水稲などの耕作の業務を営み，その耕作面積が一定規模以上の者は，当該組合の組合員たる資格を有し，その組合員とされ，その資格喪失や死亡などの事由のない限り，任意に脱退できないという農業災害補償法の制度が職業の自由を侵害するか争われた事件で，最高裁は，その制度が国民の主食である米の生産を確保すると共に，稲作などの耕作をする自作農の経営を保護することを目的としており，立法府の政策的，技術的な裁量の範囲を逸脱するもので著しく不合理であることが明白であるとは認めがたいとして，職業の自由を侵害しないと判示した（最3判平17・4・26判時1898号54頁）。この判決は，積極目的であることを理由として，緩やかな審査基準を用いたと理解することも可能であろう。

　(b)　目的区分論の当否　　このように，以上の判例については，目的区分論を採用したとみることもできる。しかし，目的区分論で理解することが困難な判例も少なくない。たとえば，公衆浴場法2条2項及び3項では，公衆浴場の新規参入業者に対し，距離制限規定を設けているが，この規定を合憲と判断する最高裁が指摘する立法目的は，たとえば，国民保険及び環境，衛生の確保，既存公衆浴場業者の経営の安定を図るという，積極・消極双方の目的が語られているものもあれば（最大判昭30・1・26刑集9巻1号89頁，最3判平元・3・7判タ694号84頁），積極目的のみ示すものもある（最2判平元・1・20刑集43巻1号

1頁)。

　また，酒類販売業の免許制及び免許の要件を定めた酒税法9条及び10条10号が職業選択の自由に反するか否かが争われた事件でも，積極・消極目的のいずれか不明のまま，税収の確保ということを理由に合憲と判断された（最3判平4・12・15民集46巻9号2829頁）。右判決では，著しく不合理でない限りその規制が違憲とはならないと判示した。なお，この規定の合憲性についての最高裁判決は，平成10年にも多く出されたが，いずれも合憲との判断をしている（最3判平10・3・24刑集52巻2号150頁，最1判平10・3・26判タ973号112頁，最2判平10・7・3訟務月報45巻4号751頁，最1判平10・7・16訟務月報45巻4号807頁，もっとも，上記平成10年7月3日の判決は，憲法判断がなされていない）。

　このように，判例自身も目的区分論を明確にとっているとはいえない。また，この基準からは，文化財保護目的・環境保全目的による規制の場合に，積極目的または消極目的のいずれに分類するべきなのか明確ではない。さらに，公衆浴場法距離制限規定のように，ある立法が積極・消極双方の目的を有することも十分考えられよう。よって，目的区分論は有用なメルクマールとしてあまり機能しえないように思われる。また，立法目的と審査基準とを結びつけることについては，法理論的にも根本的な疑問がある。

　もっとも，小売商規定，薬事法，公衆浴場法に関する3つの判例の結論自体は妥当である。なぜなら，経済的弱者である小規模経営の集合体である小売市場は，大企業の進出と競争することは事実上不可能であり，保護の必要性が高いからである。また，公衆浴場についても，設備投資額が比較的大きく，転業が困難であるうえに，客単価が安く利益率が低いため経営者を保護する必要性が高いのである。しかし，薬局経営者は距離制限規定によって保護されるべきほどの経済的弱者とはいえないし，また，薬局の濫立によって，国民の健康・安全が脅かされるという事実もない。

2　財産権の保障

　憲法29条1項は「財産権は，これを侵してはならない。」と規定する。「財産権」には所有権その他の物権，債権，特許権，水利権等，広く，財産権的価値を有する権利が含まれる。また，この規定は，個人の主観的権利のみならず，

私有財産制度という客観的な法秩序をも保障している（最大判昭62・4・22民集41巻3号408頁）。

同項の文言からすると，個人の財産権は憲法上絶対的に保障されているように見える。しかし，その保障は相対的である。同条2項は「財産権の内容は公共の福祉に適合するやうに，法律でこれを定める。」とし，同条3項は「私有財産は，正当な補償の下に，これを公共のために用ひることができる。」としている。これら規定から，憲法は財産権の具体的な内容を法律に委ねている。ただし，その法律の内容は私有財産制度を前提に，「公共の福祉に適合」し，また，財産権を「公共のために用ひる」場合には「正当な補償」を行うものでなければならない。

(1) 財産権の制約

法律によって財産権の内容を定め，制約を行う場合，29条2項が「公共の福祉」を掲げていることは重要である。すなわち，財産権も他の人権と同様に，12条・13条を根拠にその行使には制約を受けるが，この制約は，「権利の濫用」を禁止するなど人権相互の調整のための最低限度の制約である。しかし，29条2項はさらに「公共の福祉」を掲げることによって，立法政策からする財産権への制約をも認める趣旨であるとされている。このように，その時々の立法政策から財産権の制約が可能であることを前提に，その制約が29条に違反しているかどうかを裁判所が判断する場合，いかなる審査方法がとられるべきであろうか。一般論としては，できるだけ立法者の判断を尊重し，立法者が著しくその判断を誤っているかどうか――憲法から見て，よりよい判断・選択が他にあるかどうかではなく――を審査することになろう。

(2) 最高裁の審査基準

財産権を制約する立法の合憲性を審査する場合，最高裁は一貫して「目的」と「手段」を検討している。当初は「目的」の正当性を重視して合憲判決を下す傾向があったが，次第に「手段」の相当性に力点をおくようになってきた。この「手段」については，財産権への制約の「程度」および「目的」の達成のためにその制約が必要であるかという「関連性・必要性」が問われている。

(a) 制約の程度と財産権の性質　この「程度」について検討する際には，「財産権の性質」が分析されることが多い。たとえば，最大判昭53・7・12民集

32巻5号946頁では，農地改革により国有とされた農地について，自作農創設の目的に供しないことを相当とする「事実」が生じた場合には，旧所有者が「買収対価相当額」で売り払いを求める権利が設定されていた。しかし，その後，この権利は変更され「市価の7割相当額」により売り払いを求めることができるにすぎなくなった。最高裁はこの変更は，29条に違反しないとし，その理由として，権利の性質に言及している。

すなわち，そもそも旧所有者は「事実」が発生したからといって，当然に売り払いを求める権利を取得するものではなく，また，その対価を買収対価相当額とされたのも，地価が高騰していなかった当時の状況を考慮したものであって，結局この権利は当時の政策判断から設定されたにすぎない。そこで，地価が高騰したことを受けて，権利自体の剥奪ではなく市価の7割で売り払いに応ずるとしたことは，合理的な立法政策の行使であり，29条に違反しないとした。

(b) 目的と手段の関連性・必要性　「目的」と「手段」の「関連性・必要性」を問題とするものとして，最大判平14・2・13民集56巻2号331頁がある。この事件では，上場会社の役員らが，自社株式の短期売買によって得た利益は会社に返還されねばならないとする証券取引法164条1項が問題になった。この法律の「目的」は役員らが会社の内部情報を不当に利用して株式の売買を行うことを防止し，一般投資家の利益と証券取引所の信頼を守ることである。しかし，そのための「手段」は，個々の取引における情報の不当利用や損害の発生を要件とせず，一律に，短期売買利益の返還を求めている。最高裁は，「不当利用」や「損害」を立証することは，取引の性質上困難であり，これらを要件とするならば「目的」は達成できないとして同条は憲法に違反しないと判断した。

同様に「関連性・必要性」の観点から違憲判決を下したのが最大判昭62・4・22民集41巻3号408頁である。森林法186条は，森林の細分化を防止し森林経営の安定を図ることを「目的」とし，そのための「手段」として共有森林の分割請求権を持分価格の過半数に限定した。しかし，最高裁は「手段」は「目的」をほとんど達成しないとした。すなわち，本条によって共有森林の分割請求権を制約しても，なお，共有者の協議による現物分割や過半数持分価格者による分割は許されているから，結局，細分化は避けられない。また，持分対等の共

有者の場合，森林経営の方針に対立が合っても分割できず，かえって森林は荒廃すると指摘した（なお，憲法29条3項に関わる財産権の制約と正当補償の議論については，第5章第9節参照）。

■**証券取引法による損失補てんの禁止と憲法29条**（最2判平15・4・18判時1823号47頁）

　証券会社が顧客との間でいわゆる損失補てん契約を締結していたところ，証券取引法の改正がなされて（42条の2第1項3号），その契約に基づく請求権の行使が許されなくなった場合，その顧客は改正法によって憲法29条の財産権を侵害されたかが問題となった。最高裁は，改正法の「目的」及び改正前に成立した請求権の行使を認めないとする「手段」は，立法目的達成のための必要性又は合理性に欠けるところはないとした。

　すなわち，証券会社による顧客の損失補てんを禁止する目的は，「投資家が自己責任の原則の下で投資判断を行うようにし，市場の価格形成機能を維持するとともに，一部の投資家のみに利益提供行為がされることによって生ずる証券市場の中立性および公正性に対する一般投資家の信頼の喪失を防ぐ」ことであり正当である。

　次に，すでになされた契約に遡及的に不利益を及ぼす手段の必要性・合理性については①改正法の存在にかかわらず，内閣府令に定める事故及び不法行為法上の救済により，顧客の損失に補てんがなされる余地が残されていること，②損失補てんは「元来，証券市場における価格形成機能をゆがめるとともに，証券取引の構成及び証券市場に対する信頼を損なう……反社会性の強い手行為である」とし，一定の制約に服することはやむをえないとした。

3　居住・移転・国籍離脱の自由

　居住・移転の自由は，自己の住所または居所を自由に決定できること，および，それを移転することを内容としている（22条1項）。この自由は，職業選択の自由とともに保障されているが，身体の拘束を受けないという内容を有するので，人身の自由のひとつともいえる。なお，この自由には，旅行の自由も含まれる。海外旅行の自由については，外国へ移住することに含まれると解し，22条2項によって保障されると解する説と，13条後段の幸福追求権に含まれる

と解する説との対立がある。

　国籍離脱の自由とは，文字どおり，日本国籍を離脱する自由のことである。理由のいかんを問わず日本国籍を離脱する自由を有する（22条2項後段）。もっとも，無国籍になる自由までは認められない。国籍法が，「外国の国籍を取得したときは，日本の国籍を失う」（11条1項）と定めているのは妥当である。

第7節　刑事手続上の権利

1　適正手続の保障

　31条では，「何人も，法律の定める手続によらなければ，その生命若しくは自由を奪われ，又はその他の刑罰を科せられない」と定めている。よって，文言上は，刑事手続の法定を要請しているだけのようにも理解できる。しかし，その法定されている刑事手続の内容が不公正なものであるとすると，刑事手続上の人権が著しく侵害されてしまう。また，同条がアメリカ合衆国憲法のデュープロセス条項に由来していることもあり，法定化される刑事手続の内容が適正であることについても同条が要請していると解される。

　同条で保障される刑事手続としては，上訴権，告知・聴聞などがあげられる（告知・聴聞という言葉は，主に行政法の分野で使われる言葉である（聴聞について，行政手続法第3章第2節参照））。また，裁判官の令状も重要な刑事手続のひとつであるが，これについては，33条・35条でカバーされよう。31条は，33条以下で保障されていないものについて規範的意味を有するものと解されるからである。なお，刑訴法上の強制処分法定主義（197条1項但書）は，この31条の要請に基づくものである。よって，強制処分は法定され，かつ，実質的にみて必要最小限度で適正なものでなければならない。

　これらの手続的権利のうち，告知と聴聞に関して問題となったケースとして，第三者没収事件がある。この事件では，被告人以外の所有物を没収する際に，その所有者に告知，弁解，防御の機会を与えていない関税法の規定について争われたが，最高裁は，このような没収は31条・29条に違反すると判示した（最大判昭37・11・28刑集16巻11号1593頁）。

　さらに，31条は刑事手続の適正のみならず，刑事実体面についての法定やそ

の適正を要求していると解する見解が通説である。刑事手続が法定化されかつ適正であっても、刑事実体法が不適正なものであれば、刑事裁判の公正は実現しないからである。

この刑事実体面の適正の要請とは、構成要件の明確性や罪刑の均衡などの規範内容を有している。構成要件の明確性が問題となった事件として、福岡県青少年保護育成条例事件がある。右条例では、青少年への「淫行」行為が禁止されており、その概念の意味が不明確であるとして争われた。この事件に対し、最高裁は、「淫行」とは、青少年に対する性行為一般をいうものではなく、①「青少年を誘惑し、威迫し、欺罔又は困惑させる等その心身の未成熟に乗じた不当な手段により行う性交又は性交類似行為」のほか、②「青少年を単に自己の性的欲望を満足させるための対象として扱っているとしか認められないような性交又は性交類似行為」をいうものと解すべきであるとし、そのような限定解釈は一般人にとって可能であると判示した（最大判昭60・10・23刑集39巻6号413頁）。しかし、単に「淫行」という文言では、その意味が国民に正しく明確に伝わるとは思われず、この判決の結論には疑問が残る。

2 不法に逮捕されない権利——逮捕における令状主義の原則

33条では、現行犯逮捕の場合を除いて、裁判官の発する犯罪を明示する令状がなければ逮捕されないと定められている。このように、逮捕の際に、原則として令状を要求した趣旨は、実質的な根拠のない恣意的な逮捕や不合理な逮捕を防止するということにある。なお、令状による逮捕を通常逮捕という。令状によらない逮捕としては、現行犯逮捕のほかに緊急逮捕がある。

現行犯逮捕の場合に令状主義が除かれているのは、誤認逮捕の虞が少ないからである。現行犯とは、現に罪を行い、または現に罪を行い終わったものをいう（刑訴212条1項）。しかし、刑訴法上は、固有の現行犯人のほかに、罪を行い終わってから間がないと明らかに認められる場合で、たとえば、犯人として追呼されているときには、準現行犯人というものも現行犯人とみなしている（同212条2項）。しかし、「罪を行い終わってから間がない」という解釈を緩やかにしてしまうと、令状主義に反する虞が生じるため、厳格な解釈が必要である。

さらに、刑訴法では、死刑又は無期若しくは長期3年以上の懲役若しくは禁

鋼にあたる罪を犯したことを疑うに足りる充分な理由がある場合で，急速を要し，裁判官の逮捕状を求めることができない場合，令状なしでの逮捕を認めている（緊急逮捕，刑訴210条）。このような緊急逮捕を33条の「現行犯」に含めることは，文言上困難である。しかし，銀行強盗などの凶悪犯罪が起き，検問で犯人であると確信を抱かせる人物を確認できたとしても，任意同行を求める以外に方法がないのでは，あまりに不合理である。また，刑訴法210条では，逮捕後，直ちに令状を求める手続をしなければならず，これが発せられないときは直ちに被疑者を釈放しなければならないとなっている。これらのことにかんがみると，緊急逮捕は，33条に反しないと解される。判例もこの緊急逮捕規定を合憲と判示した（最大判昭30・12・14刑集9巻13号2760頁）。

ところで，令状逮捕の原則には，逮捕前に被疑者に対する令状提示（刑訴201条1項），違法逮捕に対する救済措置（刑訴法上の条文なし）という内容が含まれるのか検討されなければならない。刑事手続の適正といっても，単に，令状がありさえすればよいというわけではないからである。仮に，これらの内容を33条の解釈で導くことが困難であるとしても，31条のデュープロセスによる要請と解するべきであろう。

なお，事前の令状提示については，被疑者の逃走防止などのため，身柄拘束と同時の令状提示が適法な場合もある。また，既にみたように，緊急逮捕の場合には，事前の令状提示をしなくとも許される。違法逮捕の救済措置について，最高裁は，逮捕による身柄拘束時間が短いことや刑訴法429条1項各号に準抗告の対象として「逮捕に関する裁判」は挙げられていないことなどを理由に否定しているが（最1決昭57・8・27刑集36巻6号726頁），疑問である。

3 不法に抑留・拘禁されない権利，弁護人選任権
(1) 不法に抑留・拘禁されない権利

34条前段では，「何人も，理由を直ちに告げられ，且つ，直ちに弁護人に依頼する権利を与へられなければ，抑留又は拘禁されない」と定めている。抑留とは，一時的な身柄の拘束のことをいい，拘禁とは，継続的な身柄の拘束のことをいう。いずれにしても，身柄拘束は被疑者にとって重大な不利益であるため，同条のような要件が要求されているのである。

さらに，拘禁は，抑留と異なり，継続的な身柄拘束であるため，「何人も，正当な理由がなければ，拘禁されず，要求があれば，その理由は，直ちに本人及びその弁護人の出席する公開の法廷で示されなければならない」と定められている（34条後段）。刑訴法上の，勾留理由開示制度は（82条以下），同条の要請にもとづくものである。

なお，刑訴法上，裁判官が被疑事実を告げ，被疑者の言い分をきかなければ，これを勾留することができないことになっている（刑訴61条・207条1項）。これは，憲法34条前段の要請とまでいえるかは争いがあるが，少なくとも適正手続の要請（31条）と解することはできよう。この制度のもとで，被告人は，逮捕後，初めて裁判官の面前で陳述できるのであり，ここで，身柄拘束という重大な処分に対し，司法権による告知と聴聞が保障されたと解されるため，極めて重要な制度である。なお，刑訴法上，弁護人の立会権までは認められていないし，憲法上もそのような要請があるとはいえないが，これを肯定することも適正手続の要請（31条）にかなうといえよう。

（2）弁護人選任権

身柄拘束を受けた被疑者・被告人は，既にみたように，弁護人選任権が保障されている（34条前段）。また，「刑事被告人は，いかなる場合にも，資格を有する弁護人を依頼することができる」と定められている（37条3項前段）。よって，被告人及び身体を拘束された被疑者の弁護人依頼権が，憲法上保障されている。さらに，刑訴法では，身体の拘束の有無を問わず，全ての被疑者に弁護人依頼権を保障している（刑訴30条1項）。結局，刑訴法上は，あらゆる被疑者・被告人に弁護人依頼権が保障されている。なお，弁護人選任権は，権利であるが，犯罪が重大な場合には，弁護人なしに審理することができないという必要的弁護の制度が設けられている（同289条1項）。

このように，弁護人選任権が保障されているのは，被疑者・被告人が，一般的にいって，法律的知識に乏しく，また，捜査や訴追されていることに関して動揺しており，このような場合に強力な権限を有する捜査機関を相手に自らの権利を守ることは難しいからである。さらに，被疑者・被告人は，無罪推定の原則（31条）の適用を受けるため，有罪判決までは犯人と決まったわけではないし，また，仮に真の犯人だとしても，不当に重い刑罰が科されてはならないの

であるから，弁護人の助力を受けさせるべきである。

そして，この弁護人選任権を実効的に保障するためには，身柄拘束の際，それを告知することが必要である。刑訴法上，逮捕（刑訴203条1項・204条1項・211条・216条），勾留（同77条・207条1項），勾引（同76条）されたとき，および，公訴の提起がされたとき（同272条，刑訴規177条）には，捜査機関等により，被疑者・被告人に対して，弁護人選任権が告知されることになっている。この告知も，34条前段及び37条の要請と解すべきであるが，最高裁は否定している（被疑者について，最大判昭28・4・1刑集7巻4号713頁）。

（3）接見交通権

被疑者・被告人が弁護人を選任できたとしても，自由にその弁護人と相談できなければ意味がない（接見交通権）。この接見交通権も34条前段の要請と考えるべきである。最高裁も，接見交通権を定めた刑訴法39条1項の規定が，憲法の保障に由来するものであることを認めた（最1判昭53・7・10民集32巻5号820頁）。それゆえ，検察官などが接見交通の日時等を指定することを認める刑訴法39条3項の「捜査のため必要があるとき」とは厳格に解釈されなければならない。

最高裁は，右規定を「捜査の中断による支障が顕著な場合」と解していたが（最1判昭53・7・10民集32巻5号820頁），その後，具体的には，「現に取調べ中であるとか，実況見分，検証等に立ち会わせているというような場合だけでなく，間近い時に右取調べ等をする確実な予定があって，弁護人の必要とする接見等を認めたのでは，右取調べ等が予定通り開始できなくなるおそれがある場合も含む」と判示した（最3判平3・5・10民集45巻5号919頁，最2判平3・5・31裁判集民163号47頁）。この判決はやや緩やかな解釈であるようにも思われる。しかし，最高裁も，逮捕直後の初回接見については，できる限り短時間であっても接見を認める措置をとるべきと判示しており（最3判平12・6・13民集54巻5号1635頁），初回接見の重要性にかんがみると妥当である。また，被告事件と被疑事件の勾留が競合しており，被告事件についてのみ選任された弁護人に対し，被疑事件の捜査の必要性から接見指定がなされたことが「公訴の提起前に限り」接見指定を許していることに反するのではないかが争われた事件で，最高裁は，被告事件について防御権の不当な制限にわたらないかぎり，そのよ

うな指定は許されると判示した（最2決平13・2・7判時1731号148頁，余罪である被疑事件について逮捕，勾留されておらず，かつ，弁護人が両事件で同一であった事件として，最3決昭41・7・26刑集20巻6号728頁，最1決昭55・4・28刑集34巻3号178頁）。

4 住居・所持品等不可侵の権利
(1) 捜索・押収における令状主義の原則

35条1項は，「何人も，その住居，書類及び所持品について，侵入，捜索及び押収を受けることのない権利は，第33条の場合を除いては，正当な理由に基いて発せられ，且つ捜索する場所及び押収する物を明示する令状がなければ，侵されない」と定めている。また，同条2項では，「捜索又は押収は，権限を有する司法官憲が発する各別の令状により，これを行ふ」と定めている。これらの規定は，プライバシー権及び財産権の保護と捜査の必要性との調整の観点から，令状を要求したうえで，プライバシー権侵害を認めたのである。

このように35条1項では，「侵入，捜索及び押収」について令状が要求されているが（正確には，押収とは刑訴法上の差押え，領置，起訴後の提出命令を含み，領置及び起訴後の提出命令に対しては，令状をとる必要性がない。領置は，任意提出が前提となっているからである（刑訴101条）。また，起訴後の提出命令は，その性質上，捜査機関による差押には準用されないからである（同99条2項）。令状は，基本的に中立的な機関とはいえない捜査機関による捜査の際に要求されるべきものである），これらは例示的列挙であり，同程度にプライバシー権侵害の度合いが強い捜査については令状主義が妥当する。刑訴法上，令状が要求されている捜査方法は，差押え・捜索・検証・鑑定の4つである（刑訴218条・223条・167条2項・168条2項）。さらに，特別法により令状が要求されている場合もある。たとえば，犯罪捜査のための通信傍受に関する法律においては，傍受令状が要求されている（同3条）。いずれも，プライバシー権の核心部分を侵害する場合だからである。

この令状は，刑事責任を追及しない場合であっても要求される場合がある。35条で令状を要求している趣旨は，個人のプライバシー権の保護にあるからである。旧所得税法にもとづく収税官吏の検査に，令状主義が適用されるか否か

について問題となった川崎民商事件において，最高裁も，刑事責任追及を目的としない行政手続における強制だからといって，それが当然に令状主義の保障の枠外にあるとはいえないと判示した（最大判昭47・11・22刑集26巻9号554頁）。

もっとも，この捜索・差押えの令状は，例外的に，33条の場合には不要である。33条の場合とは，逮捕した場合のことであり，通常逮捕，現行犯逮捕の場合のほか緊急逮捕の場合も含む。刑訴法はこれを受けて，「逮捕する場合」に「逮捕の現場」で，令状なしの捜索・差押え・検証を許容している（220条）。この場合には，適法な逮捕によって，既に被疑者のプライバシーは開かれているし，また，証拠の存在する蓋然性も高いからである（相当説）。学説の多数は，被逮捕者の抵抗を抑圧し，逃亡を防止するため及び現場の証拠の破壊を防止するための緊急の必要性から認められると解している（緊急処分説）。この説によれば，以上の目的を有する限り，捜索などが認められるので，被逮捕者の身体及びその直接の支配下にある範囲の証拠のみを収集できると解することになる。

令状では，捜索する場所及び押収する物を明示しなければならない。これは，いわゆる一般令状による一般的探索を禁止するためである。さらに，令状の事前の提示も同条，または，デュープロセス（31条）の要請するところと考えるのが妥当である（刑訴222条1項・110条）。この提示により，プライバシー権が侵害される理由が被疑者に告知されることになるからである。

(2) 新しい捜査方法と令状主義

35条との関係でとくに問題となるのは，新しい種類の強制捜査である。たとえば，盗聴や写真撮影といった捜査手法は，従来の強制捜査の類型から外れるものであるが，これらの捜査に令状が必要かという点が争われている。通説は，捜査が強制処分にあたる場合には，法定主義のみならず（刑訴197条1項但書），令状主義も妥当すると解している。つまり，捜査には強制捜査と任意捜査とがあり，前者には令状を要するが，後者には令状を要しないと考えているのである。

このように，強制処分といえるか否かが令状を必要とするか否かのメルクマールであるとするならば，この強制処分の概念が問題となる。最高裁は，この点について，「個人の意思を制圧し，身体，住居，財産等に制約を加えて強制的に捜査目的を実現する行為など，特別の根拠規定がなければ許容すること

が相当でない手段」を意味するものとした（最3決昭51・3・16刑集30巻2号187頁）。しかし、個人の意思を制圧しなければならないとすると、盗聴や本ケースの写真撮影のように、非常にプライバシー権侵害の程度の高い行為であっても、任意処分となり問題である。そこで、通説は、強制処分を重要な権利・利益の侵害行為の場合と考えている。

(a) 写真撮影　　まず、捜査で必要な相手の承諾なしに行う写真撮影が強制処分にあたるかについて検討する（ビデオ撮影も同様のことが問題となる）。個人の容貌がみだりに写されないという肖像権は、それが、屋外であってもプライバシー権の1つとして保障される重要な権利と考えるべきであろう。公的な場所に出れば、肖像権を放棄したといえると考える説もあるが、容ぼうを見られることまではプライバシー権を放棄していても、それを写真に撮ることまでは放棄していないと考えるべきである。よって、肖像権を侵害する写真撮影は強制処分であり、通説に従えば、この権利を侵害するには、令状が必要と解すべきことになる。

もっとも、写真撮影は検証であるため、法定化され令状が要求されているともいえるが、身体の写真撮影に関しては、刑事訴訟法において、特別に身体検査令状によることを要求している（刑訴218条1項）。身体の写真撮影は、肖像権の侵害となるのであって、通常の検証規定以外の特別な規定が必要と解すべきだからである。この令状が不要なのは、身柄拘束を受けている被疑者を裸にしないで写真撮影する場合だけである（同218条2項）。そうすると、本ケースのように身体拘束を受けていない場合に、容貌を撮影するためには、それが強制処分と解する以上、令状がやはり必要ということになる。しかし、このような結論は現実的とはいえない。写真撮影のような捜査が令状なしにできなければ、現に犯罪が起きていても、逮捕できない場合には、みすみす犯罪証拠を逃してしまうことになる。たとえば、自動車等のスピード違反の写真を撮ることはできないことになるが、このような結論は不当である。

そこで、最高裁は、デモ行進の許可条件に違反した先頭集団を写真撮影した事件で、①現に犯罪が行われもしくは行われたのち間がないと認められる場合であること、②証拠保全の必要性および緊急性があること、③その撮影が一般的に許容される限度をこえない相当な方法をもって行われることの3要件を満

たすことを条件に，そのような捜査が令状なしにできることを認めた（京都府学連事件，最大判昭44・12・24刑集23巻12号1625頁，さらに，自動速度取締り機については，最2判昭61・2・14刑集40巻1号48頁参照）。なお，この判決では，13条と35条について必ずしも別々に検討されていない。13条は肖像権という実体的権利，35条は令状主義という手続的権利について論じるもので，実体的権利との関係では，どのような場合に権利侵害が認められるか考察しなければならないが，その際に，どのような手続，ステップを踏む必要があるかという手続的権利との関係を別個に検討しなければならない。

　確かに，この判例の結論自体は正当なように思われる。しかし，この判例のいうとおり，35条の令状主義に反しないといえたとしても，法定主義との関係は解決されていない。法定主義は，刑訴法上の原則であるが，デュープロセス（31条）の要請にもとづくものである。法定主義とは，法律で定めなければならないという原則のことである。通説は，強制処分には，法定主義と令状主義の双方が妥当すると考えている。写真撮影が強制処分である以上この法定主義との関係も検討しなければならない。写真撮影は強制処分であり，法定主義を免れる理由も見当たらないことから，一定の要件のもとに令状なしに認められることを法定化すべきである。

　このように令状主義と法定主義は別個の概念であって，京都府学連事件のような要件のもと写真撮影が許されることが法律で定められていれば，（少なくとも事前の）令状まで要求しなくて良いように思われる。つまり，法定主義が妥当する強制処分に対し，論理必然的には，令状も必要であるということにはならないはずである。もっとも，このことは，手続的規制が不要であるということを意味せず，事後的にせよ，捜査の適正を確保するような手続的規制を整備することが必要であろう。

　(b)　電話傍受　　次に，電話傍受が強制処分にあたるか否かについて検討する。電話傍受は，通信の秘密（21条2項後段）を侵害するものであるため，強制処分にあたる。しかし，このような捜査方法は，とくに，麻薬や覚せい剤取引に関する犯罪で必要性が高く，以前は検証令状によって行われていた。この点について，最高裁は，電話傍受が通信の秘密を侵害し，個人のプライバシーを侵害する強制処分であることを認めつつも，検証令状によってそれを行うこと

はできると判示した（最2判平11・12・16刑集53巻9号1327頁）。確かに，このように考えれば，盗聴が法定主義や令状主義との関係における理論的難点はなくなる。

　しかし，盗聴の場合，事前に令状を提示できないなど，従来の検証令状では処理できない問題を抱えている。よって，盗聴に関しては，刑訴法上の検証とは異なる規制の法定化が必要と解すべきである。また，盗聴は，写真撮影の場合と異なり，事前に令状を要求することは十分可能であるから（提示することはできないが），令状主義も妥当すると考えるべきである。

　このような学説の批判を受けて，平成11年には，薬物関連犯罪・銃器関連犯罪・集団密航に関する罪・組織的な殺人の罪に限定して通信傍受を認める通信傍受法が制定されたため，法定主義と令状主義の点が問題になることが少なくなった。とはいえ，右法律では，犯罪と無関係な会話があった場合に，立会人が意見を述べることはできるが，電源スイッチの切断権までは与えられていないことや，そのような会話が録音された場合の消去請求が認められていないなどの救済措置が十分でないため，通信の秘密を侵害しており，内容が適正であることを要求している法定主義との問題を指摘する学説も有力である。

　なお，恐喝の電話などを傍受する場合は，恐喝を受ける側の同意があれば任意捜査として許されるのであって，令状などは必要ないと解される。なぜなら，この場合，発信者のプライバシー権保護の期待が低いからである。

（3）違法収集証拠の排除

　令状主義に反して押収された証拠物を公判でどのように扱うべきか，つまり，その証拠を証拠として排除すべきか問題となる（違法収集証拠の排除）。なお，供述証拠の排除である自白法則については後に述べる。この問題に対し，最高裁は，「令状主義の精神を没却するような重大な違法があり，これを証拠として許容することが，将来における違法な捜査の抑止の見地からして相当でないと認められる場合においては，その証拠能力は否定される」と判示した（最1判昭53・9・7刑集32巻6号1672頁）。右判例は，明らかに，この排除法則を刑事訴訟法上の原則であるという立場をとっているが，憲法31条や35条の要請と解するのが妥当であろう。排除法則を支える根拠としては，以上のように，採証のルールを保障した憲法は同時にルール違反の証拠の排除も予定していると

解する見解のほか，違法捜査を将来にわたって防止するための手段と考える抑止効説，違法捜査を裁判所が見逃せばその信頼性が損なわれてしまうと考える司法の廉潔性説とがある。判例の立場は必ずしも明瞭ではないが，抑止効説を採っているように思われる。

　この最高裁判決によって，違法の重大性と排除の相当性が認められれば，その証拠物が排除されることになった。しかし，右判例を含め，捜査手続の違法性を肯定しながらもその程度は重大でないなどの理由によって証拠の排除を認めたものはなく，その認定には異論もあった（最2判昭61・4・25刑集40巻3号215頁，最2決昭63・9・16刑集42巻7号1051頁，最3決平6・9・16刑集48巻6号420頁，最3決平7・5・30刑集49巻5号703頁，最3決平8・10・29刑集50巻9号683頁）。平成15年にようやく，尿及びその鑑定書を違法収集証拠として排除した判決が出された（最2判平15・2・14刑集57巻2号121頁）。この事件では，警察官が窃盗を理由に発付されていた逮捕状を携行せずに被告人を逮捕しておきながら，これを携行した上での逮捕であると報告書に虚偽の記載をなし，公判廷においても同様の証言をした。また，この逮捕を利用して任意の採尿を行ったところ覚せい剤の反応が出たという事件であった（なお，排除を認めなかったこの後の判例として，最1決平15・5・26刑集57巻5号620頁）。

5　被告人の基本的権利
（1）　公平な裁判を受ける権利

　37条1項は，「すべて刑事事件においては，被告人は，公平な裁判所の迅速な公開裁判を受ける権利を有する」と定めている。公平な裁判所とは，その組織と構成において不公平な裁判のおそれのない裁判所をいう（最大判昭23・5・26刑集2巻5号511頁）。そのために，裁判が迅速かつ公開で行われることが要求されている。ところで，刑事裁判に限らず，裁判の公開は，82条によっても要請されている。

　刑訴法上，公平な裁判所にするため，裁判官及び裁判所書記官の除斥，忌避及び回避の制度が定められている（刑訴20条～26条，刑訴規9条～15条）。なお，この規定は，厳密には，公平な裁判ではなく，公平な裁判所の裁判を受ける権利であることに注意を要する。裁判の内容が公平であるかどうかは神のみぞ知

ることだからである。

　裁判の迅速性が問題となった高田事件では，15年以上にわたって審理が中断していた。この事件で，最高裁は，37条1項を直接の根拠として，免訴判決により審理を打ち切った（最大判昭47・12・20刑集26巻10号631頁）。

（2）　反対尋問権・証人喚問請求権

　37条2項は，「刑事被告人は，すべての証人に対して審問する機会を充分に与へられ，又，公費で自己のために強制的手続により証人を求める権利を有する」と定めている。同条により，無辜の者の処罰を防止する狙いがある。この反対尋問権が保障されていない，いわゆる伝聞証拠は，原則として証拠として排除される。ところが，刑訴法の規定は，やや緩やかにこの排除原則の例外を認めているように解されるので（刑訴321条1項，とくに，2号後段の検面調書），厳格な解釈をすべきである。

　また，この反対尋問権の保障との関係で問題となる制度が，平成12年の刑事訴訟法改正で導入された証人の遮へい措置（刑訴157条の3）およびビデオリンク方式による証人尋問（同157条の4）である。前者の措置では，証人が被告人の面前で供述する際に，圧迫を受け精神の平穏を著しく害される虞があると認める場合であって，相当と認めるときは，被告人とその証人との間で一方からまたは相互の状態を認識することができないようにするための措置をとることができるし（同157条の3第1項本文），傍聴人との関係でも，相互に相手の状態を認識することができないようにする措置をとることができる（同条2項）。ただし，被告人から証人の状態を認識することができない措置をとる場合には，弁護人が出頭していなければならない（同条1項但書）。ビデオリンク方式による証人尋問を採用できる場合は，限定的に列挙されているが（同157条の4第1項），そこには包括的な規定もあり（同条同項3号），遮へい措置の場合と同様，裁判所に柔軟な対応が許されている。

　これらの制度の合憲性が近時争われた事件では，ビデオリンク方式に加え，証人と被告人及び証人と傍聴人との間で遮へい措置をとり，その尋問結果を傷害罪と強姦罪の有罪認定の証拠としたというものであった。最高裁は，それぞれの制度が合憲であると指摘し，さらに，ビデオリンク方式によったうえで被告人から証人の状態を認識できない遮へい措置がとられたとしても，被告人が

映像と音声の送受信を通じて証人の供述を聞き尋問することができ，弁護人による証人の供述態度の観察は妨げられないことを理由に，被告人の証人尋問権は侵害されていないと判示した（最1判平17・4・14刑集59巻3号259頁）。

なお，これらの制度は，裁判の公開原則との関係でも問題となるが，右判決では，審理が公開されていることに変わりはないとして，右原則に反しないと判示した。裁判の公開原則は絶対的なルールではなく，被害者などの証人を保護するという利益の調整からこの程度の制約は認められよう。

なお，被告人が有罪判決を受けた場合には，証人を求める費用を訴訟費用として被告人に負担させることができる（最大判昭23・12・27刑集2巻14号1934頁）。

6　自己負罪拒否特権・黙秘権，自白の証拠能力
（1）　自己負罪拒否特権・黙秘権

38条1項は，「何人も，自己に不利益な供述を強要されない」と定めている。自ら犯した罪を告白することは道徳的に尊いことであるが，刑事手続において，かつて「自白は証拠の女王である」として，過酷な糾問により自白獲得がなされた反省から，黙秘権が保障されるようになったのである。

条文上は，「自己に不利益な供述」となっているから，自己に利益となる事柄については，同条で保障されていないとも考えられる。事実，証人については，自己に不利益となる供述のみ供述義務が解除されると解されている（刑訴146条参照）。他方，被疑者と被告人については，自己にとって利益・不利益を問わず，供述拒否が認められるのか争われている。もっとも，被疑者及び被告人については，刑訴法上，包括的黙秘権が認められているので（刑訴198条2項・291条2項・311条），憲法上の議論は必要でないようにも思われる。

しかし，理論上，右刑訴法の規定が憲法上の要請か否かは検討されなければならないし，また，実際上，不利益事項以外の事項が憲法によって保障されるか否かによって，上告理由（刑訴405条1号）となるか否かの結論を左右するのでこの議論は重要である。この点について，最高裁は，被告人の氏名が，原則として不利益事項にあたらないと判示して上告を棄却しているため（最大判昭32・2・20刑集11巻2号802頁），被告人の包括的黙秘権を憲法上の要請とまでは考えていないようである。また，この黙秘権を実効的に保障するためには，被疑

者・被告人に対してこの権利を告知することも同条の要請と解すべきであるが（刑訴198条2項・291条2項参照），最高裁は，これを否定した（最3判昭25・11・21刑集4巻11号2359頁等）。

　具体的な捜査方法が，黙秘権侵害となるか争われているものとして，ポリグラフ検査（嘘発見器テスト）があげられる。この検査では，発問との対応で生理的変化を証拠とするのであり（よって，非供述証拠ではなく供述証拠である），生理的変化だけが独立して証拠となるわけではないのであるから，黙秘権侵害となると解するべきである。もっとも，被疑者がこの検査に同意すれば，黙秘権を放棄したことになる。最高裁は，刑訴法326条の同意がある事例で，検査結果回答書が作成されたときの状況などを考慮したうえ，相当と認めて証拠能力を肯定した原審の判断を正当と判示した（最1判昭43・2・8刑集22巻2号55頁）。また，ポリグラフ検査については，刑訴法上，関連性（証拠が要証事実の存否の証明に役立ちうる性質のこと）や伝聞性との関係でも問題となる。つまり，ポリグラフ検査の信憑性に疑問もあることからその関連性に疑問が提起されており，また，ポリグラフ検査結果回答書は書面であることから，伝聞証拠排除の原則との関係でも問題となる。

　黙秘権侵害にあたるか否かが問題となるケースとして，行政法規における報告義務などとの関係がある。所得税に関する調査のための質問・検査が黙秘権を侵害するものであるかが争われた事件で，最高裁は，行政手続にも38条1項が適用される可能性を認めたものの，具体的にはその適用を否定した（川崎民商事件：最大判昭47・11・22刑集26巻9号554頁，なお，最3判昭59・3・27刑集38巻5号2037頁も参照）。

　また，交通事故の報告義務を求める道路交通法の規定や麻薬取扱者に対して品名・数量などを所定の帳簿に記載することを義務づける麻薬及び向精神薬取締法の規定が，黙秘権侵害となるか問題となったケースもある。最高裁は，右道路交通法について，刑事責任を問われる虞のある事故の原因その他の事項までも報告義務の事項に含まれているわけではないことを理由に合憲と判示した（最大判昭37・5・2刑集16巻5号495頁）。また，麻薬取締法について，最高裁は，麻薬取扱者たることを自ら申請して免許された者は，麻薬取締法規による厳重な監査を受けその一切の制限や義務に服することを受諾しているものというべ

きことを理由として合憲と判示した（最2判昭29・7・16刑集8巻7号1151頁）。

同様に，医師が異状死体であると認めた場合に，所轄警察への届出義務を定めた医師法が黙秘権侵害となるか争われた事件で，最高裁は，届出義務の公益性が高いこと，犯罪行為を構成する事項の供述までも強制されないこと，医師免許は人の生命を直接左右する診療行為を行うことに伴う社会的責務を課すものであることを理由として，右規定を合憲と判示した（最3判平16・4・13刑集58巻4号247頁）。

このような行政法上の届出義務が，包括的黙秘権との折り合いをつけるのは理論的に困難である。しかし，その必要性は高く，結論としてこのような制度そのものが違憲であると解する学説は少数にとどまっている。そこで，具体的なケースでは黙秘権侵害を認める，という適用違憲の論理によって説明する学説も有力である。しかし，このような公益性の高い届出義務については，包括的黙秘権を端的に否定し，不利益供述強要禁止の原則との整合性を検討すべきであろう。そして，届出内容そのもの及びそれに端を発した証拠を利用して有罪立証しないという免責の法理を認めることで，黙秘権侵害であるという批判を回避すべきと解する。

（2） 自白の証拠能力

38条2項は，「強制，拷問若しくは脅迫による自白又は不当に長く抑留若しくは拘禁された後の自白は，これを証拠とすることができない」と定めている（自白法則）。強制によるような自白については，証拠の適格，つまり証拠能力を否定することによって，自白偏重主義に歯止めをかけようというものである。刑訴法では，憲法上列挙されている事項に加えて，「その他任意にされたものでない疑のある自白」についても証拠能力を否定している（刑訴319条1項）。

ところで，自白法則が認められる根拠としては，次の3説の争いがある。すなわち，不任意自白などはうそのおそれがあるので排除されると考える虚偽排除説，憲法38条2項を同条1項の黙秘権の担保規定と解し，黙秘権に反して自白が獲得されたときの効果を同条2項が定めていると解する人権擁護説，非供述証拠に関する違法収集証拠排除法則とパラレルに供述証拠に関する自白法則を考える違法排除説である。違法排除説は，条文で列挙された場合をこえて排除されるべき自白があると解する傾向にある。しかし，この刑訴法の規定の部

分についても，憲法上の要請と考えられる（同一説，最大判昭45・11・25刑集24巻12号1670頁）。

　排除される自白の範囲については，この自白法則の根拠論とも絡んで激しい争いがある。最高裁のなかには，宿泊を伴い5日間にわたって取調べ（高輪グリーン・マンション殺人事件）や徹夜に及ぶ22時間の取調べの結果得られた自白の任意性を肯定したものがある（最2決昭59・2・29刑集38巻3号479頁，最3決平元・7・4刑集43巻7号581頁）。なお，不任意の自白といわれることがあるが，文言上，不任意の虞があれば，その自白が排除されることになっていることに注意を要する。

　さらに，38条3項は，「何人も，自己に不利益な唯一の証拠が本人の自白である場合には，有罪とされ，又は刑罰を科せられない」と定め，自白以外のそれを補強する他の証拠が必要であるとしている（補強証拠法則）。これも，自白を偏重した捜査を防止する趣旨である。この規定は，自白がかなり詳細であり，自白のみで裁判官が合理的疑いを入れない程度に有罪の心証を形成できる場合にこそ意味を有する。自白のみで，右程度に心証形成ができなければ，他の証拠が必要なことは，疑わしきは被告人の利益にという原則（31条）から当然要請されるからである。なお，補強証拠適格の問題として，自白はいくら積み重ねても補強証拠とならないはずであるが，最高裁は，捜査を意識しないメモは例外的に補強証拠となると判示した（最2決昭32・11・2刑集11巻12号3047頁）。

　本条で問題となるのは，「本人の自白」には，公判廷での自白も含まれるのかということである。最高裁は，公判廷の自白に高度の任意性があること，その真実性は裁判所で十分判断できることを理由に，38条3項の「本人の自白」にあたらないと判示した（最大判昭23・7・29刑集2巻9号1012頁）。公判廷の自白と公判廷外のそれとでは自白の信用性に格段の差があること，そして，英米では，伝統的に自白とは法廷外のものを指すと解されていることを理由に，この判例を支持する学説もある。しかし，学説の多数は，38条3項がそのような区別をしていないことなどを理由に反対している。もっとも，現在は，刑訴法319条2項により公判廷における自白であると否とを問わず，補強証拠を要求している。

　また，共犯者の供述（自白）も共犯者に仕立てようとの引っ張り込みや相手へ

犯罪を押しつけようという危険があるため,「本人の自白」に含めて考えるべきかについて問題となっているが,最高裁は一貫して否定している(最大判昭33・5・28刑集12巻8号1718頁等)。よって,共犯者の供述のみで有罪とされてしまう危険性がある。

7　遡及処罰の禁止・二重処罰の禁止

　39条前段は,「何人も,実行の時に適法であつた行為又は既に無罪とされた行為については,刑事上の責任を問はれない。」と定めている(遡及処罰の禁止,事後法の禁止)。また,39条後段は,「同一の犯罪について,重ねて刑事上の責任を問はれない」と定めている(二重処罰の禁止)。

　二重処罰の禁止の原則は,二重の危険の防止にその根拠が求められる。最高裁は,第1審から最高裁までの一連の手続を1つの危険と考えて,検察官上訴制度を39条に反しないと判示しているが(最大判昭25・9・27刑集4巻9号1805頁),異論も多い。

8　刑事補償

　40条は,「何人も,抑留又は拘禁された後,無罪の裁判を受けたときは,法律の定めるところにより,国にその補償を求めることができる」と定めている。この規定を受けて,刑事補償法4条1項では,1,000円以上12,500円以下の範囲で補償が認められるものと定めている。また,死刑の執行による補償については,同法同条3項により,3,000万円以内で補償がなされることになっている。多数説は,文字どおり,「無罪の裁判」を受けないと保障が認められないと解している。最高裁は,少年事件の不処分決定が,刑訴法上の手続とは性質を異にすることを理由に「無罪の裁判」には当たらないと判示した(最3決平3・3・29刑集45巻3号158頁)。しかし,非行事実が認められないことを理由とする不処分決定は,無罪の判決に等しいというべきである。このような批判を容れる形で,平成4年には,少年の保護事件に係る補償に関する法律が制定された。もっとも,右法律では,少年補償の決定に不服があった場合に,抗告が認められていない。その点が14条・32条に反することを理由として争われたが,最高裁は,抗告を認める規定がない以上,それは認められないと判示した(最2決

平13・12・7刑集55巻7号823頁)。しかし，刑事補償法19条1項を準用し，これを認めるべきであるように思われる。

9 その他の刑事手続上の原則

36条は，「公務員による拷問及び残虐な刑罰は，絶対にこれを禁ずる」と定めている。死刑が「残虐な刑罰」にあたるか争いがあるが，最高裁は，死刑も他の刑罰と同様に，その執行方法等がその時代と環境において人道上の見地から残虐性を有すると認められる場合には，残虐な刑罰に当たるとする一般論を述べつつも，これを否定した（最大判昭23・3・12刑集2巻3号191頁）。

また，刑事手続上に限られた原則ではないが，18条は，「何人も，いかなる奴隷的拘束も受けない。又，犯罪に因る処罰の場合を除いては，その意に反する苦役に服させられない」と定められている。

第8節 社 会 権

社会権とは，病気や失業などにさいし，本人の能力によっては経済的に安定した社会生活を送ることのできない国民のために，20世紀に入り認められ，確立されたものである。その嚆矢は，ワイマール憲法第151条1項である。この「社会権」に含まれるものとして，憲法は，生存権，教育権，勤労権，労働基本権などを保障する。

1 生 存 権
(1) 意 義

憲法は「① すべて国民は，健康で文化的な最低限度の生活を営む権利を有する。② 国は，すべての生活部面について，社会福祉，社会保障及び公衆衛生の向上及び増進に努めなければならない」(25条) と定める。

この条項は，第1項において，生存権の権利内容の核心部分である，健康で文化的な最低限度の生活を確保するための権利を保障し，第2項において，広く国民に，より健康で，より文化的な生活を営む権利を保障する（前者を生存権，後者を生活権と命名する論者もある）。前者の権利主体は，救済を必要とする状態にある国民（たとえば老齢，幼弱，疾病，身体障害などの理由から，みずか

らの経済生活をみずからの労働で営みえない経済的弱者）に限られるが，後者のそれは，国民一般である。

　第1項と第2項の関連については，一体として把握し，両者により生存権が保障されると解するのが一般的である。しかし第1項と第2項は別個の規範内容をもつ（すなわち前者は防貧施策を目標とし，後者は救貧施策を目標とする）と解する説もある（「堀木訴訟」控訴審判決は，この第1項・第2項峻別論を採用した；大阪高判昭50・11・10行裁例集26巻10＝11号1267頁）。

（2）　法 的 性 格

　憲法25条は本来的には請求権的側面をその性格とするものである。なお最近ではその自由権的側面についても強調される。しかしその法的性格がいかなるものかについて一般に論じられるのは，請求権的側面においてであり，次の3つの学説に大きく分かれる。

　(a)　プログラム規定説　　憲法の規定のなかには，ときとして立法府に対する単なる政治的指針ないし道徳的綱領を定めた，法的拘束力をもたない規定がある。生存権の規定はこの種の規定すなわちプログラム規定である。したがって国が生存権規定に違反し，「健康で文化的な最低限度の生活」の保障を怠ったとしても，単に不当であるにすぎなく，違憲の問題は生じない。

　(b)　抽象的権利説　　25条1項は単なるプログラム規定ではなく，国民に法的権利として生存権が帰属することを保障したものである。しかし，同条項は抽象的な規定にすぎないことから，この規定を根拠に裁判所に訴訟を提起することによって具体的な権利を主張できることは認められない。ちなみにこの説が通説である。

　(c)　具体的権利説　　生存権規定は，国の積極的作為を命ずるものであり，その侵害は国の不作為により引き起こされる。国が立法措置などをしないことにより「健康で文化的な最低限度の生活」が保障されない場合，生存権を侵害されている国民は，立法府の不作為の違憲確認訴訟を提起することができる。

　最高裁判所は，「朝日訴訟」において，25条1項は「直接個々の国民に対して具体的権利を賦与したものではない。具体的権利としては，憲法の規定の趣旨を実現するために制定された生活保護法によって，はじめて与えられているというべきである」とした（最大判昭42・5・24民集21巻5号1043頁）。なお「堀木

訴訟」においては，生存権は具体的な権利ではないとしつつも，立法府には広範な裁量権が認められ「著しく合理性を欠き明らかに裁量の逸脱・濫用と見ざるをえないような場合」にはじめて違憲になるとした（最大判昭57・7・7民集36巻7号1235頁）。

ちなみに生存権の自由権的側面について簡単に触れておくならば，国民には国の積極的行為により「健康で文化的な」生活が侵害されない自由がある。たとえば，法律によって生活困窮者に高額の税金を課する場合にこの問題が生ずると解される。

(3) 内　　容

憲法25条により保障される内容は，まず第1に「健康で文化的な最低限度の生活」である（生存権の保障）。そして，第2に国民の現在の生活水準も考えられる（生活権の保障）。

「健康で文化的な最低限度の生活」とは，人たるに値する生活，すなわち人間の尊厳を確保できる生活を営むために必要不可欠な条件を備えている生活を意味する。なおこのような「最低限度の生活」水準（つまり生活保護の水準）が憲法上確定していると考えることについては従来から疑問が提起されており，最高裁判所は，前記の「朝日訴訟」において「健康で文化的な最低限度の生活なるものは，抽象的な相対概念であり，その具体的内容は，文化の発達，国民経済の進展に伴って向上するのはもとより，多数の不確定的要素を綜合考量してはじめて決定できるものである。したがって，何が健康で文化的な最低限度の生活であるかの認定判断は，いちおう，厚生大臣の合目的的な裁量に委されており，その判断は，当不当の問題として政府の政治的責任が問われることはあっても，直ちに違法の問題を生ずることはない」とした。

また25条は国民の現在の生活水準をも保障すると説かれる。国民は，社会扶助（いわゆる生活保護）とは別に，国民年金法や健康保険法，国民健康保険法などにより社会保障を受けている。これは，一部の生活困窮者のための保障ではなく，すべての国民のための保障である。これは，年金の引下げに関して論じられる問題である。

なお，公害問題が続発しその被害が拡大するにともなって，環境を保全ないし回復することにより国民の健康をまもる権利として「環境権」が提唱される

にいたった。

環境権の憲法上の根拠については，25条説，13条説，25条・13条併用説などがあり，学説の多くは，生存権の1つの内容として論ずる。しかし判例においては，「環境権」の観念は認められてない。ちなみに「大阪空港公害訴訟」において，控訴審判決は「個人の生命，身体，精神および生活に関する利益は，各人の人格に本質的なものであって，その総体を人格権ということができ，このような人格権は何人もみだりにこれを侵害することは許されず，その侵害に対してはこれを排除する権能が認められなければならない。このような人格権に基づく妨害排除および妨害予防請求権が私法上の差止請求権の根拠となりうるものということができる」と述べた（大阪高判昭50・11・27判時797号36頁）。

(4) 判 例

生存権に関する判例としては，とくに，次のような事件に関する判例が重要である。

■食糧管理法違反事件

ヤミ米を購入して食糧管理法違反に問われた者が，国民が不足食糧を購入することは25条の保障する「生存権（生活権）」の行使にあたると主張した事件である。最高裁判所は，憲法25条の保障する権利は具体的・現実的なものではないとした（最大判昭23・9・29刑集2巻10号1235頁）。

■朝日訴訟

厚生大臣の保護基準による日用品費600円の基準金額が25条，生活保護法1条ないし5条に反するとして，厚生大臣の却下処分の取消を求めて提起された事件である。第1審は，本件保護基準は「健康で文化的な生活水準」を維持することができないとしたが，第2審は，「健康で文化的な生活水準」は，固定的なものではなく多数の不確定要素を綜合して考えるべきであり，本件保護基準は「すこぶる低額」ではあるが違法とまで断定できないとした。最高裁は，生活保護受給権は一身専属の権利であるとして原告の死亡により訴訟を終了させた上で，念のためとして，上記に引用された趣旨の判決を下した（最大判昭42・5・24民集21巻5号1043頁）。

■堀木訴訟

障害福祉年金と児童扶養手当の併給が認められないことが憲法第25条などに

違反するとして提起された事件である。第1審は，併給禁止を14条に違反するとしたが，第2審は，併給禁止規定は，立法府に任された裁量権の著しい逸脱，濫用が認められないとした。最高裁判所は，25条の趣旨にこたえて具体的にどのような立法措置を講ずるかの選択決定は，立法府の広い裁量に委ねられており，本件の併給禁止は，著しく合理性を欠き明らかに裁量の逸脱・濫用であるとはいえず，立法府の裁量の範囲に属するとした（最大判昭57・7・7民集36巻7号1235頁）。

■秋田生活保護預貯金訴訟
　生活保護受給者が将来の生活のために行った預貯金を資産の一部と認定し，福祉事務所長がその分の生活扶助費を減額したことについて提起された事件である。第1審裁判所は，預貯金の目的が，最低限度の生活の保障の目的に反せず，また国民一般の感情から違和感を覚える程度の高額のものでないかぎり，当該生活保護受給者は，その預貯金を保有しうるとし，所長の処分を取り消した（秋田地判平5・4・23判時1459号48頁）。

2　教育権（教育を受ける権利）
（1）意　義
　憲法は「①すべて国民は，法律の定めるところにより，その能力に応じて，ひとしく教育を受ける権利を有する。②すべて国民は，法律の定めるところにより，その保護する子女に普通教育を受けさせる義務を負ふ。義務教育は，これを無償とする」（26条）と定める。

　この条項は，すべての国民が教育を受けることにより人間的に成長・発達していく権利を有することを前提に，経済的な理由などによりその権利の実現ができない国民のために，国に対して条件整備を要求することができるとして，教育権（教育を受ける権利：「学習権」ともいわれる）を保障したものである。

　憲法により保障される教育権の主体は「国民」である。この国民のなかには，児童・生徒・学生のほか，成人も含まれる。また外国人も原則的に含まれる。そして「教育を受けさせる義務」の主体は，就学児童・生徒の保護者（親権者ないし後見人）である。民法は「親権を行う者は，子の監護及び教育をする権利を有し，義務を負う」（820条）と定める。

(2) 法的性格

　教育権の法的性格としては，本来の請求権的側面のほかに，自由権的側面も説かれる。前者の場合には，国民は国に対して教育条件の整備を求めることができる。教育基本法は「国及び地方公共団体は，能力があるにもかかわらず，経済的理由によって修学が困難な者に対して，奨学の方法を講じなければならない」（4条3項）と定める。また学校教育法は「都道府県は，……特別支援学校を設置しなければならない」（74条1項）と定める。ただしこの請求的側面においては，国の裁量権の範囲が広く認められる。

　一方後者の場合には，国民は，内容において自由・公正な教育を受けることができる。教育基本法は「法律に定める学校は，特定の政党を支持し，又はこれに反対するための政治教育その他政治的活動をしてはならない」（14条2項）と定め，さらに「国及び地方公共団体が設置する学校は，特定の宗教のための宗教教育その他宗教的活動をしてはならない」（15条2項）と定める。

(3) 内　　容

　教育権の内容（教育内容）の決定権の帰属に関しては，その決定権は国民にあるとする「国民の教育権」説とそれは国家にあるとする「国家の教育権」説とが対立していたが，最高裁判所は，子どもの学習権について争われた「旭川学力テスト事件」において，「いずれも極端かつ一方的であり，そのいずれも全面的に採用することはできない」とした（最大判昭51・5・21刑集30巻5号615頁：なお最高裁判所は，国は，必要かつ相当と認められる範囲において，教育内容についても決定権を有するとした）。

　それでは国民の受ける教育権の内容はいかなるものなのか。それは前述のように基本的に国に任されるが，憲法は「その保護する子女に普通教育を受けさせる義務を負ふ」(26条2項前段)と定める。この文言によると，保護者に義務づけられる結果すべての国民に保障されるのは「普通教育」である。この普通教育とは，職業教育や専門教育とは異なり，一般的かつ基礎的な教育である。教育基本法は「国民は，その保護する子女に，9年の普通教育を受けさせる義務を負う」（4条1項）と定める。実際には，憲法26条により保障される「普通教育」とは，小学校6年間と中学校3年間の義務教育を意味することになる。

　また憲法は「義務教育は，これを無償とする」（26条2項後段）と定める。こ

の「無償」の範囲については，授業料の無償をもって足りるとする説と，就学に必要最低限度の金品についてはすべて無償であるとする説とが大きく対立する。最高裁判所は，「教科書費国家負担請求事件」において，26条2項後段の意味は，国が義務教育を提供するにつき有償としないことを意味するものであるが，同条項の無償とは授業料不徴収の意味と解するのが正当であるとした（最大判昭39・2・26民集18巻2号343頁）。

（4）判　　例

教育権に関する判例としては，次のような判例が重要である。

■旭川学力テスト事件

全国中学校一斉学力調査（学力テスト）に反対する者が実力阻止行動に及んだために公務執行妨害罪などで起訴された事件である。第1審および第2審は，本件学力テストの実施には甚だ重大な違法があり，公務執行妨害罪は成立しないとした。しかし最高裁判所は，本件学力テストは適法であったと判断しつつ，次のような憲法論にかかわる判断を下した。すなわち，①教育内容決定権の帰属については「国民の教育権説」も「国家の教育権説」のいずれも全面的に採用できない，②第26条の背景には，国民各自が，一個の人間，また一市民として，成長，発達し，自己の人格を完成，実現するために必要な学習をする固有の権利を有するとの観念が存在する，③普通教育においても，教師には「学問の自由」が保障されるけれども，子どもの側の批判能力の欠如，学校や教師を選択する余地の不充分さ，全国的に一定の教育水準を確保する要請などから，完全に保障されるわけではない，④学校教育の領域では，国は，国政の一部として広く適切な教育政策を樹立，実施すべく，また子どもの成長に対する社会公共の利益と関心にこたえるため，必要かつ相当と認められる範囲において，教育内容について決定する権能を有する，⑤親の教育権の自由は家庭教育や学校選択の自由にあらわれる，などである（最大判昭51・5・21刑集30巻5号615頁）。

■教科書検定制度と教育権

検定制度が26条が保障する教育権を侵害しないのかについて，最高裁判所は，「第一次家永教科書検定事件」において，憲法上国は必要かつ相当と認められる範囲において，子どもに対する教育内容を決定する権能を有する。児童・生徒の側にはいまだ授業内容を批判する十分な能力が備わっていないこと，学校・

教師を選択する余地も乏しく教育の機会均等をはかる必要があることなどから，教育内容が正確かつ中立・公正で，全国的に一定の水準であることが要請されるのであり，検定制度は教育権を侵害しないとした（最3判平5・3・16民集47巻5号3483頁）。

■**身障者の教育権**

市立尼崎高校を受験した者が，学力は合格点に達していたが，進行性の筋ジストロフィー症にかかっていたため，高校の全課程を履修する見込みがないとして不合格になり，その取消しを求めた事件において，神戸地方裁判所は，「原告が本件高校の全課程を履修することは十分可能であると認めるのが相当である」。「少なくとも，普通高等学校に入学できる学力を有し，かつ，普通高等学校において教育を受けることを望んでいる原告について，普通高等学校への入学の途が閉ざされることは許されるものではない」とした（神戸地判平4・3・13行裁例集43巻3号309頁）。

■**私立高校超過学費請求事件**

子女を私立高校に通学させている親が，公立高校との学費の差額は，26条が定める教育条件整備に関する法的義務を怠る違憲の不作為であるとして提起した事件である。大阪地方裁判所は，26条は国会・内閣に対する法的義務を定めたものであり，教育条件整備についての国会・内閣の裁量権の踰越（逸脱）があった場合には司法的救済が可能である。ただし，26条は国会・内閣に広い裁量権を認めており，本件においてその濫用があるとはいえないとした（大阪地判昭55・5・14判時972号79頁）。第2審判決もこれを支持した（大阪高判昭59・11・29判タ541号132頁）。

3　勤　労　権
（1）意　義

憲法は「すべて国民は，勤労の権利を有」すると定める（27条1項）。

この条項は，国がすべての国民に対し，勤労の機会を提供すべき義務を負い，そしてこの義務が果たせない場合には，失業中の国民の生活を保障すべき義務を負うことを求める。この結果，国民はこのような義務に対応する権利を有する。

ワイマール憲法は「すべてのドイツ人に，その経済的労働によってその生活資料をもとめることを得るべき機会を与えることを要する。適当な労働の機会を与えられない者に対しては，必要な生活費を支給する」(163条2項)と定めたが，憲法27条1項はこの規定と共通の歴史的性格を有する。
（2）　性格および内容
　勤労権は，国民がおのおのの勤労の機会を具体的に要求することができることを保障するものではない。それは，国が一定の労働政策ないし社会政策的措置をとるべきことを要求する権利を保障する（勤労権の請求権的側面）。たとえば，職業紹介制度，雇用保険制度，職業教育施設の設置を要求する権利が含まれる。さらに勤労権は，労働者が使用者の解雇権の濫用から勤労権を侵害されないこと（勤労権の自由権的側面）を前提に，私企業における解雇権の濫用から労働者を保護するための立法を要求する権利を含むとも解される。
　勤労権の請求権的側面については，法的性格が問題となる。学説の多数は，資本主義社会においては国がすべての国民に具体的に勤労の機会を保障することの不可能であることをおもな理由として，この規定は国に政治的義務を負わせたにすぎず，したがって国民は勤労権の保障を，裁判に訴え主張することができないとする。これに対しては，立法府に任される裁量権の踰越(逸脱)などの場合には，勤労権の侵害に対しては，国家賠償請求訴訟や不作為違憲確認訴訟が認められるとの学説が説かれる。
　さらに憲法は，「賃金，就業時間，休息その他の勤労条件に関する基準は，法律でこれを定める」(27条2項)と定める。自由主義経済のもとでは，元来「契約自由の原則」が妥当し，労使間の契約も自由であったが，憲法は，福祉国家原理のもとに，国が立法作用を通じて勤労条件に積極的に関与すべきものとしたのである。労働基準法は，これを受けて，「労働条件は，労働者が人たるに値する生活を営むための必要を充たすべきものでなければならない」(1条1項)として，労働条件等についての諸原則を定める。
　また憲法は，「児童は，これを酷使してはならない」(27条3項)と定める。労働関係においてはもちろん，労働関係以外においても，児童を酷使することは許されない（参照，児童福祉法，少年法など）。

4 労働基本権

(1) 意　義

憲法は「勤労者の団結する権利及び団体交渉その他の団体行動をする権利は，これを保障する」(28条)と定める。

この条項は，使用者との関係において経済的弱者の地位にある勤労者に労働基本権（「労働三権」ともよばれる）を保障することにより，労働契約における実質的平等を確保しようとする。

同条項は，労働基本権の主体を「勤労者」とする。この勤労者とは，労働者と同じ意味であると一般に解される。労働組合法は「この法律で『勤労者』とは，職業の種類を問わず，賃金，給料その他これに準ずる収入によつて生活する者をいう」(3条)と定める。公務員や失業中の労働者，さらに外国人も含まれる。

(2) 内　容

(a) 団結権　「団結権」とは，労働条件について団体交渉を行う目的をもって，個々の「勤労者」（労働者）が団体（労働組合）を結成して，あるいはこれに加入し，共同行為を行う権利である。

団結権の内容としては，国との関係において，労働組合の結成・運営・解散の自由が認められることや，国に対して一定の労働立法（たとえば「不当労働行為」に関する規定など）を要求する権利などが含まれる。また使用者との関係において，労働者の団結権を実質的に阻害する行為（「不当労働行為」など）を行うことを禁ずる作用が含まれる。さらに組合員との関係において，労働組合がその組織を維持し団結を強めるため，組合員に対して一定の規制を加えることが含まれる。これは労働組合の統制権ともいわれる。

労働組合の統制権が組合員の立候補の自由と対立した事件があった。最高裁判所は，「三井美唄事件」において，立候補の自由は15条1項により保障される基本的人権の1つであり，組合がその目的のために，立候補を思い止まるよう勧告または説得することは当然に認められるが，立候補を取りやめることを要求し，従わないことを理由に当該組合員を統制違反者として処分することは違法であるとした（最大判昭43・12・4刑集22巻13号1425頁）。

(b) 団体交渉権　「団体交渉権」とは，労働者がその団体をとおして使用者

と労働条件について交渉し，労働協約などを締結する権利である。

　団体交渉権の内容としては，国との関係において，正当な団体交渉には刑罰が科されないことや，団体交渉権を実現するための何らかの措置（団体交渉を拒否することの禁止立法など）を国に要求する権利などが含まれる。また使用者との関係において，正当な行使には使用者などから不法行為による民事責任を追及されないことや，団体交渉に応ずるべきことを義務づける作用などが含まれる（労組7条2号）。

　(c)　団体行動権　　「その他の団体行動をする権利」とは，「争議権」を意味すると一般に解される。

　一般に「争議行為」といわれるものは，ストライキ，怠業，ピケッティング，生産管理などである。ただし憲法により保障されるのは「正当な」争議行為である。

　団体行動権の内容としては，国との関係において，「正当な」争議行為には刑事責任が課されないこと（労組1条2項）や，争議行為が現実に保障されるために何らかの措置を要求する権利などが含まれる。また使用者との関係において，「正当な」争議行為には民事責任が追求されないこと（同8条）が含まれる。

（3）　限　　界

　労働基本権といえども，当然に内在的制約に服する。議論の中心をなすのは，争議権の限界である。

　(a)　「正当な」争議行為　　憲法により保障されるためには，「正当な」争議行為でなければならない。争議行為が「正当」なものか否かは，目的が正当なものか，手段・方法が正当なものか，また刑事責任が問題になるのか，民事責任が問題になるのかなどに留意しつつ，利益衡量を行うことが重要である。

　「暴力の行使」が「正当な」争議行為に含まれないことは明らかである。ただし「ピケッティング」が一律に暴力の行使であるとされることは許されない。

　また生産管理が「正当な」争議行為なのかについても議論がなされるが，最高裁判所は「山田鋼業所事件」において，わが国の法律秩序は私有財産制度を基幹として成り立っており，企業の利益と損失は資本家に帰する。生産管理においては，企業経営の権能を権利者の意思を排除して非権利者が行うものである。その違法性は阻却されないとした（最大判昭25・11・15刑集4巻11号2257頁）。

さらに「政治スト」が正当な争議行為なのかについても争われる。最高裁判所は、「全農林警職法事件」において、一般に政治ストは許されないとした（最大判昭48・4・25刑集27巻4号547頁）。学説においては、「政治スト」には刑事責任は科されないが、民事責任は科されるとの見解が説かれる。

(b) 公務員の労働基本権の制限　公務員も憲法28条の「勤労者」にあたることは否定できない。しかし、現在、警察職員、監獄職員などは労働基本権のすべてを否定され、非現業の国家公務員や地方公務員などには団結権のみが認められ、そして現業の国家公務員などは、団結権と団体交渉権は認められるが、争議権は否定されている。

最高裁判所は、当初、公務員が「全体の奉仕者」であることを根拠にその労働基本権の制限を合憲であると解していたが、「全逓東京中郵事件」において、公務員の労働基本権の制限は合理性の認められる必要最小限度にとどめられなければならないとした（最大判昭41・10・26刑集20巻8号901頁）。しかし「全農林警職法事件」において、公務員の争議行為は、その地位の特殊性と職務の公共性とにあいいれず、「国民全体の共同利益」に重大な影響を及ぼすことがあり、また公務員の勤務条件は、国会の制定した法律や予算により定められることになっており、さらに公務員には身分が保障されるとともに、適切な代償措置が講ぜられているとして、争議行為の全面的一律禁止を支持した（最大判昭48・4・25刑集27巻4号547頁）。その後においても最高裁判所は、「全逓名古屋中郵事件」において、「公務員の場合、その勤務条件は、憲法上、国民全体の意思を代表する国会において法律、予算の形で決定すべきものとされており……私企業の労働者の場合にような労使による勤務条件の共同決定を内容とする団体交渉権の保障はなく、右の共同決定のための団体交渉過程の一環として予定されている争議権もまた、憲法上、当然に保障されているものとはいえない」とした（最大判昭52・5・4刑集31巻3号182頁）。

第9節　国家補償

国家によって財産上の不利益を受けた国民に対し、金銭等によって埋め合わせを行い、救済を図ろうとするのが国家補償である。その際に、国家の作用が

適法である場合と違法である場合とが考えられるが，前者については，憲法29条を根拠とする損失補償を，後者については17条を根拠とする国家賠償を行うことになる。

1 損失補償

本章第5節で述べたように，憲法29条は財産権を保障しているが，その保障は絶対的ではなく相対的である。そこで，財産権への制約は許されるが，その程度が「公共の福祉のために用ひる」場合，つまり「収用」にあたるならば「正当な補償」が必要になる。これが損失補償であるが，①いかなる制約がなされた場合に「収用」として正当補償が必要になるのか，②正当補償が必要であるにもかかわらず，これを欠く財産権規制立法は無効となるか，が問題になる。

なお「公共の福祉のために用ひる」の判断をだれが行うかについても問題になるが，必ずしも，収用委員会等の中立の立場にある機関に限定されない（最1判平15・11・27民集57巻10号1665頁）。

（1）補償の要否

財産権への具体的制約に補償が必要であるかどうかを判断するためには，財産権への制約が広く一般人を対象としているか（一般的制約），それとも特定人を対象としているか（特別の犠牲）という形式的基準，および，財産権の本質的内容をも侵害する強度の制約がなされているかどうかという実質的基準が指摘されている。確かに，広く一般人を対象に，共通に，平等に財産権への制約がなされているならば，いちいちこれに補償する必要はない。他方，特定人の財産にのみ強度の制約がなされ，これによって社会全体が利益を受けるならば，その犠牲をカバーすべく補償を行うことは合理的である。

しかしながら，何をもって一般的制約とし，また，特別の犠牲というかその線引きは必ずしも容易ではない（最1判平17・11・1判時1928号25頁は，一般的に当然に受忍すべきものとされる制限の範囲を超えて特別の犠牲を課せられた場合に補償がなされるとしている）。また，たとえその制約が財産権の本質的内容を侵害する程度に強度であったとしても，その財産権の行使が社会に危険をもたらし他人の生命身体を脅かすものであれば，その制約に対して補償は不要である。そこで，補償の要否は，①財産権への制約が，財産権を剥奪または財産権本

来の効用を妨げるほどに強度のものであるか，②そのような強度の制約であっても財産権の内容・性質から見て，やむをえないといえるかどうかの観点から検討されることになる。

(2) **最高裁の判例**

制約自体は強度であっても，その財産権の行使が本来，憲法上許されていない場合，その制約に補償は不要である。奈良県ため池条例事件（最大判昭38・6・26刑集17巻5号521頁）は，ため池の破損，決かいの原因となるため池の堤とうの使用行為は，憲法，民法の保障する財産権の行使の埒外にあるとし，堤とう上での農作物の植栽禁止は，財産権の行使をほとんど全面的に禁止することになるとしつつも，補償は不要であるとした。

さらに，財産権の行使が一定の危険の発生を伴う場合，その危険防止のための負担を負わせる限度で財産権を制約しても補償は不要である。これについて，直接には，道路法70条1項の解釈が問題となった事件ではあるが，石油タンク移設事件（最2判昭58・2・18民集37巻1号59頁）は，ガソリンタンクを埋設する場合，道路から一定距離を離さなければならないところ，地下横断歩道の設置によりタンクの移設工事を強いられても，その費用は補償されないとされた。

これらは，財産権に一定の制約があることが当初より予定されており，それが立法等によって現実化しても補償は不要であるとしている。このような，いわゆる内在的制約の考え方が当てはまるのが，行政財産の目的外使用の権利である。すなわち，行政財産は，本来，行政目的で使用されるが，その用途，目的を妨げない限度で私人による使用等を許可することができる。そして，この許可によって設定された権利が許可の撤回によって一方的に終了した場合，補償が必要であるか問題になる。中央卸売市場事件（最3判昭49・2・5民集28巻1号1頁）は，こうした使用権は，当該行政財産本来の用途または目的上の必要を生じたときはその時点において原則として消滅すべきものである。つまり，この使用権には設定当初より右の制約が内在しており，許可の撤回によって権利が消滅しても補償は不要であるとしている（もっとも，使用期間が設定され，使用者が対価を払っていながらこの期間終了前に許可が撤回された場合には，補償が必要になってくるとしている）。

（3）　正当補償を欠く立法の合憲性

　財産権を制約する法律の制定にあたり，立法者はこれを無補償で行えると判断したにもかかわらず，裁判所は，その制約には正当補償が必要であると判断した場合，裁判所は①当該法律は29条3項に違反し無効とするか（その財産権の制約もできなくなる），または②裁判所が正当な補償を行った上で当該法律を有効とするかのいずれの判断を行うことが考えられる。最高裁は②の立場にたっているとされる。名取川事件（最大判昭43・11・27刑集22巻12号1402頁）は，法令に損失補償に関する規定がないからといって，直接29条3項を根拠にして，補償請求をする余地が全くないわけではないとし，損失補償を欠く法令を直ちに違憲無効と解すべきではないとした。

　しかしながら，このような場合に，29条3項を根拠に直接に請求権が発生するとすることには若干の問題がある。たとえば，財産権の制約を伴う公共事業の場合，立法者がその制約に正当補償が不要であることを前提にその事業を実施しようとしているならば，裁判所が正当補償を行ってその実施を行わせることが果たして許されるであろうか。この点について，前記最大判昭43年は，根拠法令に損失補償の規定が欠けているものの「同条があらゆる場合について一切の損失補償を全く否定する趣旨とまでは解されず……直接憲法29条3項を根拠にして，補償請求をする余地が全くないわけではない」と慎重な表現になっている。つまり，立法者が正当補償を明確に否定している場合にもなお，29条3項により直接請求権が発生するとまでは最高裁も考えていないと思われる。

（4）　正当補償の内容

　私有財産を公共のために用いる際に必要な「正当補償」の具体的内容について，収容される財産の全額の補償を必要とする完全補償説と，相当な程度の価額の補償で足りるとする相当補償説とが対立し，最高裁（最大判昭28・12・23民集7巻13号1523頁）は，「正当な補償」とは，その当時の経済状態において成立すると考えられる価格にもとづき，合理的に算出された相当な額をいうとし，相当補償説に立っているとされている。

　この両説の対立については，29条2項が立法政策の見地から財産権の制約を認めている以上，損失が生じた場合に全く完全な補償を29条3項が求めているとすることは困難である。そうした意味では，相当補償説が支持されると思わ

れる。しかしながら，合理的な理由なく，補償額が制限されているならば，それは相当補償説に立ったとしても違憲と判断されることになろう。問題は，もはや，完全補償か相当補償かではなく，具体的な補償額が，財産権の相対的保障と公共の福祉実現の見地から合理的なものといえるかどうかであろう。

　また，収用される財産そのものの価額のみを対象に補償することは，相当補償説に立っても違憲とされる可能性がある。たとえば，ダム建設のために水没する土地への補償を考えるとき，収用される土地には土地所有権としての価値のみならず，その土地を基盤とした生活上，精神上の利益が存在している。これら諸利益は，前記土地所有権と不可分の関係にあり，その制約には29条3項にもとづき相当補償が考慮されるべきであると思われる。

■**土地収用と補償金の額**（最3判平14・6・11民集56巻5号958頁）

　土地収用に際して，収用される土地への補償金の算定の方法として，土地収用法71条は，事業認定の告示の時における相当な価格を近傍類地の取引価格等を考慮して算定した上で，権利取得裁決の時までの物価の変動に応ずる修正率を乗じて，権利取得裁決の時における補償金の額を決定することとしている。この方法によると，事業認定の告示の時から権利取得裁決の時までに，近傍類地の取引価格に変動が生じ，しかも，その変動は修正率と一致しない場合がある。しかし，最高裁は，こうして算定された補償額は29条3項の「正当な補償」であるとした。

　その理由としては，①近傍類地の取引価格が変動しても，それは，一般に，当該事業の影響によるものであり，したがって，価格の変動は起業者に帰属すべきで，収用地の所有者に帰属すべきではない。②事業認定が告示されると，当該土地に対しては最終的には権利取得裁決がなされ，収用されることが確実であり，一般の取引の対象とはならない。そこで，一般の土地の価格と同様に当該土地の価格が変動するとはいえない。③事業認定後，権利取得裁決前に土地所有者は補償金の支払いを請求できるから，近傍において代替地を取得することは可能である，とした。

■**収用委員会による緊急裁決と補償金の支払い時期**（成田空港事件・最1判平15・12・4判時1848号6頁）

　公共用地の取得に関する特別措置法（本法）における緊急裁決制度は，概算見

積りによる仮補償金により権利取得裁決等を行い，後に補償裁決で定められた補償金との差額を精算することとしていた。この制度は，補償前払いの原則をとる憲法29条3項に違反するとして訴えが提起された。最高裁は，憲法29条3項は，補償の時期について何ら規定していないから，補償金前払いを保障していないとしたうえで，本法における緊急裁決の手続きにより，正当補償はなされていると判示した。

　すなわち，特定公共事業の認定を受けた起業者の申立てにもとづく緊急裁決においては，損失補償について審理を尽くしていなくとも権利取得裁決を行うことができ，その際に概算見積りによる仮補償金が定められる（本法21条1項）。この仮補償金は緊急裁決で定められた権利取得等の時期までに支払われなければならない（本法27条）。そして，収用委員会は引き続き審議を行い，遅滞なく補償裁決を行い，補償金が決定される。この額と仮補償金の額とに差額があるときは，年6分の利息を付して精算する（本法33条1項・2項，34条1項）。これら手続きの実効性を確保するため，起業者に担保の提供を命じ，過怠金の制度もある（本法26条1項，34条2項）。このように，本法においては，最終的に正当な補償がなされるための措置がとられているとした。

　なお，いわゆる日米地位協定実施のための特措法（本法）に基づく，土地の暫定使用に関しても，事前の損失補償がなされておらず問題となる。すなわち，日本は本法にもとづきアメリカの軍隊が駐留する土地を私人との賃貸借契約により提供している。しかし，契約期間経過後，更新の手続きが完了しない場合には，以後，無権限占有となってしまう。本法はこれに対処するために定められたものであるが，暫定使用のためには，あらかじめ損失の補償のための担保（賃借料等から見積もった金銭）を提供し，請求があれば補償の内払いとして担保の全部または一部を取得させ，この補償金の供託・払渡しは土地の明渡し期限までになされなければならない，と規定している。最1判平15・11・27民集57巻10号1665頁は，これら一連の手続きは補償の時期，内容等の面で何ら不合理な点はないと判断した。

2 国家賠償

(1) 公務員の不法行為と国家の賠償責任

　公務員の不法行為によりもたらされる損害を，だれが，どのように賠償するかについては，見解が大きく2つに分かれている。1つは，損害を与えた公務員個人が賠償責任を負うという考え方である。これは，「王は悪をなしえず」に由来し，王と国家を区別する観念が未発達なまま，王個人への免責が国家にも同様に及ぶとされ，その一方で，実際に不法行為を犯した公務員に一般私人と同様の責任が負わされるのである。この考え方は，イギリスで発達し，アメリカに引き継がれていった。もう1つの考え方は，公務員の不法行為については，国家が賠償責任を負うというものである。これにより，被害者は賠償能力のある国家から十分な救済が得られ，他方，当該公務員も，被害者からの責任追及を免れることになり，公務に専念することが期待できるとされた。

　こうした国家責任の考え方が成立したのは比較的最近のことである。その理由は，まず，上述の「王は悪をなしえず」が国家責任の成立を阻んできたこと。また，公務員の違法な行為は，もはや国家の行為とはいえないとされていたからである。すなわち，公務員が法律（国家の意思）に従って行為している限りそれは国家の行為である。しかし，いったん法律をおかしてしまえば，その行為は国家の行為とはいえず，したがって，国家は賠償責任を負わないというのである。

　しかしながら，このような国家無答責の考え方は少しずつ克服されてきた。たとえば，公務員個人に不法行為責任が生じていることを前提に，国家がこれに代位して賠償責任を負うとし，とくに，権力的作用ではなく，私経済作用等私人と同様の活動を行う場合には，民法の使用者責任の考え方を参考に国家が賠償するとの考え方，さらには，国家の権力作用はもともと大きな危険をはらんでおり，その危険が顕在化した場合には，公務員の個人的責任とは全く無関係に，国家が直接に責任を負うとの考え方も示されるようになってきた。

(2) 日本における国家賠償の沿革

　まず，明治憲法においては，国家賠償に関する直接の規定は置かれていなかったが，その61条において「行政官庁ノ違法処分ニ由リ権利ヲ傷害セラレタリトスルノ訴訟ニシテ別ニ法律ヲ以テ定メタル行政裁判所ノ裁判ニ属スヘキモ

ノハ司法裁判所ニ於テ受理スルノ限ニ在ラス」としていた。これを受けて，行政裁判法16条は「行政裁判所ハ損害要償ノ訴訟ヲ受理セス」としていた。これら規定から，公務員の不法行為がもたらした損害の賠償について，行政裁判所が審理を行わないことは明らかであるが，これを司法裁判所が審理できるかどうかは明らかではなかった。そこで，司法裁判所は，公務員の活動を権力的作用と私経済作用とに区別し，後者を私法上の行為であると見て民法を適用して国の賠償責任を認めようとしたが，前者については，国はおろか加害公務員個人に対してすら賠償請求は認められなかった。

　これに対して，日本国憲法は，「すべて司法権は，最高裁判所及び法律の定めるところにより設置する下級裁判所に属する。」とし（76条1項），これら裁判所が「一切の法律上の争訟を裁判」することとなった（裁判所法3条1項）。さらに，17条は「何人も，公務員の不法行為により，損害を受けたときは，法律の定めるところにより，国又は公共団体に，その賠償を求めることができる。」とした。このように，日本国憲法は公務員の不法行為に対する国家責任の考え方を明らかにし，その具体的な要件等については法律に委ね，これを受けて一般法として国家賠償法（以下「国賠法」という）が定められている。

（3）　国家賠償に関する違憲法令審査

　ところで，憲法17条は，現実の訴訟において直接に適用され，賠償を認めることによって国民を救済することができるのか，それとも，17条の考え方を具体化する法律が存在しなければ，裁判所は一切の賠償を命ずることはできないのであろうか。この点については，一般法として国賠法が定められている現在においてはほとんど問題にならないが，少なくとも理論的な整理は必要である。さらに，国家賠償に関する各法律について，裁判所は17条にもとづいて審査し，場合によってはこれらを違憲無効とすることができるのであろうか。これらの考察のために，まず，17条の性質について確認しておく。

　(a)　プログラム規定　　17条は，上述のとおり，公務員の不法行為に対して国又は公共団体の賠償責任を認めているが，それは「法律の定めるところにより」との留保がなされている。そこで，本条によっては具体的な請求権は発生しておらず，その意味でプログラム規定であるとの理解がなされてきた。しかしながら，プログラム規定とは，一般に，国家に対して政策の方針・目標を示

すにとどまり，法的にこれを拘束しない。つまり，国家に政治的な努力義務を課しているにとどまり，これに国家が違反しても法的義務違反とならず，私人もこの規定のみを根拠に裁判所による救済を受けることはできないはずである。そこで，もしもこのような意味におけるプログラム規定であると理解されるならば，これを根拠に賠償請求をすることはもちろん，国賠に関する法律を審査しこれを無効と裁判所が判断する余地もなくなるであろう。

しかしながら，その一方で，学説においては，公務員の不法行為に対して国等の賠償責任を全面に免除するような法律は17条に違反して無効であるとの説が有力に主張されてきた。この考え方は，17条に規範としての法的効力が存在することを認めるものであり，上述の意味でのプログラム規定説とは一線を画するものである。このような17条の規範としての性質ないし効力については，憲法制定後，国賠法施行前に生じた事件についてどのような解決をするか——具体的には，国家賠償法附則「この法律の施行前の行為に基づく損害については，なお従前の例による」をいかに理解するか——をめぐって示された議論が参考になるので紹介しておこう。

(b) 国家賠償法附則をめぐる議論　17条を受けて制定された国賠法は，その附則により，この法律が施行される前に生じた事件については，「従前の例により」処理することとしていた。これを文言どおり受け取り，①国賠法施行前になされた公務員の不法行為については，明治憲法の実務に従い，国への賠償請求はできないとする説がある。これに対して，17条の施行により明治憲法下における実務が切断されたことを重視する学説がある。これには，②17条を直接適用する説と③民法を適用して事件解決をはかる説とがある。前者は，国家賠償の核心にかかわる領域には民法ではなく，17条によって直接に請求権が発生するとする。後者は，17条の制定により国家は損害賠償の場面において私人と同様の立場に立つようになったとし，私経済作用について適用されていた民法が，公権力の行使についても適用されるようになったとしている。

これらについて検討すると，①は，国賠法附則の文言に忠実であるが，17条のもとで生じた事件について，その考え方と異なる事件処理を肯定している。そこで，17条に法的効力を認めるならば，国賠法附則についてかかる解釈をとることは許されず，また，この解釈に固執するならば国賠法附則それ自体が無

効になると思われる。②は，17条の法的効力を重視する考え方であるが，具体的請求権が「法律」を待たずに直ちに17条から発生する理由について十分な説明が必要であると思われる。③は，具体的請求権はやはり法律によって発生するとし，「従前の例による」とは，民法の適用を意味するが，17条の施行により公権力行使の公務員の不法行為にも民法が適用されことになったとするのである。以上の議論は，憲法施行後20年を経過した現在において実益はないが，当時においては③が妥当であったと考える（もっとも，損失補償に関して，29条3項は直接適用されうるとする最高裁判例に照らせば，損害賠償請求に17条の直接適用は一切ありえないとは必ずしもいえないように思われる）。

(c) 司法審査基準　以上，国賠法施行前の議論ではあるが，17条の直接適用についてはやや消極的に理解されていた様子を紹介した。しかし，このことは，17条が単なるプログラム規定であり法的効力を一切有しないことを意味しない。直接適用・具体的請求権発生の問題と法的効力の問題とは必ずしもイコールではないからである。そこで，学説も前者に消極的であっても，公務員の不法行為に対して国を完全に免責するような法律は17条に違反して無効であるとしてきた。そして，最高裁も後述の事件において，郵便法68条等を違憲無効とするに至った。

では，17条にもとづく審査はいかにして行われるべきであろうか。まず，17条の文言が「公務員の不法行為により，損害を受けたときは……国又は公共団体に，その賠償を求めることができる」としていることが重要である。しかし，その一方で「法律の定めるところにより」としているから，国賠の具体的な要件・効果をいかなるものとするかについて，立法者に広範な裁量を認めているといえよう。そこで問題になるのが，立法裁量の範囲であり，いかなる場合に，いかなる理由により裁量権の濫用・逸脱がありとし，その立法を違憲無効と判断するかである。

これについては，一応，民法の不法行為の理論を基準に，国民の救済をより広く図るとの見地から審査がなされるべきだと思われる。そこで，民法上の不法行為の要件を緩和して被害者の国民を救済しようとする立法は，政策的には別として，17条には違反しないと考えられる。逆に，この要件を厳格にし，または賠償額を縮小する方向での立法には憲法上，問題が生じることになろう。

この場合にも，17条が立法裁量を認めている以上，直ちに違憲無効といえないが，それを正当化する合理的な理由が示される必要があると思われる。この点について，最高裁は，目的の正当性及び手段の合理性・必要性という観点から検討を加えている。

■**郵便法違憲無効事件**（最大判平14・9・11民集56巻7号1439頁）

　上告人（株式会社）は，AのB銀行における預金を差し押さえる命令を裁判所より得た。そして，この債権差押命令は，特別送達郵便物によりB銀行に送達されることになっていた。しかし，郵便業務従事者が，誤ってこれをB銀行の私書箱に投函したため送達が遅れたと主張されている。その結果，この預金は上告人よりも先にAによって引き出されてしまい，上告人は差し押さえることができなかった。そこで，上告人は国（被上告人）を相手に損害賠償請求を行った。

　ところで，郵便法は，郵便業務に際して損害が発生した場合，国の賠償責任を制限している。本件の特別送達郵便物は書留とされているが，同法68条によれば書留郵便物については，その全部または一部を亡失し，またはき損したときに限定して一定範囲の賠償が認められ，さらに，同法73条は，当該郵便物の差出人またはその承諾を得た受取人に限って損害賠償の請求ができるとされていた。本件においては，特別送達郵便物の差出人は裁判所書記官であり，上告人ではない。また，損害はその亡失またはき損によってもたらされたものではない。そこで，郵便法68条・73条を前提とする限り上告人の請求は認められないので，上告人はこれらが憲法に違反し無効であると主張し，国賠に関する一般法である国家賠償法1条1項にもとづいて請求を行った。

　最高裁は「書留」は特別な料金を課すなど特殊取扱いをしており，確実な配達への信頼は法的に保護されるべき利益である。他方，これらは限られた人員と費用の制約の中で大量に処理されるので軽過失にもとづく損害は避けることができないが，故意または重過失による損害は書留の制度への信頼を著しく損なうから，これを免責とすることは目的を達成するための手段として，合理性・必要性を欠くとする。さらに，特別送達郵便物については，これが書留郵便物全体のごく一部にすぎず，書留料金に加えて特別の料金が必要であること，また，特別送達の対象となる書類については裁判官書記官等が送達することが

あり，この場合には，国家賠償法1条1項が適用され，軽過失は免責されていない。そこで，この場合に，郵便法が軽過失を免責とすることは17条に違反するとした。

なお，この判決に対しては，法廷意見が立法府に裁量権を認めている点を批判する福田博・深澤武久裁判官の意見，法廷意見の認める裁量権は，公務員の不法行為には国が責任を負うとの原則にもとづいておりその範囲は限定されているとする滝沢繁男裁判官の補足意見，書留について軽過失を含め免責することは合憲だが，本件特別送達郵便物については裁判書類等の送付・公証という公権力の行使としての側面があり国賠法1条1項との対比から軽過失免責は違憲とする横尾和子裁判官の意見，特別送達郵便物についても，あまねく，公平な提供という目的達成のため軽過失を免責することは合憲（故意・重過失の場合の免責は違憲）とする上田豊三裁判官の意見がある。

第6章　裁判所による人権の保障

第1節　裁判を受ける権利とそれを保障する制度

1　裁判を受ける権利の内容
（1）沿　　革

　日本国憲法は，裁判所に違憲立法審査権（81条）を与えた結果，原則として，個々の基本的人権は裁判的救済を伴う「具体的権利」としての性格を有することになった。そして，この裁判的救済を確実なものとするため，憲法32条は，「何人も，裁判所において裁判を受ける権利を奪はれない」と規定し，裁判を受ける権利を保障している。法の支配を実現するためには，裁判を受ける権利は不可欠である。

　沿革的には，絶対王政下のヨーロッパ諸国にみられたような君主や行政府による専断的な裁判に対して，人民の権利を守るために公正独立な裁判所を確立することが求められ，やがて，法律にもとづき設置された，権限のある，独立かつ公平な裁判所による公正な公開審理を受ける権利として結実された。

　明治憲法も「日本臣民ハ法律ニ定メタル裁判官ノ裁判ヲ受クルノ権ヲ奪ハルヽコトナシ」（24条）と定めていた。しかし，行政事件については，司法裁判所とは別個の行政裁判所の権限に属し，しかも出訴事項が限定されていたため，きわめて不十分な制度であった。

　日本国憲法下の裁判を受ける権利は，第1に，民事事件，行政事件については，裁判所に訴えて，裁判を求める権利があることを内容とし（受益権），逆に国家の側からみれば，「裁判の拒絶」の禁止を意味する。行政事件が司法裁判所に属することになった日本国憲法の下では，行政事件についても裁判的救済の実効性が確立されなければならない。平成16年6月，これまで行政事件訴訟制度が国民の権利救済に不十分であるとして，行政事件訴訟法が改正された。改

正法では，義務付訴訟の法定，原告適格の拡大などが図られている。

　第2に，刑事事件については，裁判所の裁判によらなければ，刑罰に処せられないこと（自由権），すなわち憲法37条1項と同じ内容を意味する。

（2）裁判の意味

　憲法32条の「裁判」とは，82条と相まって「訴訟事件の裁判につき公開の法廷で対審及び判決を受ける権利」を意味する。問題は，この権利の及ぶ「訴訟事件」とこの権利の及ばない「非訟事件」をどのような基準で区別するかである。一般に，「訴訟事件」とは，「裁判所が当事者の意思いかんにかかわらず終局的に事実を確定し当事者の主張する実体的権利義務の存否を確定することを目的とする」ものをいい，「非訟事件」とは，裁判所が民事上の生活関係を助成監督する等，直接後見的作用を営むことを目的とするものであるとされている。

（3）裁判の費用

　民事事件や行政事件について訴えを提起するためには，法定の訴訟費用のほか弁護士費用等かなりの経済的負担を伴う。それゆえ，その費用を負担できない者にとっては，裁判を受ける権利は有名無実化してしまう結果になる。刑事事件については，被告人に対して国選弁護人の制度（37条）があり，被疑者についても公的弁護制度の採用が予定されている。民事事件については，民事訴訟上の訴訟救助の制度（民事訴訟法82条〜86条）および法律扶助協会による法律扶助制度が存在するが，極めて不十分である。また，敗訴者負担制度の導入も検討されているが，消費者訴訟や労働訴訟について原告を萎縮させる可能性も指摘されており問題も多い。

2　裁判所の意味

（1）裁判所の組織

　憲法32条の「裁判所」は，76条1項の「最高裁判所及び法律の定めるところにより設置する下級裁判所」を意味し，法律により設置された下級裁判所とは，高等裁判所，地方裁判所，家庭裁判所及び簡易裁判所をいう。

　加えて，76条2項は，「特別裁判所は，これを設置することができない」と規定する。特別裁判所とは，通常裁判所の系列から独立して設けられた裁判機関をいい，明治憲法下の行政裁判所や戦前の軍法裁判所がその典型である。ただ

し，通常裁判所の系列に属する下級裁判所として設置される場合は，特別裁判所にあたらない。したがって，知的財産に関する事件を扱う専門裁判所として，平成16年6月に知的財産高等裁判所設置法及び裁判所法等の一部を改正する法律が成立し，「知的財産高等裁判所」が東京高等裁判所内に特別の支部として創設されたが（施行は平成17年4月1日から），これも特別裁判所には当たらない。

なお，「裁判所」とは，訴訟法の定める管轄権を有する具体的な裁判所を指すか否かについては争いがある。これを肯定する見解が有力であるが，本条は「国民は憲法又は法律に定められた裁判所においてのみ裁判を受ける権利を有し，裁判所以外の機関によって裁判をされないことを保障したものであって，訴訟法で定める管轄権を有する具体的裁判所において裁判を受ける権利を保障したものではない」（最大判昭24・3・23刑集3巻3号352頁）と解されること，単なる裁判所の過誤を捉えて憲法違反とまで構成する必要性はないことから，管轄違いの裁判は違法ではあるが，違憲ではない。

また，76条2項後段は，「行政機関は，終審として裁判を行ふことができない」と規定し，行政機関による終審裁判を禁止している。しかし，行政機関が行政処分についての審査請求や異議申立に対して裁決・決定を下すことは許される。これに関して，独占禁止法80条1項は「公正取引委員会の認定した事実は，これを立証する実質的な証拠があるときには，裁判所を拘束する」とされており，32条・76条2項に違反する可能性がある。しかしながら，同条2項は，「実質的な証拠の有無は，裁判所がこれを判断するものとする」と規定しており，最終的な事実認定権が裁判所に留保されており，合憲とみることができる。

（2）　最高裁判所

最高裁判所は，最高裁判所長官1人とその他の裁判官14人で構成されている（79条1項，裁5条）。長官は，内閣の指名にもとづいて，天皇が任命し（6条2項），その他の裁判官は，内閣が任命し，天皇が認証する（79条1項，裁39条）。

最高裁判所に認められた権限としては，①終審裁判所として，上告及び訴訟法で特に定める抗告についての裁判権（裁7条），②規則制定権（77条1項），③司法行政権（裁80条），④下級裁判所裁判官の指名権などがある。

（3）　下級裁判所

下級裁判所は，現在4種類あることは見たとおりである。そして，「下級裁

判所の裁判官は，最高裁判所の指名した者の名簿によつて，内閣でこれを任命する。その裁判官は，任期を十年とし，再任されることができる」(80条1項)。この再任について，最高裁判所は，任命権者の裁量に委ねられていると解している。しかし，この見解では，裁判官の身分保障が著しく危うくなるとして，裁判官の弾劾事由に該当するなど特段の事情がない限り再任するべきだというのが多数説である。

(4) 最高裁判所の規則制定権

憲法77条は「訴訟に関する手続，弁護士，裁判所の内部規律及び司法事務処理に関する事項」につき，最高裁判所の規則制定権を規定する。その趣旨は，①権力分立の見地から司法に関する事項につき他の2権，とくに立法権からの干渉を排除して裁判所の自主独立性を確保する，②技術的合目的的な見地より，裁判に関する技術的な事項については，裁判所の専門性を尊重するのが妥当であるという配慮にもとづく。ところで，最高裁判所規則が「法規」(実質的意味の立法) 性を有すると考えた場合，第1に，最高裁判所規則の所管事項を法律で規定することができるか，第2に，両者が競合する場合の法律との優劣という問題が国会中心立法の原則との関係で問題が生じる。前者については，裁判所の内部規律事項，司法事務処理事項については，裁判所の独立に直接かかわるものなので，最高裁判所規則の専権事項であるが，その他のものについては法律で定めうると解すべきである。後者の最高裁判所規則と法律の優劣については，学説が分かれているが，国会が唯一の立法機関であることを考慮するならば，法律優位説が妥当である。

3 裁判官の独立

(1) 裁判官の職権行使の独立

憲法76条3項は，「すべて裁判官は，その良心に従ひ独立してその職権を行ひ，この憲法及び法律にのみ拘束される」と規定する。この規定の趣旨は，裁判の公正を確保するために，裁判官に対するあらゆる不当な干渉，圧力を排除し，裁判官の職権行使の独立を保障するものである (裁判官の独立, 司法権の独立ともいう)。

右規定の「良心」とは，裁判官の個人的，主観的良心ではなく，客観的な裁

判官としての良心を意味する。裁判官の個人的良心と法が対立した場合，裁判官は「憲法及び法律」にのみ従うべきだからである。しかし，判例は，「憲法76条第3項の裁判官の良心に従うというのは，裁判官が有形無形の外部の圧力乃至誘惑に屈しないで自己内心の良識と道徳感に従うの意味である」(最大判昭23・11・17刑集2巻12号1565頁)，「凡て裁判官は法（有効な）の範囲内において，自ら是なりと信ずる処に従って裁判すれば，それで憲法のいう良心に従った裁判といえる」(最大判昭23・12・15刑集2巻13号1783頁) としているが，正確ではないであろう。

　裁判官の独立という場合，誰からの独立を意味するのかが問題である。古くは，有名な①大津事件があるが，日本国憲法下で問題となった事例としては，議院の国政調査権(62条)との関係で②浦和事件がある。これは，国政調査権の限界の問題であるが，具体的な判決内容の当否や公判廷における裁判長の訴訟指揮の仕方などに関する場合は，裁判官の独立を害すると解される。また，裁判所内部における統制も問題となりうる (③吹田黙禱事件，④平賀書簡問題)。裁判官は，他の国家機関から独立するだけでなく，裁判所内部においても，指示や干渉を受けることがあってはならない。上級裁判所は司法行政上の監督権を有するが，裁判官の裁判権に影響を及ぼし，これを制限することはできない。また，一般国民やマス・メディアによる裁判批判が司法権の独立を害するのではないかという議論がある。これは，表現の自由の問題であり，基本的には，裁判所はこれら批判を甘受すべきであろう。

　①　**大津事件**　明治24年(1891年)，訪日中のロシア皇太子を襲撃して負傷させた津田三蔵巡査に対し，大国ロシアの報復を恐れた時の政府は，旧刑法の皇室に対する罪で死刑に処すよう大審院長の児島惟謙に申し入れたが，児島は，担当裁判官に対して，政府の圧迫に服せず公正な裁判をなすべき旨を説得したため，政府の裁判干渉の試みは功を奏せず，結局，普通人に対する謀殺未遂罪の適用にいたらしめた。この事件の評価をめぐっての論点は多いが，一般に，この事件によりわが国の司法権の独立の基礎が築かれたといわれている。

　②　**浦和事件**　昭和23年(1948年)，参議院法務委員会は国政調査権の行使として，母子心中を図って生き残った母親の殺人被告事件に対する地方裁判所の判決が，量刑等の点で甘すぎるとの趣旨の決議を行った。これに対して，最

高裁判所は参議院に対して、個々の具体的裁判についての事実認定、量刑の当否を調査・批判することは司法権の独立を害すると抗議した。本文で述べた理由から最高裁判所の抗議は正当であろう。

③　**吹田黙禱事件**　昭和28年（1953年）、いわゆる吹田事件の裁判で、被告人が朝鮮戦争で犠牲となった戦死者に対する黙禱を行ったが、裁判長はこれを黙認した。これに対して、裁判官訴追委員会は裁判長の訴訟指揮が訴追事由に該当するかどうかを調査しようとした。また、最高裁判所自身も黙禱事件を遺憾であるとし、法廷の威信を守るべき旨の「法廷の威信について」と題する通達を全国の裁判官宛に出した。この通達は、具体的な裁判における訴訟指揮を批判するものであり、裁判官の独立を害するものといえる。

④　**平賀書簡問題**　昭和44年（1969年）、長沼ナイキ事件をめぐる執行停止申立事件につき、当時の札幌地裁所長が、担当裁判官に対して、執行停止の申立を却下することを示唆する書簡を送った。担当裁判官は、この書簡が不当な干渉であると受け取り、公表した。札幌地裁所長の行為は、裁判官の独立を害するものであり、また、裁判官の独立に対する国民の信頼を傷つけるものである。

（2）　裁判官の身分保障

裁判官の独立を確保するためには、裁判官の身分保障を確立することが必要である。78条は、「裁判官は、裁判により、心身の故障のために職務を執ることができないと決定された場合を除いては、公の弾劾によらなければ罷免されない。裁判官の懲戒処分は、行政機関がこれを行ふことはできない」と規定し、厳格な身分保障が認められている。すなわち、裁判官は、①分限裁判、②弾劾裁判の場合を除いては罷免されることはない。なお、最高裁判所の裁判官に限っては、国民審査（79条2項ないし4項）により罷免される可能性がある。そして、裁判官の非行に対して科せられる制裁である懲戒処分については、行政機関が行うことが禁止されている。

その他、実質的に身分保障をなすものとして、報酬の保障（79条6項・80条2項）、定年制（79条5項・80条1項但書）、下級裁判所裁判官の指名（80条）、規則制定権（77条）などがある。

（3） 裁判官の政治運動

　裁判官は，身分保障の反面，裁判官の中立・公正・公平に対する国民の信頼の念を危うくするようなことをしない義務を負う。この信頼があって初めて国民は法律上の争訟の解決を裁判官に委ねることができるのである。かかる理由により，裁判所法52条1号は「積極的に政治運動をすること」を禁じている（立法論としては，政党加入を禁止した方がよかったのではないかとの見解もある）。しかし，裁判官も，思想・良心の自由，表現の自由を享有するのであり，裁判官は，社会一般のことについて意見を表明する自由を有する。問題は，裁判官の独立を疑わしめる表現行為の範囲である。裁判官が身分を明らかにした上で，盗聴法制定に批判的な集会に出席し，集会の趣旨に賛同するような発言をしたことが積極的な政治運動に該当するかが争われた裁判官分限事件において，最高裁（最大決平10・12・1民集52巻9号1761頁）は，「積極的に政治運動をすること」とは，「組織的，計画的又は継続的な政治上の活動を能動的に行う行為であって，裁判官の独立及び中立・公正を害するおそれのあるもの」とし，「具体的行為の該当性を判断するに当たっては，その行為の内容，その行為の行われるに至った経緯，行われた場所等の客観的な事情のほか，その行為をした裁判官の意図等の主観的な事情をも総合的に考慮して決するのが相当である」とした。そして，表現の自由との関係については，「禁止の目的が正当であって，その目的と禁止との間に合理的関連性があり，禁止により得られる利益と失われる利益との均衡を失するものでない」とした上で，21条1項に違反しないとした。しかし，本件は，公的言論に関するものであり，厳格な審査基準が妥当するはずである。また「積極的」政治運動と「積極的」でない政治運動の区別は，同決定の定義からも明確な基準は読みとれない。さらに，本件の具体的事実に照らし，少なくとも適用違憲に該当する事案であったと思われる。

4　裁判の民主的統制
（1）　裁判の公開

　(a)　法廷傍聴権の根拠と範囲　　憲法82条1項は，「裁判の対審及び判決は，公開法廷でこれを行ふ」と定めている。密室裁判，秘密裁判がもたらした弊害を排除して裁判の公正を確保し，また，裁判に対する国民の信頼を維持するた

め，客観的制度として裁判公開の原則を定めたものである。憲法は，右のように裁判公開原則を定めるほかに，37条で，刑事事件について公開裁判を受ける権利を保障し，さらに，32条で，裁判所において裁判を受ける権利を保障している。さらに国民の知る権利(21条)が保障されていることに鑑みるとを総合すれば，憲法は制度として裁判の公開を規定するほか，国民の権利として，公開の法廷で対審および判決を受ける権利を保障しているとみることができる。

　例外として，憲法82条2項は，「裁判所が，裁判官の全員の一致で，公の秩序又は善良の風俗を害する虞があると決した場合には，対審は，公開しないでこれを行ふことができる」が，「但し，政治犯罪，出版に関する犯罪又はこの憲法第三章で保障する国民の権利が問題となつてゐる事件の対審は，常にこれを公開しなければならない」として例外を厳しく限定している。しかしながら，裁判の公開は，裁判に関与する者のプライバシー権等にも影響を与える。そこで，この点に配慮するため，刑事訴訟法では，犯罪被害者保護の観点から，証人尋問に関し，被告人と証人の間に衝立を置く(刑訴157条の3)，ビデオリンク方式(刑訴157条の4)，傍聴人の退廷(刑訴規202条)，非公開で行われる公判廷外尋問，期日外尋問（刑訴158条・281条）などの措置を認めている。遮へい措置やビデオリンク方式について，最1判平成17年4月14日刑集59巻3号259頁は，「証人尋問が公判期日において行われる場合，傍聴人と証人との間で遮へい措置が採られ，あるいはビデオリンク方式によることとされ，さらには，ビデオリンク方式によった上で傍聴人と証人との間で遮へい措置が採られても，審理が公開されていることに変わりはないから，これらの規定は，憲法82条1項，37条1項に違反するものではない。また，証人尋問の際，被告人から証人の状態を認識できなくする遮へい措置が採られた場合，被告人は，証人の姿を見ることはできないけれども，供述を聞くことはでき，自ら尋問することもでき，さらに，この措置は，弁護人が出頭している場合に限り採ることができるのであって，弁護人による証人の供述態度等の観察は妨げられないのであるから，前記のとおりの制度の趣旨にかんがみ，被告人の証人審問権は侵害されていないというべきである。ビデオリンク方式によることとされた場合には，被告人は，映像と音声の送受信を通じてであれ，証人の姿を見ながら供述を聞き，自ら尋問することができるのであるから，被告人の証人審問権は侵害されていな

いというべきである。さらには，ビデオリンク方式によった上で被告人から証人の状態を認識できなくする遮へい措置が採られても，映像と音声の送受信を通じてであれ，被告人は，証人の供述を聞くことはでき，自ら尋問することもでき，弁護人による証人の供述態度等の観察は妨げられないのであるから，やはり被告人の証人審問権は侵害されていないというべきことは同様である。したがって，刑訴法157条の3，157条の4は，憲法37条2項前段に違反するものでもない」と判示した。

　(b)　非訟事件と裁判の公開　　憲法82条1項でいう「裁判」とは，「純然たる訴訟事件」を指すことは既に述べた（訴訟事件公開説）。これが判例でもある（最大決昭35・7・6民集14巻9号1657頁）。非訟事件の裁判は，固有の司法権に属せず，行政作用に属すると解されている。また，公開するか否かを政策によって決するとの見解（公開非公開政策説）もあるが，これでは32条を空虚なものにしてしまうおそれがある。もっとも「純然たる訴訟事件」を前提としつつも事件の性質と内容に応じて適切な手続保障を加味し，公開・対審の原則を図るべきだとの折衷的見解も，拡張的に理解するのであれば基本的に了解できる。

　(c)　法廷内でのメモ　　裁判の公開に関し，傍聴人がメモをとることができるかが問題とされたことがある。従来，裁判所は，公正かつ円滑な訴訟の運営を妨げるとして傍聴人がメモをとることを禁止していた。傍聴メモ事件で最高裁（最大判平元・3・8民集43巻2号89頁）は，「裁判の公開が制度として保障されていることに伴い，各人は，裁判を傍聴することができることとなるが，右規定は，各人が裁判所に対して傍聴することを権利として要求できることまでを認めたものでないことはもとより，傍聴人に対して法廷においてメモを取ることを権利として保障しているものではない」が，各人が自由にさまざまな意見，知識，情報に接し，これを摂取する自由は，21条1項の趣旨，目的から，いわば派生原理として当然に導かれ，このような情報等に接し，これを摂取することを補助するものとしてされるかぎり，筆記行為の自由は，21条1項の規定の精神に照らし尊重されるべきであると判示した（もっとも，違法な公権力の行使が認められないとして上告は棄却された）。そして，「裁判所としては，今日においては，傍聴人のメモに関し配慮を欠くに至っていることを率直に認め，今後は，傍聴人のメモを取る行為に対し配慮をすることが要請されることを認

めなければならない」とも述べており，現在，原則としてメモをとることは許されている。

（2）国民審査

　最高裁判所の裁判官は，任命後，最初に行われる衆議院議員総選挙により国民審査を受けなければならない（79条2項）。この審査で，投票者の多数が罷免を可とするときは，当該裁判官は罷免される。国民審査は，裁判官の選任を国民の民主的コントロールの下に置くことを目的としている。国民審査の法的性質については，判例（最大判昭27・2・20民集6巻2号122頁）・通説は，解職制（リコール制）と解しているが，任命後第1回の国民審査がなされる裁判官については，解職制と内閣の任命を国民が確認する意味も含まれるとの見解も有力である。なお，国民審査の制度は，十分に機能していないと評価されている。より実効的なものとするよう改革が必要とされる。

（3）裁判員制度

　司法制度改革の一環として，刑事裁判について，平成16年4月に「裁判員の参加する刑事裁判に関する法律」が制定され，刑事訴訟法の一部も改正された。裁判員制度とは，国民の中から選任された裁判員が裁判官と共に刑事訴訟手続に関与する制度であり，これにより司法に対する国民の理解の増進とその信頼の向上に資するとされている（同1条）。裁判員の参加の対象となる事件は法定刑の重い重大刑事事件に限られ（同2条），裁判員は選挙人名簿にもとづき無作為抽出で選ばれ（第3章第2節），原則として6人の裁判員と3人の裁判官が合議体を構成し（同2条2項），裁判官と基本的に対等の権限で評議し（同8条），事実認定，法令の適用，刑の量定を行い（同6条），評決は合議体の過半数の意見による（同67条1項）とされる。

　これまで，主に英米で発達した陪審制（一般国民から選ばれた陪審員が，起訴するかしないかを決定したり（大陪審），審理に参加し評決したりする（小陪審）），ヨーロッパ諸国で発達してきた参審制（一般国民から選ばれた参審員が，裁判官とともに合議体を構成して裁判する）の導入が議論されてきた（わが国においても，大正12年（1923年）制定の陪審法が存在しており，昭和18年（1943年）に施行停止となり，現在に至っている）。前者については憲法76条3項違反，後者については80条違反の可能性があるといわれているが，決定的ではない。裁判員制度は，ど

ちらかといえば参審制に近いが、わが国独自の制度となっている。

このような裁判員制度が導入される理由は、「現在の職業裁判官による裁判に誤りが多い・良質でない」というわけではない。むしろ、法1条の規定から分かるとおり、「一般の国民が、裁判の過程に参加し、裁判内容に国民の健全な社会常識がより反映されるようになることによって、国民の司法に対する理解・支持が深まり、司法はより強固な国民的基盤を得ることができる」という国民の司法参加という目的がある（フランスのトクヴィルは、アメリカの陪審制を司法制度ではなく政治制度として意味づけ、イギリスのミルもまた、トクヴィル同様に、陪審制の政治教育的役割に着目している）。

この裁判制度に対しては、①憲法第6章「司法」は、裁判権の担い手としては裁判官のみが予想されており、一般国民の関与は全く予想していないこと、②国民に、裁判員の出頭義務や宣誓義務を課すことは、幸福追求権（13条）、思想良心の自由（19条）、生存権（25条）、財産権（29条）を制限するものであること、③裁判員が途中で交代すること（裁判手続の更新）を認める規定（裁判員法61条）は、適正手続（31条）に違反すること、④裁判員という素人が加わることによって、「公平な裁判所」（37条）に違反する、などの批判がある。確かに、いわゆる「人民裁判」を否定し、ある程度の民主化の要請を抑えることによって、司法権ないし裁判の実質が得られるという前提理解は否定しえないところである。しかし、憲法76条1項は、司法権の担い手は「裁判所」であると規定しているだけで、「裁判官」による裁判を要請しているわけではない。裁判官も裁判員も裁判所を構成する機関と考えれば、矛盾するものではない。注意を要するのは、単純に国民の司法参加を実現すれば事足りるというものではない。司法改革の真の目的は、第一義的には、より良い司法の実現にあるのであり、正しい裁判をしないと国民の司法に対する信頼も高まらないということになる。

第2節　違憲審査制度

1　司法権の意義
（1）司法権の概念
憲法76条1項は、「すべて司法権は、最高裁判所及び法律の定めるところに

より設置する下級裁判所に属する」と規定する。権力分立主義において，一般的，抽象的法規範を定立する作用である立法，定立された法規範を具体的な事件に適用し，執行する作用のうち，具体的な争訟を裁判するため，裁判機関によってなされる法の適用である司法，その余のものを行政として成立してきた史的基礎を前提にするならば，一般に，司法とは，「具体的な争訟について，法を適用し，宣言することによって，これを裁定する国家の作用」であると定義することができる。司法権は，歴史的に成立した概念であり，普遍的に一定の内容を有するものではないし，確定した不動の概念でもない。

　司法権は，「具体的な争訟」(事件争訟性)に対してのみ行使されることを本質とする。アメリカ合衆国憲法も，その3条2節1項で，司法権がすべての「事件・争訟」に及ぶべきことを規定しており，アメリカ法の影響を受けた日本国憲法も同様に解することができる。警察予備隊事件において，最高裁（最大判昭27・10・8民集6巻9号783頁）も，「わが裁判所が現行の制度上与えられているのは司法権を行う権限であり，そして司法権が発動するためには具体的な争訟事件が提起されることを必要とする」と判示している。裁判所法3条1項が，「裁判所は，日本国憲法に特別の定のある場合を除いて一切の法律上の争訟を裁判」すると規定するのも，このことを確認するためである。「法律上の争訟」とは，「具体的な争訟」と同義であり，「法律上の争訟」が司法権の限界を画することになる。

(2) 客観訴訟と司法権

　近時，「法律上の争訟」を司法権の概念的構成要素としない見解が主張されている。この見解は，法律上の争訟を司法権の概念的構成要素とすれば，法律上の争訟性を欠く，いわゆる客観訴訟を法律により裁判所の権限とし，さらに憲法訴訟を認めるならば，抽象的審査制を否定する憲法の趣旨に反するのではないか，との問題意識が前提にあるものと思われる。この疑問を克服するため，論者は，司法の観念自体は，立法・行政との，いわば横の関係における任務分担として決まるので，「裁定」こそが司法の核心だと捉え，司法権の概念と法律上の争訟性を切り離し，司法を「適法な提訴を待って，法律の解釈・適用に関する争いを，適切な手続の下に，終局的に裁定する作用」と定義している。そして，抽象的な争いの裁定も司法権に属すると解し，客観訴訟も司法権に含ま

れると考えている。しかし，歴史的沿革からは積極的な根拠が見出せないこと，この見解からは論者が否定しようとする抽象的規範統制も司法作用ということになってしまうとの批判がある。

　これに対して，通説の側からは，客観訴訟は，司法権の当然の内容をなすものではなく，法政策的見地から立法府によってとくに認められたものであり，このような例外が認められる要件として「事件・争訟性」を擬制するだけの内実を備えているものでなければならないとの見解が主張されている。しかし，「事件性はないけれども事件性があると見做して同じ扱いをするに値する，というほどの意味であ」り，「いかにも迂遠な議論の感を免れない」との批判がある。

　また，客観訴訟は，「法律上の争訟」（裁判所法3条1項）には該当しないが，司法権から導かれる「具体的な争訟」（事件争訟性）に含まれる（すなわち，「具体的な争訟」（事件争訟性）は「法律上の争訟」より広い概念と解する）とする見解や，客観訴訟は，何らかの具体的な国の行為を争う点では，法律の純粋な抽象的審査ではなく司法権に含まれるとし，客観訴訟を主観的に再構成する見解，あるいは，客観訴訟もまた具体的な法律関係の存否に関する争いであるかぎり，「具体的争訟」というべきであり，司法作用であるとする見解などがある。思うに，事件争訟性の中身が「法的解決の可能性と公権的解決の必要性」に求められると解されるのであれば，「提起されている紛争が具体的か抽象的か」によって判断すべきであろう。アメリカにおいては，日本で客観訴訟として捉えられている訴訟類型に該当する納税者訴訟が，事件争訟性を充足すると考えられていることから，日本における客観訴訟も事件争訟性を充足すると解するのが妥当である。

　なお，違憲＝違法な公権力の行使によって精神的損害を被ったことを理由として国家賠償法にもとづき慰謝料を請求する場合，単に当該国家行為に対して抱く批判的感情，不快感，焦燥感の救済を求めることになり，法律上の争訟を欠くのではないかが問題とされる（靖国神社公式参拝国賠訴訟；大阪地判平元・11・9判時1336号45頁）。原告の不特定性，損害の抽象性から，「附随審査の衣を被った抽象的審査」の危険性もあり，法律上の争訟の範囲を明確にしていく必要がある。

(3) 裁判官の法創造機能

司法権の意義をめぐっては，法創造機能・政策形成機能の重要性を解釈・適用という伝統的な司法権の観念の中に盛り込んで考え直すべきだとの主張がみられる。要するに，最高裁の違憲審査権行使が消極的だとの認識を前提に，違憲審査権を通じて行う憲法保障機能を強化する狙いがあるものと思われる。これに対して，近代立憲主義の特徴を「裁判」から「司法」への転換と捉え，司法権を「具体的紛争の当事者がそれぞれ自己の権利義務をめぐって理をつくして真剣に争うことを前提にして，公平な第三者たる裁判所がそれに依拠して行う法原理的な決定に当事者が拘束されるという構造」と解し，「裁判所が行うべきは，そのような『法原理』による権利の確定を通じての紛争の解決であって，社会全体の利益にとって何が重要かといった政策判断では決してない」として，司法権に法創造機能・政策形成機能をとりこむことに懐疑的な見解もある。難しい問題であるが，認識論として，日本の最高裁判所が一定の法創造機能・政策形成機能を果たしていることは否定できないものと思われる。要するに，最高裁が人権救済のためもっと積極的に違憲審査権を行使すべきであり，ただし，無制限に裁量を認めるのではなく一定ルールの下に枠をはめるべきだとの司法政策を述べるのだとすれば，両者は対立するものではないであろう。

2 違憲審査制度の意義
(1) 違憲審査制度と民主主義

憲法81条は，「最高裁判所は，一切の法律，命令，規則又は処分が憲法に適合するかしないかを決定する権限を有する終審裁判所である」と規定し，裁判所に違憲審査権(違憲立法審査権，法令審査権)を与えた。憲法が違憲審査権を裁判所に与えた趣旨は，第1に，98条1項に規定する憲法の最高法規性を保障することである。すなわち，仮に違憲の法律が制定されても，これを無効と認定する機関がなければ，違憲の法律が有効と取り扱われることになるので，裁判所にこの任務を認めたのである。第2に，国民の基本的人権を保障することである。すなわち，違憲の法律を無効とすることにより，国民の基本的人権を守るのである。そして，違憲審査権は，憲法の維持(憲法保障)の中心的制度である。

ところで，すでに見たように，日本国憲法は民主主義原理に立脚し，選挙で選ばれた国民の代表が法律を制定するという構造を採用している。ところが，違憲審査制は，民主主義的基盤をもたない裁判官に法律の合憲性を判断させており，そもそも違憲審査制は民主主義原理となじまないのではないか，その正当性が問題とされている。もちろん，日本国憲法81条は明文で裁判所に違憲審査権を認めているので，この争いは，違憲審査権行使のあり方にかかわる。裁判官が国民によって選ばれたものでなく，国民に対して直接に責任を負うものではないという点を強調すれば，違憲審査権は民主主義に反するものとして，裁判所は消極的な態度をとるべきだということになる。しかし，右見解は民主主義を形式的な多数決主義・多数者支配主義と同視するものであり妥当ではない。国家権力を合理的に制限し，国民，特に少数者の権利・自由を保障するという立憲民主主義の立場からは，国民の基本的人権を保障するための制度である違憲審査権はむしろ民主的な制度であると解することができる。

　近時，このような見解を「実体的価値の司法審査論」だとし，これでは，裁判官を拘束する価値序列が，結局のところ裁判官の主観的な価値判断によって定められてしまうと批判し，司法府にふさわしい役割は，民主主義プロセスの保障にあるという「プロセス的司法審査論」を説く見解がある。すなわち，裁判所には，民主主義プロセスの機能の組織的障害を是正し，民主主義が適切に機能するよう確保する役割が期待されており，裁判所がそのような役割を果たすことは民主主義に矛盾しないというのである。この見解の根底には，従来のリベラリズムに対抗して，自由を確保するためには政治参加が不可欠であるという「プリュラリズム」にもとづくプロセス的憲法観があり，この論点をめぐってはさまざまな論争がなされている。しかし，司法審査論に限った場合でも，裁判所は実体的価値選択を避けることはできないのではないかと思われる。

（2）　**アメリカ型とドイツ型の違憲審査制度**

　違憲審査制度は，アメリカ型司法審査とドイツ型憲法裁判所に大別される。アメリカでは，憲法に明文の規定はないものの，1803年のマーベリー対マディソン事件の判決において，合衆国最高裁が違憲審査権をもつことを明らかにした。以後，これが先例となり，通常の裁判所が具体的な訴訟を通して，当該事件を解決するに必要な限りで違憲審査権を行使するという制度が判例法により

確立された。その根拠としては、憲法と法律が矛盾する場合、上位規範である憲法が優先するから、憲法に違反する法律は適用されないという考えがある。これに対して、ヨーロッパ諸国は、裁判所に対する不信感が強く、ドイツでは、特別な憲法裁判所を設け、具体的事件とは関係なく、当該法律の合憲性を直接審査する権限（抽象的規範統制）が認められている。

しかし、アメリカ型司法審査とドイツ型憲法裁判所の制度のどちらが優れているかについては一概には決せられない。前者は、具体的事件を通して人権保障の目的をよく達成しうるが、具体的事件を前提とすることで限界があり、また、司法消極主義に立って憲法判断の回避がなされるなどの欠点がある。後者については、抽象的審査により早急に憲法問題を解決することができるが、他面、憲法裁判所の政治化が問題とされる（第1章第2節2を参照）。

（3） 違憲審査制の性質

憲法81条の規定する違憲審査制度をめぐって、裁判所は、ドイツの憲法裁判所のように具体的事件とは関係なく抽象的に違憲審査権を行使できるのかが問題となる。この点、①81条の文言、憲法保障という目的、司法権概念の流動性などを根拠に、最高裁判所には付随的違憲審査権のほかに、具体的事件とは無関係に、法令等の合憲性を抽象的・一般的に審査・決定する権限があると解する見解（抽象的審査制説）、②81条が司法の章に定められていること、同条がアメリカの司法審査制を継受したものであること、抽象的審査制を積極的に明示する規定がないこと、権力分立から問題があることなどを根拠に、通常の裁判所が、具体的な訴訟事件を裁判する際に、その前提として事件の解決に必要な限度で、適用法条の違憲審査を行うとする見解（付随的審査制）、③81条が最高裁判所に憲法裁判所的性格を積極的に与えていると解することはできないが、他方、それを禁ずる趣旨とも解されないとして、法律や裁判所規則でその権限や手続を定めれば、最高裁判所に憲法裁判所の機能を果たさせることもできるとの見解（法律事項説）などに分かれている。付随的審査制説が通説であり、警察予備隊事件で最高裁（最大判昭27・10・8民集6巻9号783頁）も、「要するにわが現行の制度の下においては、特定の者の具体的な法律関係につき紛争の存する場合においてのみ裁判所にその判断を求めることができるのであり、裁判所がかような具体的事件を離れて抽象的に法律命令等の合憲性を判断する権限

を有するとの見解には、憲法上及び法令上何等の根拠も存しない」と付随的審査制説に立つことを明らかにした。しかし、理論的には、いわゆる客観訴訟をめぐり、法律事項説が成り立つ余地も残されている。

3　違憲審査権の手続要件
(1)　法律上の争訟

既に述べたように、憲法76条1項に規定する「司法権」の固有の審査対象は、「具体的な争訟」と解されており、これを受けて裁判所法3条1項は、「裁判所は、日本国憲法に特別の定のある場合を除いて一切の法律上の争訟を裁判」すると規定している。

それでは、「法律上の争訟」とは何であるか。アメリカにおいて、アメリカ合衆国憲法3条2節1項に規定される「事件・争訟」とは、①対決性、②争われている法的権利に利害関係を持つ当事者、③現実の司法判断適合の争訟の存在、④裁判所が終局的にして拘束力を持つ判断を下すこと、が確立された要件であるとされている。わが国においても、一般に、①当事者間の具体的な権利義務ないし法律関係の存否に関する紛争であって、かつ、②それが法令の適用により終局的に解決することができるものと解されている。

もっとも、アメリカにおいては、司法権の限界を「事件・争訟」性ではなく、それを構成する司法判断適合性（「裁判適性」ともいう）に関する諸法理（当事者適格、成熟性、ムートネス、政治問題の法理）にもとづき判断している。法創造・政策形成機能を加味するのであれば、わが国においても、「法律上の争訟」について、憲法保障型の司法審査制を前提に、司法判断に適合するか否かを個別具体的、柔軟に解釈していくことが必要である。

まず、法律上の争訟があるというためには、①「当事者間の具体的な権利義務ないし法律関係の存否に関する紛争であること」が必要である。この要件は、主に、行政事件訴訟における、原告適格、狭義の訴えの利益（ムートネス）、処分性（成熟性）、および客観訴訟の問題に帰着する。

次に、②「それが法令の適用により終局的に解決することができるもの」であることが必要である。「法令の適用により終局的に解決する」という意味は必ずしも明確ではないが、第1に、本来的に司法判断に適さない場合、たとえば、

宗教上の教義，試験における合否の判定などがこれに該当する。

　たとえば，板まんだら事件において，最高裁（最3判昭56・4・7民集35巻3号443頁）は，本件訴訟は，信仰の対象についての宗教上の価値に関する判断，「戒壇の完結」，「広宣流布の達成」等宗教上の教義に関する判断が，それぞれ必要であり，「いずれもことがらの性質上，法令を適用することによつては解決することのできない問題であり，裁判所法3条にいう法律上の争訟にあたらないとした。もっとも，訴訟物が宗教上の教義および信仰上のもの，あるいは宗教上の地位自体であれば，①の要件を充たさないと評価することもできる。また，技術士試験事件において，最高裁（最3判昭41・2・8民集20巻2号196頁）は，「法令の適用によって解決するに適さない単なる政治的または経済的問題や技術上または学術上に関する争は，裁判所の裁判を受けるべき事柄ではないのである。国家試験における合格，不合格の判定も学問または技術上の知識，能力，意見等の優劣，当否の判断を内容とする行為であるから，その試験実施機関の最終判断に委せられるべきものであって，その判断の当否を審査し具体的に法令を適用して，その争を解決調整できるものとはいえない」と判示している。

　第2に，他の憲法規定の規範的要請の結果，司法権行使の対象となりえない場合として，議院の自律権，統治行為，部分社会の法理などがある。この第2分類については，②の要件を充たして「法律上の争訟」に該当するが，なおも司法審査の対象にならないと解するのが一般的である。この点については，分類の問題であり，司法判断適合性の問題として，個別・具体的に判断していけば十分であろう。

（2）　憲法上の争点を提起する適格

　憲法裁判において，攻撃防御方法として，いかなる場合に違憲の主張が認められるのかが問題となる。付随的審査制からくる適用審査を前提とすれば，当該事件を解決するのに必要な範囲でのみ違憲審査権が行使されるのであるから，当事者が自己に直接適用されない法令の違憲性を主張したり，自己の権利侵害ではなく，第三者の権利侵害を援用することはできない。逆に言えば，憲法上保障された自己の権利が現実的・実質的に侵害された場合のみ違憲の主張が認められることになる（争われている行為と事実上の損害の間に因果関係があること

が必要である)。

　しかし，自己に直接適用される規定を含んでいる法律全体，あるいは自己に適用される規定と密接不可分の関係にある他の規定の違憲を主張することは許される。いずれの場合も，違憲判決がなされることにより，自己に対する適用を免れることができるからである。

　次に，第三者の権利援用については，①第三者の権利の享有・実現に当事者の行為が密接に関連し，かつ第三者がその権利を主張できない場合，および②刑罰法規や精神的自由を規制する法律が「過度の広汎性」または「漠然性」の認められる場合に限り認められる。この場合も，やはり違憲判決により自己に対する適用を免れる関係にあるし，①の場合，第三者が裁判で権利救済を求める可能性がない以上，個人主義にも反しないからである。

　しかし，このように考えるならば，第三者の権利援用が認められるか否かは，権利の実体的内容・性格を考慮せざるを得ず，そうであれば，訴訟要件ではなく本案審理の先取りではないかとの疑問が生じる。そこで，②の場合，「被告人はその法の『文面』違憲を勝ち取れば，無罪となる立場にあるから，その限りで，『第三者の権利侵害』等，主張するスタンディングを有する」とし，憲法訴訟の要件である原告適格の問題ではなく，「本案における実体判断の問題とし，漠然とした法がかかわることになる基本権の性格・種類により」検討すべきだとも考えることも可能であろう。

　判例では，①につき，密輸の罪で有罪となり，さらに密輸に用いた船舶・貨物を関税法の第三者没収規定により没収されることになった被告人が，同条は第三者の財産を正当な手続によらずに奪うものだとして31条等に違反すると主張して争った第三者没収事件で，最高裁（最大判昭37・11・28刑集16巻11号1593頁）は，「かかる没収の言渡を受けた被告人は，たとえ第三者の所有物に関する場合であつても，被告人に対する附加刑である以上，没収の裁判の違憲を理由として上告をなしうることは，当然である。のみならず，被告人としても没収に係る物の占有権を剥奪され，またはこれが使用，収益をなしえない状態におかれ，更には所有権を剥奪された第三者から賠償請求権等を行使される危険に曝される等，利害関係を有することが明らかであるから，上告によりこれが救済を求めることができるものと解すべきである」とした。

（3） 成熟性（ライプネスの法理）

　成熟性とは，紛争が司法判断に適するくらいに十分展開し，明確な実体を備えるに至ったかどうかを問うものである。一般には，行政事件訴訟法3条の「行政庁の処分その他公権力の行使にあたる行為」（行政処分）に該当するか否かを問題とすれば十分である。アメリカでは，ライプネスの法理として，司法判断適合性の問題として処理されているが，わが国おいても，これを憲法上の問題として扱うべきかについては議論が分かれている。

（4） 訴えの利益の消滅（ムートネスの法理）

　行政事件訴訟法9条は，取消訴訟を提起するには，「取消しを求めるにつき法律上の利益を有する」ことを求め（原告適格），さらに最終的な判決の時点においても「回復すべき法律上の利益」（同条括弧書き）が必要である（狭義の訴えの利益）。これらは，行政事件訴訟法上の論点であるが，憲法裁判においては，狭義の訴えの利益が喪失した場合でも，「なお，念のため」憲法判断をなしうるかが問題となる。このような処理をした判例としては，皇居前広場事件（最大判昭28・12・23民集7巻13号1561頁），朝日訴訟（最大判昭42・5・24民集21巻5号1043頁）がある。アメリカで展開されたムートネスの法理とは，訴訟のあらゆる段階において，現実の争訟の存在を要求するもので，何らかの事情により現実の争訟が消滅した場合は司法判断適合性がないとして却下されるという法理である。この問題が憲法問題か否かについては争いがあるが，行政事件訴訟法9条括弧書きにより狭義の訴えの利益が認められない場合に，なお憲法判断が可能とされるには，そこに何らかの憲法上の要請がはたらいているものと解されよう。

4　違憲審査の実体的限界
（1）　立 法 裁 量

　立法裁量とは，立法に関して憲法上立法府に委ねられた判断の自由をいうとされる。憲法は，人権保障の具体的内容・範囲については一義的に定めず，選択の余地を認めている。この選択の余地を裁量とよび，その範囲内で立法がなされている以上，裁判所はこれを違憲とはできないはずである。したがって，違憲審査にあたり，裁判所は，憲法上立法裁量に委ねられている領域について

は，立法府の政策判断に敬意を払い，裁判所独自の判断を控えるべきである。このような立法裁量論は，権力分立原理のみならず，司法の自己抑制からも根拠づけられる。しかし，当該立法が，憲法の容認する範囲を超えている場合は，司法判断の対象となりうることになる。ただ，理論的にこのように言えるとしても，いかなる場合が立法裁量の逸脱・濫用となるかは明確ではない。一般的には，合憲性推定の原則，二重の基準論などにより，精神的自由を規制する場合は立法裁量が狭くなるものと解すべきである。

（2）立法不作為

違憲審査権は国家行為を対象としているが，立法の不作為については，いわば「無」の状態であり，はたして違憲審査の対象となるのかが問題とされる。従来，立法行為は，国会における政治的活動の所産であって広汎な裁量が認められるため，原則として，裁判にはなじまないと考えられていた。しかし，立法府も憲法により拘束されるはずであり，何らかの形で憲法上の具体的な立法義務が存在する場合は，この義務に反して立法しないことは違憲であると見ることができる。したがって，①立法府に対して具体的な作為義務・立法義務が課せられている場合で，②相当な期間を経過してもなお立法府がその立法義務を怠っている場合には，裁判所は違憲と判断できると解される。問題は，立法不作為を争う方法であるが，立法不作為違憲確認訴訟が認められていない（無名抗告訴訟として構成すべきだとの議論もある）以上，国家賠償請求訴訟として要求していく可能性が残されている。しかし，この場合には，立法されていない状態が違憲であることと，それを放置した国会議員が国家賠償法上，不法行為をおかしたかどうかは別問題であることに注意が必要である（職務行為基準説）。そこで，在宅投票制事件において，最高裁（最１判昭60・11・21民集39巻７号1512頁）は，「国会議員の立法行為は，立法の内容が憲法の一義的な文言に違反しているにもかかわらず国会があえて当該立法を行うというごとき，容易に想定し難いような例外的な場合でない限り，国家賠償法１条１項の規定の適用上，違法の評価を受けないものといわなければならない」と厳格な要件を課した。精神的原因による投票困難者に対する選挙権行使の確保について，その立法不作為が争われた最１判平成18年７月13日判時1946号41頁は，下記平成17年判決を引用しつつ，「選挙権が議会制民主主義の根幹を成すものであること等にか

んがみ……，精神的原因による投票困難者の選挙権行使の機会を確保するための立法措置については，今後国会において十分な検討がされるべきものであるが，本件立法不作為について，国民に憲法上保障されている権利行使の機会を確保するために所要の立法措置を執ることが必要不可欠であり，それが明白であるにもかかわらず，国会が正当な理由なく長期にわたってこれを怠る場合などに当たるということはできないから，本件立法不作為は，国家賠償法1条1項の適用上，違法の評価を受けるものではないというべきである」と判示した。もっとも，ハンセン病患者の強制隔離政策に対する国家賠償請求事件につき，熊本地裁（熊本地判平13・5・11判時1748号30頁）は，「『立法の内容が憲法の一義的な文言に違反している』との表現を用いたのも，立法行為が国家賠償法上違法と評価されるのが，極めて特殊で例外的な場合に限られるべきであることを強調しようとしたにすぎないものというべきである」とし，「新法の隔離規定に合理性がないことが明らかであること，その他，……新法の隔離規定が存続することによる人権被害の重大性とこれに対する司法的救済の必要性にかんがみれば，他にはおよそ想定し難いような極めて特殊で例外的な場合として，遅くとも昭和40年以降に新法の隔離規定を改廃しなかった国会議員の立法上の不作為につき，国家賠償法上の違法性を認めるのが相当である」として立法不作為の違憲性を認めた。外国に居住する国民が，選挙権を有することの確認を求めた裁判で，最大判平成17年9月14日民集59巻7号2087頁は，立法不作為に関し，前記昭和60年判決を引用し，「在外国民であった上告人らも国政選挙において投票をする機会を与えられることを憲法上保障されていたのであり，この権利行使の機会を確保するためには，在外選挙制度を設けるなどの立法措置を執ることが必要不可欠であったにもかかわらず，前記事実関係によれば，昭和59年に在外国民の投票を可能にするための法律案が閣議決定されて国会に提出されたものの，同法律案が廃案となった後本件選挙の実施に至るまで10年以上の長きにわたって何らの立法措置も執られなかったのであるから，このような著しい不作為は上記の例外的な場合に当たり，このような場合においては，過失の存在を否定することはできない。このような立法不作為の結果，上告人らは本件選挙において投票をすることができず，これによる精神的苦痛を被ったものというべきである。したがって，本件においては，上記の違法な立法不作

為を理由とする国家賠償請求はこれを認容すべきである」と判示した。

なお，いわゆる学生無年金障害者事件について，東京地判平成16年3月24日判時1852号3頁は，立法不作為を認定している。

（3） 議院の自律権

憲法は55条において，「両議院は，各々その議員の資格に関する争訟を裁判する。但し，議員の議席を失はせるには，出席議員の3分の2以上の多数による議決を必要とする」とし，56条1項において「両議院は，各々その総議員の3分の1以上の出席がなければ，議事を開き議決することができない」とし，同条2項は，「両議院の議事は，この憲法に特別の定のある場合を除いては，出席議員の過半数でこれを決し，可否同数のときは，議長の決するところによる」と規定する。そして，これら議院による判断に不服がある議員が裁判所に救済を求めることが考えられる。しかし，これについては，議院に自律権が認められているとされ，おのおのの議院の判断を最終的判断として尊重し，原則として，司法審査が及ばないとする法理が確立されている。これは，権力分立にもとづき，裁判所が政治部門の内部的自律を尊重すべきことを根拠とする。

なお，議院の自律権を統治行為に含めて理解する見解もあるが，必ずしも明確でない統治行為の概念を用いるべきではないだろう。

（4） 部分社会の法理

いわゆる部分社会の法理は，判例の中で形成された法理論であり，富山大学単位不認定事件で最高裁（最3判昭52・3・15民集31巻2号234頁）は，「一般市民社会の中にあつてこれとは別個に自律的な法規範を有する特殊な部分社会における法律上の係争のごときは，それが一般市民法秩序と直接の関係を有しない内部的な問題にとどまる限り，その自主的，自律的な解決に委ねるのを適当とし，裁判所の司法審査の対象にはならない」とした（最大判昭35・10・19民集14巻12号2633頁も同旨）。

部分社会論の根拠となった思想は，田中耕太郎長官の主張である。青森県議除名処分執行停止事件（最大決昭28・1・16民集7巻1号12頁）において，田中長官は，「凡そ法的現象は人類の社会に普遍的のものであり，必ずしも国家という社会のみに限られないものである。国際社会は自らの法を有し又国家なる社会の中にも種々の社会，例えば公益法人，会社，学校，社交団体，スポーツ団

体等が存在し，それぞれの法秩序をもっている。法秩序は社会の多元性に応じて多元的である。それ等の特殊的法秩序は国家法秩序即ち一般的法秩序と或る程度の関連があるものもあればないものもある。その関連をどの程度のものにするかは，国家が公共の福祉の立場から決定すべき立法政策上の問題である。従つて例えば国会，地方議会，国立や公立学校の内部の法律関係について，一般法秩序がどれだけの程度に浸透し，従つて司法権がどれだけの程度に介入するかは個々の場合に同一でない。要するに国会や議会に関しても，司法権の介入が認められない純然たる自治的に決定されるべき領域が存在することを認めるのは決して理論に反するものではない」と述べている。

部分社会の法理が妥当する領域としては，公的な団体内部については，地方議会における懲罰，国立大学における単位認定，私的な団体内部については，宗教団体，政党，労働組合，弁護士会などがあるとされる。

たとえば，袴田事件において，最高裁（最3判昭63・12・20判時1307号113頁）は，「政党の結社としての自主性にかんがみると，政党の内部的自律権に属する行為は，法律に特別の定めのない限り尊重すべきであるから，政党が組織内の自律的運営として党員に対してした除名その他の処分の当否については，原則として自律的解決に委ねるのを相当とし，したがって，政党が党員に対してした処分が一般市民法秩序と直接の関係を有しない内部的な問題にとどまる限り，裁判所の審判権は及ばないというべきであ」ると判示した。

しかし，宗教団体内部の事件の解決については単純に割り切ることはできない。宗教上の地位の確認を求める場合は，当事者間の具体的権利義務または法律関係とはみなされないが（最1判昭44・7・10民集23巻8号1423頁），宗教上の地位であっても，それが法律上の地位としての性質を併有する場合は司法審査は肯定される（最3判平7・7・18民集49巻7号2717頁）。他方，法律上の地位に関する事件であっても，その判断過程において宗教上の教義ないし信仰の内容に関わる場合（前述の板まんだら事件および最2判平元・9・8民集43巻8号889頁，最3判平5・9・7民集47巻7号4667頁，最3判平11・9・28判時1689号78頁）は，法律の適用によって解決できないが，前提問題としてであれば，その判断内容が宗教上の教義の解釈にわたらない限り審査できると解されている（最3判昭55・1・11民集34巻1号1頁，最1判昭55・4・10判時973号85頁）。しかし，安易

に司法審査を避けることは，裁判を受ける権利と抵触する危険がある。

部分社会の法理は，法秩序の多元性を前提に，高い自治能力をもつ団体の自律的な決定権を保障するという点で評価することができる。しかし，部分社会の法理の対象とされる団体は多様であり，これを一括りに統一の法理で説明することはその団体の特性を無視することにならないか，とか，実は法治主義を排除する特別権力関係論と同様の機能を果たしているのではないかなどの批判がある。また，法秩序の多元性を説く田中長官の考えに対しても，これでは盗賊団の決まり事までが法ということになってしまい，やや常識に反するものではないか，法を国家権力との結びつきにおいて捉えるべきではないかとの疑問が出されている。この法理は司法審査の例外を認めることであり，これを広く認めると裁判を受ける権利を侵害する危険性がある。そこで，部分社会の法理そのものを解体して，「議院の自律権，大学の自治，結社の自由等々の問題として憲法内在的にかつ個別的に考え」るべきだとの見解が有力である。

しかしながら，個別的に考えるとしても，司法審査の限界について，学説は実務の指標となる基準を提示していない。そこで，実務的には，部分社会の法理の限界である「一般市民法秩序と直接の関係を有しない内部的な問題にとどまる」ものか否かを，部分社会の性質，その法秩序の内容，争われている権利の性質，司法審査の対象から除外することによってもたらされる結果等を十分に検討することが必要である。

(5) 統治行為

統治行為（政治問題の法理）とは，法令の解釈・適用によって解決しうるにもかかわらず，高度の政治性を有するため，違憲審査の対象とならない国家行為をいう。統治行為を認める見解は，国民主権下の三権分立制度や民主主義責任原理からくる司法権の限界，あるいは，政治的紛糾を避けるため裁判所は政策的に自制すべきだとの理由を挙げる。これに対して，81条は，「一切の」処分等を対象としており，統治行為を司法審査から除外する明文の規定は存在しない，憲法問題は少なからず政治性を有しており，重大な憲法問題がすべて統治行為とされかねない，などの理由から否定説も有力である。しかし，統治行為の観念を認める実際上の必要性があることは否定できないであろう。何が統治行為になるかは，内在的制約と自制の両方の趣旨を加味し，事件に応じて具体的に

判断すべきである。

判例としては、日米安保条約が問題となった砂川事件において、最高裁（最大判昭34・12・16刑集13巻13号3225頁）は、本件安全保障条約は、高度の政治性を有するものというべきであって、その内容が違憲なりや否やの法的判断は、「純司法的機能をその使命とする司法裁判所の審査には、原則としてなじまない性質のものであり、従って、一見極めて明白に違憲無効であると認められない限りは、裁判所の司法審査権の範囲外のもの」と判示した。しかし、この判決は、統治行為と伝統的な自由裁量論との混同が見られる。より端的に、統治行為を認めたものとして、衆議院の解散の効力が争われた苫米地事件において、最高裁判決（最大判昭35・6・8民集14巻7号1206頁）は、「直接国家統治の基本に関する高度に政治性のある国家行為のごときはたとえそれが法律上の争訟となり、これに対する有効無効の判断が法律上可能である場合であつても、かかる国家行為は裁判所の審査権の外にあり、その判断は主権者たる国民に対して政治的責任を負うところの政府、国会等の政治部門の判断に委され、最終的には国民の政治判断に委ねられているものと解すべきである」と判示している。

(6) 条　　約

条約は、憲法81条に列挙されておらず、条約に対して違憲審査権が及ぶのかが問題となる。条約とは、国家間の文書による合意で関係国家を拘束する国際法上の法形式であるとされるが、憲法と条約の優劣に関し、憲法優位説と条約優位説の対立があり、条約優位説に立てば、憲法上の権限である違憲審査権の効力は条約に及ばないことになる。日本国憲法が国際協調主義を採用し、81条で条約を除外し、とくに98条2項で条約の遵守を規定していることを理由に条約優位説に立つ見解もあるが、条約締結権は憲法にもとづくものである（61条・73条3号）ことからは憲法優位説が妥当である（憲法と条約の優劣については、第1章第1節4参照）。

しかし、憲法優位説に立っても、違憲審査権が及ぶのかは別問題である。一般論としては、81条で条約を除外し、とくに98条2項で条約の遵守を規定していること、条約がきわめて政治的な内容を含むことから、条約そのものは違憲審査の対象とならないが、条約を前提問題として違憲審査することは許されると解する。他方、条約は国際法ではあるけれども、条約は国家間において効力

を生じ、関係国国民をただちに拘束するものではないので、その国内法として通用する側面については、81条の「法律」に準ずるものとして違憲審査の対象となるとの見解もある。いずれにせよ、条約に対する違憲審査は、高度の政治性を有することが多く、統治行為として処理されることが多いものと考えられる。

5　違憲審査の技術
（1）　司法積極主義と消極主義

　裁判所が違憲審査権を行使する際、抑制的に行うべきか、それとも積極的に行うべきであろうか。裁判所は本来的に非民主的な機関であるから、国民を代表する議会の意思を最大限尊重すべきであるとの前提に立てば、違憲審査権の行使は抑制的に行使すべきだということになる。このように、違憲審査権の行使に際し、政策決定者の決断は最大限の「謙譲と敬意」をもって扱うべきだという裁判所の態度を司法消極主義（司法の自己制限論）といい、逆に、躊躇しない態度を司法積極主義という。もっとも、司法積極主義・消極主義は多義的であり、論者により異なる意味で使われることがある。また、司法積極主義か司法消極主義かという対立は、政治部門の動向とそれに対する裁判所の態度、それを見る評者の価値観との相関により決定される問題であり、どのアプローチが妥当かを抽象的に問うことは問題が多いとされる。

　一般的に、民主主義を強調すれば、司法消極主義が妥当することになるが、精神的自由の規制に関する過誤については、民主政の過程で是正できないとすれば、この限りで司法積極主義が妥当し、裁判官は積極的に違憲審査権を行使する態度をとるべきだという司法哲学が妥当する。また、わが国においては、裁判所の違憲審査権行使についての態度が消極的であるという分析論に立てば、全般的に司法積極主義の方向で運用すべきだということになる。

（2）　合憲性の推定と二重の基準

　一般に、国会の制定した法律は合憲性の推定を受ける。権力分立主義の下で、裁判所は立法者の行う立法活動に敬意を払うべきであるし、裁判所にはさまざまな利害の複雑な衡量を行う能力はない。そこで、立法事実の存在が推定され、裁判所は、違憲審査の対象となった法律を合憲であるとの推定のもとに適用す

るという合憲性推定の原則が働くのである。そして，合憲性推定の原則の下では，裁判所は，問題となっている法律に明白な誤りがなければ，違憲と判断してはならないという「明白の原則」が導かれる。しかしながら，二重の基準論の下，合憲性推定の原則は，主として経済的自由の規制立法について適用されるものであり，精神的自由の規制立法に対しては及ばないと解されている。もっとも，このことから，逆に精神的自由の規制立法に違憲性の推定が働くと解することは妥当ではない。違憲性が働く根拠は何ら見出せないからである。

　二重の基準論とは，既に説明されているとおり（第5章第4節4（1）），優越的地位にある精神的自由の規制立法の合憲性は，厳格な基準により判断しなければならず，経済的自由の規制立法の合憲性については，緩やかな合理性の基準によって判断するという考え方である。二重の基準論は，実体的価値において精神的自由の方が経済的自由より重要であること，精神的自由が侵害されると民主的な政治過程で治癒が期待できないこと，経済的自由の規制の合理性について裁判所はその能力を欠いていることなどをその理由とする。

　わが国の最高裁も二重の基準論を採用していると解されている。たとえば，小売市場規制事件で最高裁（最大判昭47・11・22刑集26巻9号586頁）は，「憲法は，国の責務として積極的な社会経済政策の実施を予定しているものということができ，個人の経済活動の自由に関する限り，個人の精神的自由等に関する場合と異なつて，右社会経済政策の実施の一手段として，これに一定の合理的規制措置を講ずることは，もともと，憲法が予定し，かつ，許容するところと解するのが相当であり，国は，積極的に，国民経済の健全な発達と国民生活の安定を期し，もつて社会経済全体の均衡のとれた調和的発展を図るために，立法により，個人の経済活動に対し，一定の規制措置を講ずることも，それが右目的達成のために必要かつ合理的な範囲にとどまる限り，許されるべきであつて，決して，憲法の禁ずるところではないと解すべきである」と判示している。

　しかし，近時，二重の基準論そのものに対して見直しを迫る議論がなされている。通説のように価値序列を認める見解に対しては，道徳哲学に立脚するものであり，個々の人権に本質的な価値序列が付けられるのかという疑問が出されている。また，司法審査の正当性をめぐり，表現の自由が民主主義プロセスの根幹をなしており，裁判所こそがその監視に当たるべきであるという制度的

な権限配分の観点から説明する見解もある。しかし，民主政の過程維持を強調すると，実体的価値選択をすべて民主的過程に委ねてしまい，司法審査はただその過程・手続の維持のみに努めれば足りるということになり，司法審査の領域が狭くなってしまう可能性がある。

他方，経済的自由が精神的自由よりも内在的価値において劣るというのは「知識人」特有の偏見であること，精神的自由の経済的自由への依存について，リアリスティックな認識を欠いていると批判し，二重の基準論そのものに対して原理的な疑問が出されている。また，リバタリアニズムの立場から，「精神的自由も経済的自由も自己所有権の要素である」とし，二重の基準論の廃棄を主張する見解もある。もっとも，二重の基準論に批判的立場も，経済的自由も精神的自由と同様に保障すべきことを説いており，伝統的な司法消極主義に立つものではない。これに対しては，「切り札としての人権については，実質的価値選択に基づいて保障すべきだ」との見解から，反批判がなされている。

思うに，二重の基準論は，裁判所の非民主主義的性格を強調した消極的な違憲審査に対する反省と，積極的な違憲審査権を正当化する理論的根拠を提供するという実践的な意義を有するものであり，違憲審査権の行使そのものに消極的なわが国の最高裁の立場に対し，二重の基準論を定着させる方がより実践的解釈であると思われる。

具体的な審査基準については，個々の人権論の中で説明したので，ここでは繰り返さない。基本的には，二重の基準論の枠組みを前提として，個々の人権を個別的に検討して決定されることになる。

（3）　法令審査の方法

(a)　文面・適用審査　裁判所が仮に違憲の心証を得た場合であっても，その判断の方法について選択の余地が認められる。そこで，裁判所は，どのような方法で憲法問題について審査し，その判断を示すのかが問題となる。上述のように，わが国の違憲審査は原則として具体的事件を解決するために付随的になされる。この具体的審査制を前提にすると，裁判所は，法令の合憲性をその事件の訴訟当事者に対する適用関係についてのみ判断することになろう（適用審査）。これは付随的審査制からの理論的帰結である。したがって，裁判所は，当該事件の個別的な事実（司法事実）を，当事者の主張・立証にもとづいて認

定し，適用すべき法を決定する。そして，この違憲判断の方法は，自己に適用される限りで違憲とする「適用違憲」の手法と結びつく（もっとも，適用審査から「法令違憲」という手法もありうる）。

しかし，優越的人権である表現の自由や刑罰法規の明確性が問題となる事例，あるいは法令の適用事例が不可分の場合などは，法令の合憲性をその事件の事実とかかわりなく，法令そのものの合憲性を文面上判断すべきである（文面審査）。この場合の違憲判断の方法は，「法令違憲」ということになる。もっとも，文面・適用審査の手法は，理念型を示したもので，わが国の最高裁はこのような審査方法を，厳密に使い分けている訳ではない。

(b) 合憲限定解釈　法令審査において，ある法令の規定が，法文上は広汎にすぎ，字義どおりに解釈すれば違憲の疑いがあるが，他のより制限的な解釈をとれば合憲となる場合，法令の効力を救済するため，規定の意味を限定し，違憲となる可能性を排除する解釈手法を採用することがある。この手法は，合憲限定解釈（合憲解釈）といわれ，合憲判断を前提として「違憲」判断を回避するものであるから，後述の憲法判断回避の原則とは異なる。

都教組事件判決において，最高裁（最大判昭44・4・2刑集23巻5号305頁）は，地方公務員法37条1項，同61条1項の「規定が，文字どおりに，すべての地方公務員の一切の争議行為を禁止し，これらの争議行為の遂行を共謀し，そそのかし，あおる等の行為……をすべて処罰する趣旨と解すべきものとすれば，前叙の公務員の労働基本権を保障した憲法の趣旨に反し」，これらの規定は，いずれも，違憲の疑を免れないが，「法律の規定は，可能なかぎり，憲法の精神にそくし，これと調和しうるよう，合理的に解釈されるべきものであつて，この見地からすれば，これらの規定の表現にのみ拘泥して，直ちに違憲と断定する見解は採ることができない」とし，「争議行為自体が違法性の強いものであることを前提とし，そのような違法な争議行為等のあおり行為等であつてはじめて，刑事罰をもつてのぞむ違法性を認めようとする趣旨と解すべき」（いわゆる「二重のしぼり」論）と判示して合憲限定解釈を用いている。

また，福岡県青少年保護育成条例事件において，最高裁（最大判昭60・10・23刑集39巻6号413頁）は，「『淫行』とは，広く青少年に対する性行為一般をいうものと解すべきでなく，青少年を誘惑し，威迫し，欺罔し又は困惑させる等そ

の心身の未成熟に乗じた不当な手段により行う性交又は性交類似行為のほか，青少年を単に自己の性的欲望を満足させるための対象として扱つているとしか認められないような性交又は性交類似行為をいうものと解するのが相当であ」り，「このような解釈は通常の判断能力を有する一般人の理解にも適うものであ」ると判示している。

　さらに，税関検査事件で，最高裁(最大判昭59・12・12民集38巻12号1308頁)は，関税定率法の規定を「合理的に解釈すれば，右にいう『風俗』とは専ら性的風俗を意味し，右規定により輸入禁止の対象とされるのは猥褻な書籍，図画等に限られるものということができ，このような限定的な解釈が可能である以上，右規定は，何ら明確性に欠けるものではな」いと判示している。

　このような合憲限定解釈が採られる根拠は，①立法府の判断を尊重し，法律は合憲性が推定されること，②違憲判断を避けるべきであるという司法の自己抑制の考え方，③法規範は上位規範に従って解釈されるべきであるという体系的解釈の要請，などにもとづく。合憲限定解釈は，法令違憲により惹起される法的混乱を回避しつつ，被告人無罪の結論を導くことができ，人権擁護の積極的な役割が期待できるとして評価することもできる。

　しかし，無理な合憲限定解釈は法律を改変することになるし，とくに明確性の要請される刑罰法規につき予見機能を損なう危険がある。全農林警職法事件で，最高裁(最大判昭48・4・25刑集27巻4号547頁)は，いわゆる二重のしぼり論を批判し，「いうところの違法性の強弱の区別が元来はなはだ曖昧であるから刑事制裁を科しうる場合と科しえない場合との限界がすこぶる明確性を欠くこととなり，……このように不明確な限定解釈は，かえって犯罪構成要件の保障的機能を失わせることとなり，その明確性を要請する憲法31条に違反する疑いすら存するものといわなければならない」と判示した。しかしながら，その後も最高裁は合憲限定解釈の手法を多用しており，本件判決は，直接的には全司法仙台事件判決の合憲限定解釈を否定したもので，合憲限定解釈の手法そのものを否定したものではないと解される。

　以上のことから，合憲限定解釈が許されるのは，その限定解釈が当該規定の解釈として文言および規定の趣旨から無理なく読みとれるものであり，合憲的に規制しうる行為とそうでないものとを明確なカテゴリーで区別して示すこと

ができる場合に限るべきである。

　なお，合憲限定解釈は，違憲となる部分を排除することによって法令の効力を救って立法府の判断を尊重する一方で，当事者の権利の救済をも図る点で，適用違憲と同じ機能を営むといわれており，両者を同一視する見解もある。確かに，訴訟プロセスから考えると，被告人の行為が憲法的保護に値すると判断される場合，当該行為が当該法律の処罰対象でないと解釈して救済することが合憲限定解釈であり，解釈の限界を超える場合が適用違憲であるといえる。しかし，適用違憲は適用審査を前提とし，合憲限定解釈は文面審査を前提とする手法であり，また，前者が法令の「適用」を問題とするのに対し，後者は法令の「解釈」を問題としていることから理論的構造は異なっている。さらに，前者は違憲判断を示す点でより積極的意義を有する点で違いがある。

　(c)　立法事実　　立法者は，立法に当たり，当該立法の合理性を支える社会的，経済的，政治的，科学的事実（立法事実）を考慮しているはずである。したがって，憲法訴訟において，裁判所は，個別・具体的な司法事実を審査することはもちろんであるが，それ以外に，右のような立法事実の妥当性を審査する必要がある。すなわち，その立法の目的または手段のおのおのについて，立法者による立法事実の認識に誤りがないかどうか，当該立法事実が裁判時にも存在しているかどうかを審査することにより，裁判官の恣意を排除することができる。すなわち，一方当事者の主張のみにもとづいて判断したり，勝手な推測をして客観的・科学的な事実の裏付けを怠っているなどの立法事実論の欠如の場合，公平な裁判は期待できないであろう。たとえば，東京都公安条例事件の最高裁判決（最大判昭35・7・20刑集14巻9号1243頁）で説く，いわゆる集団行動の暴徒化論や，戸別訪問禁止事件の最高裁判決（最3判昭56・7・21刑集35巻5号568頁）などで説く弊害論などは，「実証的な裏付けのない観念論というにふさわしく，立法事実論の欠如と性格づけることができる」と批判されている。

　さらに，立法事実を審査することで，科学的根拠に立った憲法判断が可能となるし，判決の説得力も増すことが期待される。たとえば，薬事法距離制限事件において，最高裁（最大判昭50・4・30民集29巻4号572頁）は，立法事実を詳細に検討し，「競争の激化－経営の不安定－法規違反という因果関係に立つ不良医薬品の供給の危険が，薬局等の段階において，相当程度の規模で発生する

可能性があるとすることは，単なる観念上の想定にすぎず，確実な根拠に基づく合理的な判断とは認めがたいといわなければならない」と判示し，違憲判断を下している。

　しかしながら，必ずしもすべての憲法訴訟において立法事実が審査されるわけではない。検閲のように憲法が明示的に禁止している場合は，立法事実を問題とする余地はない。また，合憲性推定の原則や立法裁量論が妥当する領域では，裁判所は立法事実の審査につき深く立ち入る必要はない。

　(d)　適用違憲と法令違憲　　法令違憲とは，争われている法令の規定そのものを違憲と判断する方法である。オーソドックスで分かりやすい方法であるが，わが国の最高裁のように，無限定で文面審査から法令違憲に至るという流れに対し，何らかのルールが必要であろう。

　これに対して，適用違憲とは，問題となっている法律をその事件に適用される限りで違憲であるとの判断であるが，①法令の合憲性に問題はないが，憲法に抵触するような解釈適用がなされた場合，②合憲的限定解釈が可能であるにもかかわらず，それをせずに解釈適用する場合，③合憲的限定解釈が不可能な法令が適用される場合などがあるとされている。適用違憲は，司法消極主義の技術の１つではあるが，当事者の権利救済という効果がある以上，その固有の意義が認められると評価される反面，広汎すぎる法令や漠然とした法令の欠陥を治癒しえないとの批判もある。最高裁は，適用違憲について，極めて消極的である。

　なお，後述のように，仮に違憲判決の効力につき個別的効力説を採れば，法令違憲であるといっても，実質的に適用違憲と異ならないのではないかとの疑問が生じる。しかし，適用違憲は，当該法律の規定が合憲的に適用される余地のあることを認めて違憲判断の及ぶ範囲を限定するものであるのに対し，法令違憲は，その法律そのものを違憲とするものであり，判断の範囲の問題である。そして，これが先例として，その後の判決を拘束（法的なものか事実上の効果かは別として）する範囲の違いとして理解されよう。

　(e)　憲法判断回避　　憲法問題に触れないで事件を処理できるときは憲法判断を回避すべきであるとされる。すなわち，憲法判断は，事件の解決にとって必要な限りにおいてなされるべきであるという「必要性の原則」が採用される。

この原則も付随的審査制の理論的帰結であるが，アメリカで展開された司法の自己抑制原則の影響を受けている（ブランダイス・ルールが有名である）。憲法判断回避の方法として，憲法判断そのものを回避する方法と，法律の違憲判断を回避する方法（合憲限定解釈）がある。

前者が問題となったのが，恵庭事件（札幌地判昭42・3・29下刑集9巻3号359頁）である。被告人らは自衛隊の通信線を切断したことを理由に自衛隊法121条の防衛用器物損壊罪に問われたが，札幌地裁は，通信線は同条にいう「その他防衛の用に供する物」に該当しないとし，「被告人両名の行為について，自衛隊法121条の構成要件に該当しないとの結論に達した以上，もはや，弁護人ら指摘の憲法問題に関し，なんらの判断をおこなう必要がないのみならず，これをおこなうべきでもないのである」と述べた。同様に，憲法判断を回避した判例として，第二次家永教科検定事件控訴審判決（東京高判昭50・12・20行裁例集26巻12号1446頁），百里基地事件控訴審判決（東京高判昭56・7・7判時1004号3頁）がある。

このような憲法判断回避の原則については，これを肯定する見解（法律判断先行説）と，当該法律の具体的事件への適用を議論する以上は，憲法判断が当然に先行しているとする見解（憲法判断論理的先行説）が対立している。しかし，違憲審査権は憲法保障の機能を果たすことが期待されており，法律判断先行か憲法判断先行かを二者択一で割り切ることは妥当ではなく，事件の重大性や違憲状態の程度，その及ぼす影響の範囲，事件で問題にされている権利・自由の性質，憲法判断による解決と法律解釈ないしその他の理由による解決の及ぼす影響の相違などを総合的に検討して決すべきであるとの見解（憲法判断裁量説）が妥当である。

(f) 違憲判決の効力　(ア) 効力　付随的審査制の下では，違憲審査はその事件の解決に必要な限りで行われるから（適用審査），仮にある法律が違憲と判断されても，その判決の効果は，当該事件に及ぶにすぎず，当該法律をその事件に適用しないという効果をもつにすぎない（個別的効力説）。したがって，違憲判決が出されても，一般的に法律が無効となるわけではない。これに対して，98条1項により，およそ違憲の法律は効力を持ち得ないこと，81条が裁判所に特別の効力を付与したと解されること，さらに個別的効力説によれば，あ

る場合には違憲無効となり，他はそうでないことになり法令の一般的性質に反するのみならず，法的安定性，予見可能性，平等原則に反するなどの理由から，違憲判決により，その法律は，当該具体的事件だけでなく，一般的にその効力を失うとの見解(一般的効力説)がある。しかし，一般的効力を有するとなると，それは消極的立法作用にほかならず，権力分立に反するので妥当ではない。また，判決の効力は法治国家原則の手続的内容の問題にすぎないから法律をもって定められるとの見解がある（法律委任説)。法律委任説に対しては，具体的法律がない場合にどう解するのか，憲法の意味を法律によって確定することになり論理が逆ではないかとの疑問がある。

　しかしながら，個別的効力説に立てば，裁判所により違憲と判断された法律も，国会が廃止しない限り法律として存続することになるので，内閣はその「法律を誠実に執行」(73条1号)しなければならないという不合理が生ずることは確かである。これについては，憲法の最終的判断権を有する最高裁判所が違憲と判断した以上，立法権，行政権は違憲判決を尊重してその法令を廃止するであろうし，その廃止に至るまで，行政府は，その執行を自制することが期待されると答えることができる（礼譲期待説)。したがって，当該法律の誠実執行義務は解除されるとみるべきである。これは，事実上の一般効力を認めたものではあるが，違憲判決によりもたらされる政治的影響を政治的解決に委ねるという政策面を重視した実践的な解釈論といえよう。実務も，おおむね，個別的効力説に従い処理されている。なお，違憲判決の効力論は憲法判例の拘束力の問題であるとの見解がある。しかし，判例の拘束力が他の機関に及ぶのか疑問であること，判例の拘束力が事実上のものか，法的なものなのか依然として不明確である。

　(イ)　遡及効　違憲判決が下された場合，過去に遡って効力が認められるであろうか。従来，遡及効の問題は一般的効力説との関連で議論されてきた。個別的効力説を前提とするならば，遡及効を否定するのが論理的帰結である。実際的にも，遡及効を認めれば，実務上の混乱をもたらすし，法的安定性を害するであろう。また，立法事実の変化に伴い違憲と判断される場合もありうる。しかしながら，個別的効力説に立ちつつ事実上の一般的効力を認める場合，平等原則から，一定の場合，以前に法律を適用された者の救済を図る場合はあり

うるだろう。この場合，国会・内閣が何らかの事後措置をとることが期待される。また，民事事件では再審（民訴338条1項8号），刑事事件では再審（刑訴435条），非常上告（刑訴454条），さらに人身保護法による救済も考えられる。大阪高決平成16年5月10日（判例集未登載）は，平成11年に郵便局員の過誤に基づく損害賠償請求が旧郵便法の規定に基づき棄却された後，郵便法違憲判決（最判平成14年9月11日民集56巻7号1439頁）が出されたため，再審開始決定を出している（その後，最高裁は抗告期間徒過を理由に破棄した）。

　(ウ) 将来効　逆に，違憲判決の効果を将来にのみ発生させ，過去に遡らせない判決手法が認められるだろうか。やはり，個別的効力説を前提とすれば，将来効判決は認められないはずである。しかし，議院定数不均衡事件において，選挙を無効とするが，立法府の自主的是正を期待して，判決の効力を国会終了末期の時点から発生させるようにすれば，違憲判決による法的混乱を回避しうるとして，例外的に許容されるのではないかとの見解もある。しかし，この手法は，裁判所の法政策的な判断を容認するものであり，法創造機能をどこまで認めるかとの観点から議論を詰める必要がある。

　(エ) 事情判決　事情判決とは，違憲とされる国家行為を無効とすれば，かえって憲法の所期しない結果を生じることがある場合，それを避けるため当該国家行為を違憲と宣言するにとどめ，無効とはしない判決方式をいう。最高裁は，議員定数不均衡事件において，違憲の法律が直ちに無効の効果をもたらすと解することは，「必ずしも憲法違反の結果の防止又は是正に特に資するところがなく，かえって憲法上その他の関係において極めて不当な結果を生ずる場合」があり，「このような場合には，おのずから別個の，総合的な視野に立つ合理的な解釈を施さざるをえない」（最大判昭51・4・14民集30巻3号223頁）として，行政事件訴訟法31条1項の事情判決の法理を援用し（行政事件訴訟法43条・5条によれば，同法31条1項を選挙無効確認訴訟に適用できないことは明文により明らかである），違憲判決であるにもかかわらず法令を無効とせず，違憲性の確認という効果をもつ手法（一種の違憲確認ないし違憲宣言判決）を用いた。この手法は，混乱を避けるという実践的意義は高く，最高裁の「苦心の産物」とみることができるが，国会が何らの立法措置をとらない場合はどうするのか，他の国家行為にも適用されるのかといった点で未解決な問題がある。

㈥ 合理的期間説　違憲状態を是正するために新たな立法が必要な場合，国会に立法までに一定の猶予期間が認められ，その期間内では，違憲と断定できないとする考え方である。本来は違憲であるが，違憲判決を猶予するという手法である点で違憲審査制からみてやや疑問ではあるが，間接的に国会に対して立法措置を促すという効果が認められる。

㈮ 憲法判例の変更　わが国では制定法主義がとられており，憲法判例に先例拘束性の原理が認められるのかが問題とされる。まず，「判例」という言葉の意味であるが，多義的であり，一般的には，判決の基礎とされた一般法理の意味として使われる。また，憲法「判例」という場合，憲法上の争点についての判断を含んだ判例であり，憲法判断が最終的には最高裁判所によりなされるのであるから，原則として，最高裁判所の憲法判例のことを指す。さらに，判例として意味をもつのは，その判決の中でも，判決主文で述べられた結論を導く上で意味のある法的根拠・理由づけである「判決理由（レイシオ・デシデンダイ）」に当たる部分である。

かつて，憲法76条3項の「すべて裁判官は，その良心に従ひ独立してその職権を行ひ，この憲法及び法律にのみ拘束される」との規定を厳格に解釈し，判例は法律に含まれていないので，法源性は認められないとの見解もあった。しかし，同条項の趣旨は，「裁判があらかじめ定められた客観的基準（＝法規範）に準拠してなされるべきこと，および法規範以外の何ものにも拘束されてはならないことを意味」し，判例もその中に含まれると解されている。また，裁判所には制定法の範囲内で法発見・法宣言の機能が与えられており，判例は法発見の源とされるべき権威を有すると考えられること，法の下の平等，裁判を受ける権利，罪刑法定主義などを根拠に先例拘束性を認める見解が有力である。そこで，今日では，先例に拘束力があることを前提に，その拘束力が事実上のものにすぎないか，法的なものかという点が争われている。

先例拘束といっても，憲法判例の下級審に対する拘束と，最高裁判所自身の拘束の問題（憲法判例の変更）に分けて考える必要がある。下級裁判所は最高裁判所の判例に無条件に従うよう法的に要求されておらず（ただし，裁判所法4条の場合を除く），下級裁判所が最高裁判所の判例に従わない場合は，最高裁判所において判例変更がなされない限り破棄されるというにとどまる（キャリア

システムを採用するわが国の裁判所に妥当するかの疑問は残る)。思うに，説得的な理論構成に先例としての権威が見出されるとすれば，説得力を欠く上級審の判断に強度に拘束される理由はない。

　それでは，最高裁判所自身に対する憲法判例の拘束力は認められるのか。憲法判例の変更の可能性を認める点で学説上異論はない。裁判所法10条3号も判例変更を認めていると解されるし，実際，最高裁も判例変更を行っている。

　もっとも，行為の時に存在していた判例によると適法とされていた行為を，行為後の判例変更により不適法として処罰することが遡及処罰の禁止法理に触れるのではないかが問題とされている。最高裁は（最2判平8・11・18刑集50巻10号745頁）は，憲法39条の規定に違反しないとするが，被告人の予見可能性を害することになり，適正手続の保障の観点からは問題がある。

　さらに，憲法判例の変更の柔軟性が問題となる。全農林警職法事件（最大判昭48・4・25刑集27巻4号547頁）における田中二郎裁判官ら5人の裁判官は，「最高裁判所が最終審としてさきに示した憲法解釈と異なる見解をとり，右の先例を変更して新しい解釈を示すにあたつては，その必要性および相当性について特段の吟味，検討と配慮が施されなければならない。……ことに，僅少差の多数によつてこのような変更を行なうことは，運用上極力避けるべきである」と指摘した。他方，学説では，憲法典の改正困難性，立法部による匡正の事実上の不可能性を理由に，憲法判例は一般の判例よりも拘束力を強く捉えるべきではないとし，①先例の解釈が実行不能ないし重大な困難を帰結するとき，②先例に明白な誤りが存するとき，③先例がその時代的要請に十分対応しえなくなったとき，④慎重な再検討にもとづき先例と違った解釈の妥当性を確信するに至ったときに憲法判例の変更が可能であるとの見解が有力である。

　そもそも，学説で先例拘束性を議論する実践的理由は，判例が恣意に流れないよう抑止するためであった。憲法判例を変更するか否かは，基本的には裁判官の裁量に属するものであり，裁量権の限界の問題である。このように見てくると，憲法判例の拘束力が，「事実上の」か「法律上の」かという質的な違いを議論することはあまり実益がないことが分かる。結局，憲法判例の変更に際して，「裁判所が憲法上の諸価値をどこまで即応させるべきかという実質的理由」を検討することが大切なのである。

第7章　統治機構

第1節　統治の仕組み

1　権力分立主義の意義と沿革
（1）意　義
　権力分立主義とは，国家の統治権の作用を立法，行政，司法とに分け，それぞれを異なった機関（議会，政府，裁判所）に担当させることである。その目的は，各機関が独立してその権限を行使するとともに，各機関が相互に抑制と均衡をはかることにより，権力の集中が防止され，これにより権力の濫用が防止され，その結果，国民の自由が確保されるところにある。

（2）沿　革
　権力分立主義は，ジョン・ロックにより著された『国政二論』（1690年）や，モンテスキューにより著された『法の精神』（1748年）などにより唱えられた考え方であり，その後のアメリカやフランスの政治思想・法思想に大きな影響を与えたものである。権力分立制は，アメリカでは，バージニア州憲法を初めとして採用され，フランスにおいても，人権宣言の中で「権利の保障が確保されず，権力の分立が定められてないすべての社会は，憲法をもつものではない」（16条）とされたように，権力分立制は，その後の立憲制度において重要な原則となった。

2　日本国憲法における権力分立主義
　憲法は，立法権は国会に，行政権は内閣に，司法権は裁判所に，それぞれ分属せしめて，権力分立主義を採用した。各機関は，かつての天皇の補佐機関的な地位から，固有の権限担当機関となり，また行政権の広汎な立法権限は否認され，さらに司法権の独立も徹底したものとなった。三権相互の関係を見ると，

次のようなものである。

（1） 国会と内閣の関係

　国会は，国会議員の中から内閣総理大臣を指名する。また国務大臣の過半数は国会議員の中から選ばれなければならない。さらに内閣は，国会に対して連帯責任を負う。これらのことから，憲法は議院内閣制を採用したと解されている。とりわけ衆議院には内閣不信任決議権が認められている。なおこれに対抗するものとして，内閣には，衆議院の解散権が認められている。

（2） 国会と裁判所の関係

　国会は，最高裁判所の構成，下級裁判所の設置および構成，裁判官の定年，最高裁判所裁判官の国民審査に関する事項などについて，法律により定める。また国家は，弾劾裁判により裁判官を罷免することができる。これに対して裁判所には，法律に対する違憲審査権が認められている。

（3） 内閣と裁判所の関係

　内閣は，最高裁判所の長たる裁判官を指名し，その他の裁判官を任命する。これに対して裁判所は，行政事件について裁判権をもち，さらに行政権の行為について違憲審査権をもつ。

　以上のことをかんがみると，日本国憲法が採用する三権分立制は，アメリカのような制度ではなく，イギリスの議院内閣制に見られるような，三権の共動と相互依存を強調したものである。

第2節　国　　会

1　国会の地位

　憲法は，欧米諸国に倣い，国民により選挙される議会制度を採用した。しかも，明治憲法においては議会（帝国議会）は天皇の「協賛機関」にすぎないとされたが，憲法は「国会は，国権の最高機関であつて，国の唯一の立法機関である」(41条)と定める。

（1） 国民の代表機関

　憲法は「両議院は，全国民を代表する選挙された議員でこれを組織する」(43条1項)と定める。これは，前文1段において「そもそも国政は，国民の厳粛な

信託によるものであつて，その権威は国民に由来し，その権力は国民の代表者がこれを行使〔する〕」と規定されたこととあいまって，国会が国民の代表者であることを示すものである。憲法は，このことから明らかなように，間接・代表民主制を基本とする。

　国民代表の観念は，法律的代表ではなく，「政治的代表」の意味に解される。すなわち，代表者の行為は被代表者の行為と見なされることはなく，代表者は被代表者のために行動することは当然のことであるが，代表者の行為が被代表者の行為として法的効果が生ずることはない。

　また「全国民を代表する選挙された議員」とは，一般に，議員は特定の地域や階層などの代表ではなく，全国民を代表する存在であり，全国民のために活動する義務があること，ならびに議員は選挙人から法的に独立した地位にあり，選挙区から具体的な命令(委任)を法的に受けることはないし，選挙人から法的責任を問われたり，罷免されたりすることはないことを意味する。このことは「自由委任の原理」をもって説明がなされ，この原理によると，国会法や公職選挙法を改正し，国会議員に対するリコール制度を導入することは憲法上許されないとされる。

　現代においては，政党の発達，普通選挙制の導入，国民の政治意識の伸張により，代表観念は変容を来している。議会における政党構成は国民の現実の意思構成に近似したものでなければならないとされるようになっている。このようなことから，代表とは，代表者と被代表者の間の選任関係を不要とする古典的な代表（純粋代表）ではなく，半代表であると一般に解される。

（２）　唯一の立法機関

　国会は唯一の「立法」機関である。この「立法」とは，実質的意味の法律を意味すると解されるが，新たに国民の権利を制限し，または義務を課する規範を制定することであるとする説，広く一般的・抽象的な法規範を制定することであるとする説，国民の権利・義務に関する規範を制定することであるとする説などがある。2つ目の説が有力である。

　また国会は「唯一の」立法機関である。この「唯一の」とは，実質的意味の立法が国会を中心に行われ（国会中心立法の原則），また国会の決議のみで成立される（国会単独立法の原則）ことを意味する。

(a) 国会中心立法の原則　　法律の制定（実質的意味の立法）は，国民の代表機関である国会のみが行い，他の機関は行うことができない。この原則には次のような例外がある。

　(ア) 議院規則　　国会の議院は，会議その他の手続および内部の規律に関する事項に関し，他の議院の同意を必要とせず，単独で規則を定めることができる（58条2項）。

　(イ) 政令　　内閣は，憲法および法律の規定を実施するための命令（執行命令），法律の委任にもとづく命令（委任命令）を制定することができる（73条6号）。

　(ウ) 最高裁判所規則　　最高裁判所は，訴訟に関する手続，弁護士，裁判所の内部規律および司法事務処理に関する事項について規則を定めることができる（77条1項）。

　なお条例については，国会中心立法の原則の例外とする説と，国会中心立法の原則とは無関係であるという説があり，後者が有力である。

(b) 国会単独立法の原則　　法律案は，他の機関による関与なしに，両議院で可決したとき法律となる。内閣総理大臣の連署や天皇による公布は法律の成立要件ではない。この原則にも次のような例外がある。

　(ア) 地方自治特別法　　「一の地方公共団体のみに適用される特別法」は，国会の決議のほか，その地方公共団体の住民投票で過半数の同意を得なければ，成立しない（95条）。

　(イ) 憲法改正　　憲法の改正には，国会の決議（各議院の総議員の3分の2以上の賛成）のほか，国民投票における承認（過半数の賛成）が必要である（96条）。

　(ウ) 条約　　条約は，国会による事前または事後の承認を経て，内閣が締結する（73条3号）。

(3) 国権の最高機関

　国会は，国権の最高機関である（41条）。国会は国民により選挙される代表者により構成され，また行政や司法の準拠となるべき法規範を制定することから，国法上国の最高機関と位置づけられた。

　しかしその最高機関の「最高」の意味については，学説において争いがある。

国家意思の最終的な決定機関という意味に解するならば，有権者たる「国民」が最高機関になる。また「国民」を除く国家機関との関係においても，国会は他の諸機関を一方的に指揮監督する権限を有しない。というのは内閣には衆議院を解散する権限があり，裁判所には違憲審査権があるからである。

そこで学説においては，その「最高」という意味に関し，法律的な効果はないと解しつつも，次のような見解がある。

(a) 統括機関説　国会は，その全般的，終局的な立場において国家生活を考察し，国家として必要と認める活動をなす権限（統括作用）をもつ。

(b) 政治的美称説　最高機関とは，国会が国政の中心をなす重要な国家機関であることを文飾的に強調したにすぎない。この説が通説である。

国会の最高機関性について鑑みると，国会の権限は原則として広範囲に及ぶこと，他の機関との関係で権限が明らかでないときは原則として国会の権限事項とされることからして，まったく法的効果がないわけではない。

2　国会の構成
(1)　二院制

憲法は「国会は，衆議院及び参議院の両議院でこれを構成する」(42条) と定める。

二院制は，ヨーロッパやアメリカにおいて偶然の所産として確立したものであり，国によりその形態はさまざまである。一般に下院（第一院）は民選議員から構成される。上院（第二院）の性格の相違に照らし，二院制の主たる形態は，上院が世襲貴族，勅任議員などから構成される貴族院型，連邦全体を代表する議院と支邦などを代表する議院からなる連邦型，第二院も民選議院からなる参議院型に分類される。

二院制については，その存在理由が問われる。一般に，二院制は，立法作業における性急さを抑制し，議事を慎重かつ合理的にならしめることができ，また一院制よりも民意を正確に反映することができ，さらに一院制が専制化するのを防止することができると説かれる。

日本国憲法は，第3の参議院型を採用し，単一国家における第二院の存在理由を考慮し，両院に異なった構成を与える。現行法上次のように定められる。

(a) 任期　衆議院議員は4年であるが，解散により任期が終了する(45条)。参議院議員は解散がなく6年である。なお3年ごとに半数が改選される(46条)。

(b) 被選挙権　憲法は「法律でこれを定める」(44条本文)とし，公職選挙法によると，衆議院議員は25歳以上の者，参議院議員は30歳以上の者である(同法10条1項1号・2号)。なお選挙権は，ともに20歳以上の者に認められる(同法9条1項)。

(c) 定数　憲法は「法律でこれを定める」(43条2項)とし，公職選挙法によると，衆議院議員は480人であり，参議院議員は242人である(同法4条)。

(d) 選挙区　憲法は「法律でこれを定める」(47条)とし，公職選挙法は，衆議院議員選挙は小選挙区比例代表並立制によるとし，小選挙区制で300人，比例代表制(11ブロックからなる)で180人を選出するとする。また参議院議員は比例代表選出議員96人，選挙区選出議員146人からなるとする。

（2）　衆議院の優越

憲法は，任期が比較的短く，解散制度のある衆議院を，任期が長く，解散制度のない参議院より優越したものとする。衆議院の優越は次のような場合に現れる。

(a) 権限の範囲　権限の範囲は両議院は原則的に対等であるが，内閣の不信任決議権は衆議院にのみ認められ(69条)，また衆議院には予算先議権が認められるものがある(60条1項)。なお参議院には緊急集会が認められる(54条2項但書)。

(b) 議決の価値　議決の価値は衆議院の優越が原則である。その主な事項としては次のようなものがある。

(ア) 法律案の決議　法律案は，両議院で可決したとき法律となるのが原則である(59条1項)。衆議院で可決し，参議院でこれと異なった決議をした法律案は，衆議院で出席議員の3分の2以上の多数で再び可決したとき法律となる(同条2項)。

なお参議院が，衆議院の可決した法律案を受け取ったのち，国会休会中の期間を除いて60日以内に議決しないときには，衆議院は，参議院がその法律案を否決したものとみなすことができる(同条4項)。

(イ) 予算の決議　予算について，参議院で衆議院と異なった決議をした

場合に，両議院の協議会を開いても意見が一致しないとき，または参議院が，衆議院の可決した予算を受け取ったのち，国会休会中の期間を除いて30日以内に議決しないときは，衆議院の議決を国会の議決とする（60条2項）。

　(ウ)　条約の承認　条約の締結に必要な国会の承認には，予算の議決に関する60条2項の規定が準用される（61条）。

　(エ)　内閣総理大臣の指名　衆議院と参議院とが異なった指名の議決をした場合に，両議院の協議会を開いても意見が一致しないとき，または衆議院が指名の決議をしたのち，国会休会中の期間を除いて10日以内に参議院が指名の議決をしないときは，衆議院の議決を国会の議決とする（67条2項）。

　ちなみに憲法改正の発議については，両議院の議決の価値は対等である。

3　国会議員

(1)　議員の地位

(a)　地位の取得　議員は，必ず選挙によりその地位を取得する（43条1項）。

(b)　地位の喪失　議員は，次の事由により，議員たる地位を失う。

　まず議員が当然に地位を失う場合としては，任期の満了（45条本文・46条）と，議員が他の議員になった場合（48条）とがある。

　次に特別の行為により地位を失う場合としては，辞職，除名（58条2項），資格争訟の裁判（55条），選挙に関する争訟の判決（公選法204条以下），解散（45条但書）などがある。

(2)　議員の特権

　憲法は，全国民の代表者である議員が，その重大な任務を不足なく果たすように，議員のために，以下のような特典を保障する

(a)　免責特権　憲法は「両議院の議員は，議院で行つた演説，討論又は表決について，院外で責任を問はれない」（51条）と定める。免責の主体は議員であり，国務大臣は議員でない限り免責されない。また免責を受けるのは「議院で行つた演説，討論又は表決」であるが，必ずしも議事堂内で行われたことを必要とされず，議員が議院の活動として行われれば，地方公聴会などにおける発言も免責される。さらに「院外で責任を問はれない」とは，一般国民の表現行為ならば負わざるをえない法的責任（民事責任や刑事責任など）を追求されな

いことである。

　ちなみに地方議会議員には免責特権を受けることができない。

　(b) 不逮捕特権　　憲法は「両議院の議員は，法律の定める場合を除いては，国会の会期中逮捕されず，会期前に逮捕された議員は，その議院の要求があれば，会期中これを釈放しなければならない」(50条) と定める。

　不逮捕特権により保障されるのは，会期中逮捕されないことであり，訴追されないことではない。また国会閉会中の委員会審議は保障の対象にならないし，「逮捕」とは広く公権力による身体の自由の拘束一般をいう。不逮捕特権が認められない「法律の定める場合」とは，「院外における現行犯の場合」(国会法33条) であり，議院の許諾のある場合 (同33条) である。許諾の基準については，逮捕の理由が正当であるときは許諾を与えなければならないとする説と，議会審議の必要性から許諾を拒否できるとする説があるが，その本質は不当な政治権力の圧力から議員を守りことであり，後説が正当である。

　(c) 歳費を受ける権利　　憲法は「両議院の議員は，法律の定めるところにより，国庫から相当額の歳費を受ける」(49条) と定める。

　歳費請求権は，無産階級の代表者が選出されるために不可欠の前提として主張され，認められたものである。歳費の性質には議員の勤務に対する報酬であるとする説と，議員の職務遂行に要する出費の弁償であるとする説があるが，前説が正当である。「相当額」について，国会法は「議員は，一般職の国家公務員の最高の給料額より少なくない歳費を受ける」(35条) と定める。

(3) 議員の権能

　議員には，その所属する議院の活動に参加するため，次のような権能が認められる。

　(a) 発議権・修正動議提出権　　議員は，議院で議題となるべき議案について発議権を有する (国会法56条)。また議案に対し修正動議を提出できる (国会57条)。これらのためには，衆議院においては議員の20人以上，参議院においては議員の10人以上(予算をともなう場合には，それぞれ50人以上，20人以上)の賛成が必要である。予算，条約，皇室財産の授受について，議員に発議権はない。

　(b) 質疑権・討論権・表決権　　議員は，現に議題となっている議案，動議などについて，発議者，委員長，国務大臣などに対し口頭で疑義をただし，説

明を求めることができる。また議員は，当該案件について賛否の討論を行い，表決する。

　(c)　質問権　　議員は，現在の議題と関係なく，内閣に行政権の行使について質問することができる。質問は，主意書を作って行う（国会法74条以下）。

　(d)　国会召集要求権　　議員は，一定の条件（いずれかの議院の総議員の4分の1以上）のもとに国会の召集を要求する権利を有する（53条）。

4　国会の活動

　国会は衆議院と参議院から構成される。両議院の活動上の関係については，両議院は同時に召集・開会・閉会されることを原則（同時活動の原則）とする。例外は参議院の緊急集会である。また両議院は独立して議事を開き議決を行うことを原則（独立活動の原則）とする。例外としては，両院協議会の制度がある（59条3項など）。

　憲法は，国会の議事手続を機能的に進行させるとともに，かつ国民主権の要請に応えるために，さまざまな原則ないし制度を確立させる。憲法は定足数について「両議院は，各々その総議員の3分の1以上の出席なければ，議事を開き議決することができない」（56条1項）と定める。「総議員」については現在議員数とする説と法定議員数とする説があり，後者の方が合理的である。また憲法は議決方法について「両議院の議事は，この憲法に特別の定のある場合を除いては，出席議員の過半数でこれを決」すると定める（56条2項）。なお可否同数のときは，議長の決するところによる（56条2項）。「憲法に特別の定のある場合」とは資格争訟の裁判によって議員の地位を失わせる場合（55条），懲罰によって議員を除名する場合（58条2項），そして法律案について衆議院で再決議する場合（59条2項）などである。さらに憲法は民主主義原理の要請から「両議院の会議は，公開とする。但し，出席議員の3分の2以上の多数で議決したときは，秘密会を開くことができる」（57条1項）と定め，また議院内閣制を採用したことから，内閣総理大臣その他の国務大臣が国会（両議院）に出席できかつ出席する義務を定める（63条）。

5　国会の権能

憲法は，国会に，立法に関する権能，財政に関する権能，一般国務に関する権能などきわめて広範な権限を認める。

（1）法律の制定

国会は「法律」（形式的意味の法律）を制定できる。憲法は「法律案は，この憲法に特別の定のある場合を除いては，両議院で可決したとき法律となる」(59条1項)と定める。その制定手続は次のような内容である。

　(a)　法律案の発案　　議員（一定数の賛成を要する），委員会，議院（他の議院に対して），内閣などが発議権を有する。

　(b)　法律案の審議　　法律案が議院で発議または提出された場合，議長はこれを委員会に付託し，その審議を経て本会議に付する（国会56条2項）。

　(c)　法律案の議決　　法律案は両議院で可決したとき法律となる。国会の議決そのもので法律が確定的に成立する。例外としての「憲法に特別の定のある場合」とは，衆議院の再議決による場合（59条2項），参議院の緊急集会における議決の場合（54条3項），地方自治特別法の制定の場合（95条）などである。

　(d)　法律の署名と連署　　法律（および政令）にはすべて主任の国務大臣が署名し，内閣総理大臣が連署する（74条）。ただしこれらは，法律の成立要件ではない。

　(e)　法律の公布　　天皇は，内閣の助言と承認により，国民のために，法律を公布する（7条1号）。公布は，内閣を経由し上奏されてから，30日以内に行われる（国会法65条）。

　(f)　法律の施行　　法律の施行日は，法律それ自体または命令への委任により定められる。別段の定めがないときは，公布の日から起算して満20日を経て施行される（法の適用に関する通則法2条）。

（2）条約の承認

条約は，内閣が国会の承認を経て締結し（73条3号），天皇がこれを公布する（7条1号）。条約の締結には，通常，全権委員による条約文書の署名と政府によるその批准（条約についての国家の最終的確認，確定的同意）を必要とする。なお「条約」とは，名称のいかんを問わず，文書による国家間の合意を広く意味する。

(a) 承認の時期　憲法は,条約の締結について「事前に,時宜によつては事後に,国会の承認を経ることを必要とする」(73条3号但書)と定める。「事前」と「事後」は条約が確定する時期(批准の時期が通常であるが,署名のみで確定する条約の場合は署名の時期)を基準とするが,事前に承認を受けるのが原則である。

(b) 不承認の効果　事前に国会の承認が得られなかった場合,条約は成立しない。問題は,事後に国会の承認を求め,これが得られなかった場合の法的効果である。学説は,有効説と無効説に分かれるが,憲法が国会の承認を必要とすると定めることに鑑みると,後者が正当である。

(c) 国会の条約修正権　国会は条約の承認手続において,修正を加えることできるのか。肯定説と否定説とがあるが,条約が内閣の締結と国会の承認により成立するとされるのは,対外的交渉を前提とする条約締結の特殊な性格によるものであり,国会には修正する権限はないと考えられる。

(d) 条約の承認と衆議院の優越　条約の承認においては,予算の場合とほぼ同様に,衆議院の意思が優越する(61条)。

(3) 内閣総理大臣の指名

憲法は「内閣総理大臣は,国会議員の中から国会の議決で,これを指名する」(67条1項前段)と定める。内閣総理大臣に指名されるものは,衆議院議員でも参議院議員でもよい。また憲法は「指名は,他のすべての案件に先だつて,これを行ふ」(同項後段)と定める。国会(各議院)における指名においては,衆議院の指名が優先する(67条2項)。そしてこの国会の指名にもとづいて,天皇が,内閣の助言と承認にもとづき,内閣総理大臣を任命する(6条1項)。

6　議院の権能

各議院には,両議院が一致共同し国会として行う権能とは別に,単独で行うことができる権能が認められる。大別すると,議院の自律性に関する権能と,議院が他の国家機関に向けて直接発動する権能である。

(1) 議院の自律的権能

(a) 議院規則の制定　憲法は「両議院は,各々その会議その他の手続及び内部の事項に関する規則を定め」ることができる(58条2項後段)と定める。議

院規則とは議院内部において拘束力を有するものであり，たとえば，衆議院規則，参議院規則および参議院緊急集会規則などがある。

(b) 資格争訟の裁判　憲法は「両議院は，各々その議員の資格に関する争訟を裁判する」(55条)と定める。議員の資格は法律により定められるが，現在，被選挙権があること，および議員の兼職禁止規定に違反しないことが要件である。憲法は「議員の議席を失はせるには，出席議員の３分の２以上の多数による議決を必要とする」(55条但書)と定める。この決議については。司法裁判所に出訴することができない。

(c) 議員の懲罰　憲法は「院内の秩序をみだした議員を懲罰することができる」(58条2項後段)と定める。「院内の秩序」とは，組織体としての議院の秩序を意味するのであり，議院の建物の内部に限られない。懲罰の種類には，戒告・陳謝・登院停止・除名がある(国会122条)。なお憲法は「議員を除名するには，出席議員の３分の２以上の多数による議決を必要とする」(58条但書)と定める。

(d) 役員選出　憲法は「両議院は，各々その議長その他の役員を選任する」(58条1項)と定める。「役員」には，議長，副議長，仮議長，常任委員長，事務総長などがある（国会法16条）。

(e) その他　各議院には，議員の逮捕についての許諾(50条)や，各議院の会議の公開について停止（57条1項但書）に関する権能がある。

(２)　内閣の不信任決議権

国会が内閣総理大臣を指名することにより内閣を形成することができる一方，衆議院は，内閣を不信任することにより，それを総辞職せしめることができる(69条)。憲法は，衆議院の民主的な特質にかんがみて，この権能を衆議院にのみ認める（これに対抗する手段として，内閣には衆議院の解散権が認められる）。内閣不信任の意思表示は，積極的には不信任案の可決という形式で，消極的には信任案の否決という形式でなされる。もちろん参議院においても内閣の不信任決議案を可決したり，信任案を否決したりすることはできるが，衆議院におけるような法的効果はともなわない。

(３)　国政調査権

憲法は「両議院は，各々国政に関する調査を行ひ，これに関して，証人の出

頭及び証言並びに記録の提出を要求することができる」(62条)と定める。国政調査権は，各議院が立法権その他一般国政に関する権能を有効に行使できるように認められた権能である。調査の主体は各議院であるが，両議院が共同して合同委員会を設置することもできる。

　(a)　性格　　国政調査権の法的性格については，学説において争いがある。その1つは，国会(議院)がその権能を行使するための補助的な権能であるとする説（補助的権能説）であり，他の1つは，国会(議院)が国政の統合・調整という任務を遂行するために調査を行う独立の権能であるとする説（独立権能説）である。権力分立主義の要請から前説が正当である。ただし，国会の憲法上の権能はきわめて広範に国政全般に及ぶため，両説の実際上の相違は比較的少ないと考えられる。

　(b)　限界　　国政調査権には，国民の基本的人権をはじめ，他の憲法規範との関係において一定の限界がある。第1に，国政調査権は補助的権能であり，国会(議院)の権能と無関係な事項には及ばない。実質的に刑事責任を追及することを目的とする調査は認められない。第2に，国政調査権は権力分立の原則に違反するものであってはならず，行政各部の固有の権限を侵すことは認められない。第3に，司法権の独立との関係においては，とりわけ慎重な配慮を必要とする。裁判官の職権の独立は，裁判過程における裁判官の心証形成の自由を保護するところにその意義があることから，「浦和事件」において問題になったように，事実上であれ，心証形成に影響を与えるような調査は許されない。

　(c)　方法　　調査の方法としては，証人の出頭，証言及び記録の提出などがある。具体的には，国会法（103条以下）や議院規則（衆議院規則255条以下，参議院規則180条以下）のほか，「議院における証人の宣誓及び証言等に関する法律」（いわゆる議院証言法）などが定める。ちなみに議院証言法は，宣誓拒絶，証言拒絶，虚偽の陳述などについて刑罰を科するものとしている。もちろん自己に不利益な供述を強要することはできない（38条1項）。

第3節　内　閣

1　行政の概念

　憲法65条は,「行政権は内閣に属する」と規定する。行政とは,権力分立において,立法,司法と区別される概念である。立法とは,一般的・抽象的な法規範を定立する作用であり,この法規範を具体的な事件に適用し執行して法の目的を達成する作用が行政である。司法も,法規範の適用ではあるが,具体的な争訟に対して第三者の立場から規範を適用し,これを裁断する点に特徴がある。

　行政作用の典型例として,行政処分があげられることが多いので,以下紹介しておく。まず,私人間においては,権利義務という法律関係を形成するためには,原則として両者の自由な意思の合致が必要である。しかし,行政処分の場合は,行政の一方的意思により,相手方国民の意思にかかわりなく一定の法効果(権利義務の関係)を発生させることができる。しかし,その際には,あらかじめ法律が要件と効果を定めており,行政は,一定の事実が,法律の定める要件に該当しているかどうかを判断し,その結果として法律の定める効果が発生するのである。

　もちろん,行政がこの点の判断を誤る可能性がある。しかし,大量の行政需要に迅速かつ効率よく対応するため,ひとまずこれら行政の判断に通用力を持たせ,これに不服がある国民は,裁判所等の審査を求め,誤りがあればこれを取り消してもらうこととしている。この一連のシステムの中に行政のはたらきがよく現れている。国民の権利や義務の発生の要件に関しては,国民の代表者である国会に,一般的抽象的な規範である法律の形で定めさせる。そして,その要件に現実の事実が当てはまり,いかなる権利義務関係が発生しているかどうかを行政に判断させ,もしもその判断に誤りがあれば,裁判所にこれを取り消させるとしているのである。

　もっとも,このシステムは,社会全体の利益を効率よく実現することと個人の救済を円滑に行うという目的につかえるものであり,硬直したものであってはならない。そこで,この行政のあり方を基本としながらも,行政による立法(政令等)や審査請求に対する裁決,さらには裁判所による規則制定や行政処分

の執行停止等も認められるようになってきている。

2　最高の行政機関としての内閣

　国の行政機関は，内閣によって統括される。そこで，内閣から完全に独立した行政機関を設置することは許されない。しかしながら，現代社会における行政への期待は多様であり，政治的中立，政権の交代にかかわらずに継続した政策の実施，専門家による公正な判断等が求められる場合がある。こうした，行政への期待にこたえるために，内閣からある程度独立して準司法的，準立法的作用を営む行政機関の存在が求められるようになった。これが，行政委員会である。

　これら行政委員会については批判もあるが，行政委員会を設置して独立した事務処理を行う必要性・合理性があり，内閣を頂点とする行政機構の枠の中に位置づけられ，国会が法律によってこれを設置する限り許されると思われる。なお，行政委員会が準立法的，準司法的権限を行使することについては，憲法が内閣に政令制定権を認め（73条6号），また，終審でなければ裁判できる（76条2項）とする憲法の規定からも許されると思われる。

3　内閣の成立

　内閣の成立には，まず，内閣総理大臣が，文民である国会議員の中から，国会の議決により指名されなければならない(67条1項)。この指名にもとづいて，天皇が，内閣の助言と承認によりこれを任命する（6条1項）。任命された内閣総理大臣が国務大臣を任命して内閣が成立する（68条1項）。国務大臣の過半数は国会議員の中から選ばれなければならない（68条1項但書）。

　なお，文民の意味については，①軍人をやめた者，②過去に軍人でなかった者，③軍人のうち軍国主義思想に染まっていない者，④過去・現在において軍人でも自衛官でもない者，等に見解が分かれている。しかし，過去の職業や思想のみで，文民か否かを決定することは許されないと思われる

> **軍隊に対する文民統制**
>   日本国憲法下にあって，自衛隊の存在が許されるか否かは，古くて新しい問題である。しかし，この議論をひとまず措くとして，軍隊は国家にとって双刃の剣である。そこで，これを民主主義的原理によって抑制する必要がある。そのためには，①政府の長が文民であること，②職業軍人の長が政府の指揮下にありその統制を受けること，③政府の軍事官庁の長が文民であること，④議会に，宣戦講和，軍事予算等につき決定権があり，政府を一般的に監督していること，⑤軍による国民の権利侵害について裁判所が救済を与えること，等が必要であるとされている。

4　内閣総理大臣および国務大臣の権限

　内閣総理大臣は，行政各部を指揮監督し，また，内閣を代表して議案を国会に提出し，議案について発言するためいつでも議院に出席することができる（72条）。内閣総理大臣は，国務大臣について任免権があり（68条2項），これによって内閣の統一・一体性を確保している。この内閣の一体性は，検察による国務大臣の不当な逮捕・公訴提起がなされれば，失われてしまう。そこで，国務大臣の訴追には内閣総理大臣の同意が必要である（75条）。しかし，このことは，国務大臣退任後の訴追には影響せず，この間，公訴時効の進行が停止していると考えられる。

　国務大臣は，内閣の構成員であると同時に主任の大臣として行政事務を分担管理する。ただし，行政事務を分担しない，いわゆる無任所大臣も認められる（内閣法3条2項）。国務大臣は，閣議に列席し，法律及び政令に主任の大臣として署名し（74条），議案について発言するために議院に出席できる。

■**内閣総理大臣の職務権限と賄賂罪**（最大判平7・2・22刑集49巻2号1頁）

　刑法197条1項は「公務員が，その職務に関し，賄賂を収受……したときは，5年以下の懲役に処する。……」と規定する。この犯罪の成立をめぐって内閣総理大臣の「職務」の範囲が問題になった事件がある。

　米国ロッキード社は，内閣総理大臣に対して，その航空機トライスターを全日空が選定購入するように運輸大臣が行政指導すべく指揮を行い，また，自ら

はたらきかけるように請託し，報酬として5億円を約束し，全日空が購入を決定したので右現金が交付された。この事件では，内閣総理大臣の行為は，運輸大臣に行政指導をさせるという間接的なものであるので，犯罪の成立のためには，運輸大臣がトライスター購入を全日空に勧奨することがその職務権限に属し，かつ，このような指揮を行うことが内閣総理大臣の職務権限に属することが必要である。

　最高裁はまず，賄賂罪の保護法益は，公務員の職務の公正とこれに対する社会一般の信頼であり，したがって公務員の一般的職務権限に属する行為も「職務」にあたるとする。その結果，行政機関が，明文の根拠はなくとも，その所掌事務の範囲で，一定の行政目的達成のためになされる行政指導は「職務」であるとする。次に，本件での運輸大臣による行政指導（トライスター選定購入の勧奨）はその職務権限に属するとする。その理由は，運輸省設置法及び航空法により運輸大臣は，航空運送事業等について許認可権を有し，また，航空会社は新機種の航空機を選定購入し，路線に就航させようとするときには，事業計画の変更として運輸大臣の認可が必要であるからである。

　さらに，内閣総理大臣による運輸大臣への指揮もその職務権限に属するとされた。内閣総理大臣は内閣の首長であり，国務大臣の任免権を有する。そして，内閣を代表して行政各部を指揮監督する権限を有するからである。もっとも，この行政各部の指揮監督は内閣法6条によれば，閣議にかけて決定した方針にもとづくことが必要とされている。しかし，最高裁は，流動的で多様な行政需要に遅滞なく対応するために少なくとも内閣の明示の意思に反しない限り，行政各部に対し，随時，その所掌事務について一定の方向で処理するよう指導，助言を与える職務権限を有するとした。

5　閣　議

　内閣は合議制の機関であるので，閣議によって意思決定を行う。閣議の決定は慣行により全員一致の方法によっている。その理由は，内閣は一体として，統一的に行動する必要があり，また，国会に対しては連帯して責任を負わなければならないからである。

6　内閣の権限

憲法73条は、「内閣は、他の一般行政事務の外、左の事務を行ふ」とし、7つの事務を掲げている。

(1)　法律の誠実な執行

法律の誠実な執行に関して、最高裁判所によって違憲無効とされた法律の執行について問題が生ずる。こうした法律は、本来、国会によって直ちに削除されるはずである。しかし、尊属殺人重罰を規定する刑法200条が無効判決（最大判昭48・4・4刑集27巻3号265頁）を受けた後、この規定は22年間も削除されずにその姿を刑法にとどめていた。これについて、国会の怠慢が指摘される一方で、刑法200条が削除されていない以上、検察はこれを適用執行すべきではないかとの議論があった。しかし、最高裁により違憲無効とされた法律を執行することが、はたして「法律を誠実に執行」することになるのか疑問である。

(2)　外　　交

日常の外交事務は外務大臣が主管するが、重要な外交事務は内閣が処理する。

(3)　条約の締結

条約の締結も内閣が行うが、事前に時宜によっては事後に、国会の承認を要する。

(4)　官吏の任免

明治憲法にあっては、官吏は天皇の使用人であったが、これを改めて法律により基準を定め、その事務を内閣の権限としている。

(5)　予算の作成

内閣は、毎会計年度の予算を作成し、国会に提出して、その審査を受けなければならない（86条）。なお、予見しがたい予算の不足に充てるため、国会の議決により予備費を設けることができる。予備費の支出については、内閣は自己の責任でこれを行い、事後、国会の承認を得なければならない（87条1項・2項）。国の収入・支出の決算につき、会計検査院の検査を受け、内閣は次の年度にその会計報告とともにこれを国会に提出する（90条1項）。内閣は、国会および国民に対し、定期に、少なくとも毎年1回、国の財政状況について報告する（91条）。

（6） 政令の制定

国会が唯一の立法機関とされているので，内閣が定めることのできる一般的抽象的な法規範の定立は，①執行命令と②委任命令の2つに限定されている。①については，憲法は「この憲法及び法律を実施するため」定めることができるとしているが，憲法の実施はすべて法律によるべきである。そこで，執行命令は法律を実施するための施行細則に限定される。②については，法律の特別の委任にもとづいて定められる。その際に，法律が一般的，包括的な委任を行うことは三権分立の原理の下で許されない。また，法律の委任の趣旨や範囲に反する政令は違法・無効となる。

内閣以外の行政機関も，法律の委任があれば，一般的，抽象的な法規範を定立することができるが，この場合にも，法律の趣旨に反し，または，法律による委任の範囲を超えることは許されない。この点を判断するために，いかなる審査がなされるべきかについて，最高裁の判例を紹介する。

(a) 監獄法施行規則と在監者との接見（最3判平3・7・9民集45巻6号1049頁）

監獄法50条は「接見ノ立会，信書ノ検閲其他接見及ヒ信書ニ関スル制限ハ法務省令ヲ以テ之ヲ定ム」と規定しているが，これを受けて，監獄法施行規則120条は「14歳未満ノ者ニハ在監者ト接見ヲ為スコトヲ許サズ」とし，同規則124条は，その例外として，限られた場合に監獄の長の裁量によりこれを許すとしていたことが問題となった。最高裁は，①在監者への憲法による人権保障の範囲，②面会に関する監獄法の考え方，③監獄法によって委任された事項とその内容を検討した上で，施行規則120条・124条を無効とした（これにより，平成3年法務省令22号は規則120条を削除し，規則124条に「前4条」とあったのを「前3条」に改めた）。

最高裁は，まず，被勾留者は，逃亡・罪証隠滅の防止，監獄内の規律及び秩序の維持の観点から必要かつ合理的な範囲で自由に制約がなされうるとする。次に，同法45条1項は「在監者ニ接見センコトヲ請フ者アルトキハ之ヲ許ス」としている。これは，原則として接見を許し，例外として，逃亡・罪証隠滅防止，監獄内の秩序維持の目的から接見を認めない趣旨である。一方，同条2項は「受刑者……ニハ其親族ニ非サル者ト接見ヲ為サシムルコトヲ得ス」とし，受

刑者は原則として接見が禁止されていることと対照的である。つまり，監獄法は，被勾留者と受刑者を接見に関して区別し，前者に緩やかな，後者に厳しい許可基準を設定している。

　ところで，監獄法50条は委任事項として「接見ノ立会……其ノ他接見ニ関スル制限」を掲げている。しかし，これは「接見の態様」に関する事項を委任しているにすぎない。それにもかかわらず，施行規則120条は「14歳未満ノ者ニハ在監者ト接見ヲ為スコトヲ許サス」とし，「許可基準」を設定している。つまり，委任された接見の態様についてではなく，許可基準を設定し，しかもこの点について監獄法の考え方とは異なって，接見の許可についての原則と例外が逆になっており，委任の範囲を超え無効であるとしている。

　(b)　農地法施行令と買収農地の売払い（最大判昭46・1・20民集25巻1号1頁）

　農地法80条は，買収農地について，自作農の創設又は土地の農業上の利用の増進の目的に供しないことを相当と認めたとき，農林大臣はこれを旧所有者に売払わなければならないとしていた。そして，その具体的な基準を政令に委任していた。しかし，これを受けた農地法施令16条4号は，買収農地が，効用，公共用または国民生活の安定上必要な施設の用に供する緊急の必要ある場合等に限定して右の認定を行うとしていた。最高裁は，この政令は，明らかに法が売払いの対象として予定しているものを除外しており，委任の範囲を超えて無効であるとした（令16条は，昭和46年6月13日政令13号により改正された）。

　(c)　酒税法施行規則による再委任（最大判昭33・7・9刑集12巻11号2407頁）

　(旧)酒税法54条は酒類の製造者や販売者は命令の定めるところにより，製造，貯蔵等について帳簿に記載しなければならないとし，同法65条は，これらを怠った者に罰則を科することとしていた。これを受けて，法施行規則61条1項9号は，帳簿に記載すべき事項として，税務署長の指定する事項を掲げ，本件において，税務署長が「酒類容器ノ移動事蹟」を帳簿に記載するよう指定していたことが問題となった。

　最高裁は，施行令は，帳簿に記載すべき事項を具体的かつ詳細に規定しており，これらから洩れたものを各地方の実情に即して税務署長の指定に委せたもので，施行規則がこのような規定を置いても法の趣旨に反しないとした。酒類の醸造についてはその方法，規模，慣習等が地域ごとにかなり異なっており，

脱税の監督のために画一的な法律の規定だけでは万全を期しがたい。そこで，施行令が，地域に密着した税務署長に，帳簿記載事項の詳細について再度委任しても，旧酒税法の趣旨に反しないとしたと思われる。

（7）恩赦の決定

大赦，特赦，減刑，刑の執行の免除および復権を総称して恩赦という。いったんなされた司法の判断を行政権が変更するところに特徴がある。天皇の国事行為になっている。

7　国会の召集の決定

国会は，内閣の助言と承認により，天皇が召集する。毎年1回，12月中に召集するのが常例である常会（52条，国会法2条），衆議院の解散による総選挙があった後に召集される特別会（54条1項），臨時の必要に応じて召集される臨時会（53条前段）がある。なお，臨時会は内閣が任意に召集を決定できるが，次の3つの場合には内閣は臨時会の召集を義務づけられる。①いずれかの議院の総議員の4分の1以上の要求があるとき（53条後段），②衆議院の任期満了による総選挙が行われ，新しい議員の任期が始まった日から30日以内（国会法2条の3第1項），③参議院議員の通常選挙が行われ，新しい議員の任期が始まった日から30日以内（同2項）である。

8　衆議院の解散の決定

衆議院の解散とは，衆議院議員の任期満了前に，議員としての資格を失わせる行為をいう。内閣と国会が対立した場合，主権者たる国民の意思を問うため，また，政府と議会の抑制均衡を維持するための機能を果たしている。いかなる場合にどの機関が解散権を行使するかについては学説上争いがある。①解散について直接規定するのは憲法69条のみであるとし，衆議院で内閣不信任決議案の可決・信任決議案の否決があった場合にのみ，内閣が衆議院を解散できるとする。そして7条が天皇の国事行為として衆議院の解散の決定を掲げているが，これは形式的解散権を規定しただけで，69条の場合以外に衆議院の解散を決定する権限を認める根拠とはならない。②内閣は69条の場合だけに衆議院を解散できるが，国会または衆議院の決議により解散できるとする。③内閣が衆議院

を解散するのは，69条の場合に限定されず，7条を根拠に内閣に実質的解散権があるとする。③が通説であり，現実の解散もこれにより行われている。

確かに内閣は国会の信任にもとづいて成立するが，いったん成立すれば独立してその職務を行う。そこで，重要な問題について，国会と内閣とで見解が対立することがありうる。この場合に，内閣は，衆議院が本当に国民の意思を反映しているかを問う必要があり，そこで，衆議院を解散して来るべき総選挙において国民の意思を確かめるのである。こう考えると，衆議院の解散は，69条の場合に限定されず，他方，国会（衆議院）自らの判断で解散を決定することも許されないと思われる。

なお，天皇に解散権が認められている理由については，内閣は，国会の基礎の上にありながら，その命令的な作用として衆議院の解散を行うので，第三者的な立場にある天皇にいわばクッションとしてその権能を与えることに意味があるとされる。

9　参議院の緊急集会の請求

衆議院が解散されると参議院は同時に閉会となるが，その後，国に緊急の必要があるとき，内閣は参議院の緊急集会を求めることができる。しかし，参議院の緊急集会は，総選挙後の特別国会を待つことができない緊急の必要性がある場合に限定され，ここで取られた措置は臨時のものであり，次の国会開会の後10日以内に，衆議院の同意がない場合にはその効力を失う（54条2項・3項）。緊急集会を求めるためには，内閣総理大臣が集会の期日を定め，案件を示し，参議院議長に請求し，議長がこれを各議員に通知することになる（国会99条）。

10　内閣総辞職

内閣は，内閣総理大臣を首長とする統一体であるので，内閣総理大臣が欠けると内閣は総辞職する（70条）。また，衆議院による内閣不信任案の可決（信任案の否決）(69条)，衆議院議員総選挙後はじめて国会が召集されたときにもそれぞれ内閣は総辞職する。なお，内閣が総辞職したときにも(70条)，その内閣は，あらたに内閣総理大臣が任命されるまでその職務を行う（71条）。

第4節 財　政

　財政とは，国家がその任務を遂行するに当たり必要な財力を取得し，管理し，使用することを意味する。そして，このような財力を負担する国民としては，それがどのように処理されるかについて重大な関心を有するのは当然である。そこで，83条は「国の財政を処理する権限は，国会の議決に基いて，これを行使しなければならない。」とし，国家の財政に関しては，国民の代表である国会が，これをコントロールすることとしている（財政民主主義）。

1　租税法律主義

　84条は「あらたに租税を課し，又は現行の租税を変更するには，法律又は法律の定める条件によることを必要とする。」と規定する。この租税法律主義は，歴史的にはイギリスにおいて，国王の課税権を制限するために確立し（代表なければ課税なし），その最も重要な内容は課税要件を法律によって規定するということである。すなわち，納税義務者・課税物件・課税標準・税率そして租税の賦課・徴収手続が，国民の代表である国会によって定められなければならないということである。ここで，84条が適用される「租税」が何を意味するか問題になるが，これについて，以下紹介する最大判平18・3・1民集60巻2号587頁は「国又は地方公共団体が，課税権に基づき，その経費に充てるための資金を調達する目的を持って，特別の給付に対する反対給付としてでなく，一定の要件に該当するすべての者に対して課する金銭給付」としている。そして，この「租税」に該当しなくても「賦課徴収の強制の度合い等において租税に類似する性質を有するもの」については「84条の趣旨」が及ぶとしている。

■市長による保険料率の決定・告示と租税法律主義・旭川国民健康保険条例事件（最大判平18・3・1）

　国民健康保険法は，市町村を保険者，その区域内に住所を有する者を被保険者として強制加入させている。保険者は，保険給付を行うための費用を，国民健康保険税又は保険料のいずれかによって世帯主に納付させることができるが，賦課額，保険料率，賦課期日等は，政令で定める基準に従って条例で定められ

る（法81条）。

　被上告人旭川市では，保険税ではなく保険料を徴収していたが，保険料率について条例で定めず委任により被上告人市長に決定・告示させていた。上告人は平成6年度から8年度までの保険料の賦課処分を受けた者であるが，保険料率を条例によらず市長が決定・告示することは租税法律主義に違反すると主張し，それぞれの処分及び減免非該当処分の取消し・無効を求めて訴えを提起した。

　最高裁は，保険料は，保険給付の反対給付であり「租税」には当たらないとしつつも，「租税に類似する性質」を有するとして憲法84条の趣旨が及ぶとする。そして，「憲法84条の趣旨」という観点から審査を行う場合，裁判所は「当該公課の性質，賦課徴収の目的，その強制の度合い等を総合考慮して判断すべき」であるとした。

　本件条例においては，保険料率・賦課額は，賦課総額（一般被保険者に係る保険料の賦課額の総額）の確定によって自動的に確定されるため，この点も市長に委任されていた。ただし，その算定基準は条例により定められており，事業運営に必要な「費用」から「収入」（保険料除く）を控除して得られた額とされ，これを世帯主に応分に負担させていた。

　賦課総額の確定に当たり問題になるのは，「費用」「収入」がともに見込みに過ぎないということであるが，この「見込み」の推計については専門技術性が認められるとし，本件条例は，委任により市長の合理的な選択にゆだねているのである。そして，この推計に対しては，市の一般会計から分離した特別会計（国民健康保険事業特別会計）の予算及び決算の審議を通じて議会による民主的統制が及ぶことをもって，「84条の趣旨」に反しないと判断した。

　この法廷意見を補足し，賦課総額の決定は，年度当初に給付内容の見込みの上に形成せざるを得ないこと，また，そのチェックは決算・予算の審議によってなされることを重視しているのが滝井繁男裁判官の補足意見である。「議会が一定の基準をもとにして事業に伴う費用及び収入についての推測をもとに賦課総額を決定することを市長に一任することとし，その結果必然的に生ずる推測額と実額との間の差額については，その当否と処理を特別会計の当年度の決算や次年度の予算の審議における統制に服せしめるにとどめることとしても，

そのことも保険集団の議決機関の判断……というべきものであって，それは社会保険の目的や保険料の性格に照らし，保険者自治の観点から許容されているものと考える」。

なお，農業共済組合が，農業災害補償法に基づいて組合員に対して共済掛金，賦課金を課することは，租税に当たり84条が適用されるかが問題となった事件がある。最3判平18・3・29判時1930号83頁は，共済掛金等は課税権に基づいて課される租税ではないが，農業共済組合は農業災害補償制度の運営を担当する公共組合として設立されており，当然加入制がとられ，共済掛金等の強制徴収の強制の度合いにおいて租税に類似するので，憲法84条の趣旨が及ぶとする。その上で，共済掛金等の具体的決定は，農業共済組合の定款又は総会若しくは総代会の議決にゆだねられ，その組合員による民主的な統制に置かれているから，その賦課に関する規律として合理性を有し，憲法84条の趣旨に反しないとした。

2 税法における遡及立法

租税法律主義によれば，遡及的な租税立法は，課税に関する国民の予測可能性を害するので許されないと思われるが，これには若干の問題がある。まず，憲法上の根拠であるが，遡及立法を禁止する39条は遡及処罰の禁止を定めたものであり，税法に直接適用されるとは考えられない。そこで，税法における遡及立法の制限については，84条の租税法律主義が根拠とされる。しかしながら，租税法の制定にあたっては，現実の財政上の問題が念頭におかれている。そこで，これに対処しなければならない立法者に対して，遡及立法の禁止の要請をどれだけ厳格に守ることが期待できるかが問題になるのである。そして，さらに，国民の代表である国会が，政策上の観点から遡及的な立法の必要を認めてこれを定めた場合，裁判所は，遡及立法であるとの理由のみから，どこまでこれを無効とできるかが問われる。

これについて，学説は，税法の不遡及を憲法上の原則としつつも，単にそれが遡及立法であるというだけでなく，国民の予測可能性や法的安定性を著しく害する場合に限定して，これを無効としようとするものが多いように思われる。たとえば，遡及立法であることがあらかじめ予告された上で法律が制定・改廃

された場合や，課税対象期間の途中で法律の改正がなされ，それを期間開始時まで遡及する場合等においては，その税法は有効であり，さらには，現代における民主主義的租税法律主義観からすれば，むしろ原則として税法の遡及は一般に許容され，著しく不合理な場合に限って無効とすれば足りるとの見解も示されている。

　下級審の裁判例においては，年度の中途で定められ，その適用をその年度の開始時に遡らせる税法は有効であると考える傾向がある。たとえば，市民税を引き上げる市条例が4月22日に定められ，同年1月1日に遡って適用されるとする立法（津地判昭54・2・22行裁例集31巻9号1829頁），民法上の法人にも一定範囲で事業税を課するとした地方税の改正が5月31日になされ，その年度の地方税に適用するとの立法（東京地判昭36・4・26行裁例集12巻4号839頁），医療法人にも相続税を賦課するとの相続税法への改正が4月になされ，それを1月1日に遡るとする立法（大阪地判昭31・9・24行裁例集7巻9号2206頁）等についてはいずれも有効とされている。

　これに対して，数年以上も前に遡って，課税品目となっていなかった物品への課税行為をすべて適法化する立法が無効とされた事例がある（福岡高判昭48・10・31訟務月報19巻13号220頁）。

　最高裁においては，平成6年から8年度について保険料の賦課期日を4月1日としながら，保険料率の告示は7月4日，5月24日，5月30日になされたことが問題になった。しかし，賦課期日までに，条例によって，賦課総額の算定基準及び賦課総額に基づく保険料率の算定方法が明らかとされていたことが重視され，この場合，保険料率の決定が賦課期日後になされても恣意的判断が加わる余地なく，法的安定性も害されないとした（前記最大判平成18・3・1）。

■**行政解釈の変更による課税（通達課税）と租税法律主義**（最2判昭33・3・28民集12巻4号624頁）

　パチンコ球遊器は，従来，物品税の課税物件である遊戯具にあたらず，非課税物品とされてきたが，昭和26年の国税庁長官による通達等により，物品税が課せられるようになった。そこで，これにより課税処分を受けたパチンコ球遊器製造業者が，その処分の取消しを求めて訴えを提起した。すなわち，パチンコ球遊器は，非課税物件として長く固定されてきたが，法律の改正によらず，

既存の法律に対する行政解釈である通達によってこれを課税物件へと変更することは、通達による課税であり、また、遡及的不利益変更がなされているのではないかという問題が提起された。

最高裁は、通達により、法律のあるべき正当な解釈に立ち返ったのであるから、行政立法による課税ではない。また、その限りで国民の予測可能性を著しく損なうものではないとした。すなわち「本件の課税がたまたま所論通達を機縁として行われたものであっても、通達の内容が法の正しい解釈に合致するものである以上、本件課税処分は法の根拠にもとづく処分と解するに妨げがなく、所論違憲の主張は、通達の内容が法の定めに合致しないことを前提とするものであって、採用し得ない」。

3 予 算

国費を支出しまたは国が債務を負担するには国会の議決が必要であり、この議決は予算の形式で行われる。この予算とは、一会計年度の歳入歳出の予定的見積もりである。そこで、歳入に関しては、予測にとどまり、歳出の財源を示すにすぎないが、歳出については、許される最高限度の支出金額、支出の目的および時期について限定がなされている。

(1) 予 備 費

もっとも、実際には、予見することのできない予算の不足を生ずることがある。そこで、このような場合に備えて、あらかじめ国会の議決にもとづいて予算の中に予備費を設け、これを内閣の責任で支出できることとし (87条1項)、事後に国会の承認を求めることとした (同条2項)。この承認は、予備費支出に対する国会のコントロールを定めたものであるが、仮にこれが得られなかったとしても、支出自体には影響しないとされている。

(2) 予算の修正

予算は、会計年度ごとに内閣が作成して、国会に提出しその審議を受け議決されなければならない。この審議において、国会は、予算をどの程度まで修正できるのか問題となる。減額修正に関しては明治憲法に規定があった (明治憲法67条)。これによると、法律の結果として生ずる歳出および法律によって政府が義務を負うに至った歳出については、政府が同意しない限り、帝国議会は

減額することはできなかった。そして，このことは現行憲法においても当てはまるとする学説がある。

確かに，議会は歳出に関する法律を制定しておきながら，それに従って内閣が作成した予算を減額修正することには問題があるように思われる。しかし，予算は，会計年度ごとに流動し，変化する社会経済情勢に柔軟に対応することが求められている。この場合，固定的な法律にしばられ，それを改廃しなければ予算の減額修正を一切行うことができないとする必要はないと思われる。増額修正についても，これは新たな発案にあたるとし，予算の発案権を持たない国会がこれを行うことを消極に解する学説もあるが，減額修正の場合と同様の理由から許されると考えられる。ただし，このような修正を行った場合，政治上の問題が生ずるのは当然である。

(3) 決　算

予算が実際に適切に行われたかどうかは，事後において決算の審査という形で確認される。まず，内閣に対して独立の地位を有する会計検査院が，国のすべての収入支出についての決算を会計年度ごとに検査する。そして，次の年度に，内閣が，会計検査院の検査報告とともに決算を国会に提出する(90条1項)。そして，国会がこれを審査して内閣の政治的責任を明らかにする。

なお，内閣は，国会および国民に対し，定期に，少なくとも毎年1回，国の財政状況について報告しなければならない(91条)。

(4) 皇室経済

明治憲法下にあって，皇室は莫大な財産を有していたが，連合国はこれを財閥と考え解体した。まず，皇室の財産について公私を区別して，純然たる私有財産を除いて一切の公的性質を有する財産を国有財産に移管した(88条前段)。このように国有財産に移管された財産のうち，従前から皇室が利用していた財産は，皇室用財産として引き続きその利用が認められることになった。

皇室の費用についても，明治憲法下においては，皇室財産から生ずる収入と国庫から支出する皇室経費で賄われ，皇室経費については増額以外は帝国議会の協賛を要しないとされていた。しかし，現行憲法においては皇室の費用は予算に計上して国会の議決を要することになった(88条後段)。さらに，皇室に財産授与を行う場合にも国会の議決が必要になった(8条)。これは，皇室の私有

財産に関してもその授受を無制限に認めると，皇室の財閥化が再現したり，皇室を政治的に利用したりするものが現れたりすることを防ぐことを目的としている。

4 公の財産の支出または利用の制限

憲法89条は，「公金その他の公の財産は，宗教上の組織若しくは団体の使用，便益若しくは維持のため，又は公の支配に属しない慈善，教育若しくは博愛の事業に対し，これを支出し，又はその利用に供してはならない。」と定める。この規定については，公の財産の支出または利用の制限に関し，「宗教上の組織若しくは団体」と「公の支配に属しない慈善，教育，若しくは博愛の事業」とを区別して検討がなされるのが一般である。

(1) 宗教上の組織もしくは団体と公金支出等の禁止

憲法20条1項後段は「いかなる宗教団体も国から特権を受け……てはならない」とし，同条3項は「国及びその機関は，宗教教育その他いかなる宗教的活動もしてはならない」と規定する。これらが，政教分離の原則を意味することは第5章第3節で述べたとおりである。これを受けて，89条は，宗教上の組織等に公金支出を行うことを禁止することによって，この原則を実現しようとしている。論点としては，公金支出が禁止される「宗教上の組織」等は，具体的に何を意味するのか，および，かかる宗教上の組織等への公金支出はいかなる場合にも一切許されないのかという点である。これら2つの問題は，結局のところ，憲法における政教分離の意味をどのように理解するかにかかっているといえよう。

(a) 宗教上の組織もしくは団体の意味　これについては，A説は「組織」については，宗教の信仰・礼拝・普及を目的とする事業ないし運動と理解し，「団体」については，同様の目的を有する人の結合体とする。B説は「組織」は寺院や神社のように物的施設を中心とした財団的なもの，「団体」は教派，宗派等人の結合を中心とする社団的なものとする。C説は「組織」「団体」を区別せず，宗教上の事業や活動を行う目的を持って組織されているものとしている。この対立で重要なことは，「組織」にA説のように，事業および運動を含めて考えることが可能であるかということである。この解釈は，条文の文言からはや

や離れているが，非宗教法人が行う宗教的事業に公金が支出されることを禁止できるとのメリットがあるとされる。

　しかし，この解釈は憲法制定時の政府の考えとは異なる。すなわち，政府は，「団体」は団体という姿のはっきりしたものを，「組織」とは，ゆるやかな組み立てを持っている団体類似のものを想定していた。そこで，89条の文言，制定者の意図，さらには，A説の懸念するところは20条3項によって解決可能と考え，文言に忠実なB説を支持したい。

　ところで，具体的にどのような組織ないし団体が宗教上の組織等に該当するのか問題となる。これについて，最高裁（最3判平5・2・16民集47巻3号1687頁）は，宗教と何らかのかかわり合いのある行為を行っているだけでは足りず，特定の宗教の信仰，礼拝または普及等の宗教的活動を行うことを本来の目的とする組織ないし団体を指す，としている。そして，戦没者遺族を会員として，その相互扶助・福祉向上と英霊の顕彰を主たる目的として活動している遺族会は，忠魂碑の碑前で，毎年各年交替で仏式・神式により戦没者の慰霊祭を行っていても，宗教上の組織等には当たらないとした。

　(b)　公金支出の規制と目的効果基準　　政教分離の保障は，国家による宗教とのかかわり合いを規制しているが，このかかわり合いには，国家が一定の宗教的な行為を行う場合と，国家が宗教団体等に対して，金銭その他の援助を行う場合との2つがある。そして，憲法が保障する政教分離の意味については厳格分離説と限定分離説とが対立し，最高裁が後者に立っており，判定基準として目的・効果基準が示されていることはすでに紹介したとおりである。そして，この目的・効果基準は，上述の，国家と宗教の二通りのかかわり合いのうち，いずれにも妥当するというのが最高裁の考え方である。

　すなわち，最高裁（最大判平9・4・2民集51巻4号1673頁）は，まず，20条3項にいう宗教的活動とは，国家と宗教とのかかわり合いが，相当とされる限度を超えるものに限定され，この点を判断するためには，当該行為の行われる場所，これに対する一般人の宗教的評価，これを行う意図・目的，一般人に与える効果・影響等，諸般の事情を考慮し社会通念に従って判断するとする。そして，89条の意味についても「公金支出行為等における国家と宗教とのかかわり合いが前記の相当とされる程度を超えるものをいうと解すべきであり，これに

該当するかどうかを検討するに当たっては，前記と同様の基準によって判断しなければならない」としている。

　この事件においては，愛媛県が靖国神社に玉串料を奉納等したことは，その目的が宗教的意義をもち，その効果が特定の宗教への援助・助長・促進にあたり，また，靖国神社が宗教上の組織または団体にあたることから「県と靖国神社等とのかかわり合いがわが国の社会的・文化的諸条件に照らし相当とされる限度を超えるもの」とした。

　このように，最高裁は，宗教上の組織等への公金支出の規制に関し，国家の宗教的活動の規制と同様，目的・効果基準により検討を加えている。これに対して，89条による公金支出の制限に20条3項とは別の観点を見出そうとするのが，園部裁判官である。すなわち，本件における公金支出は，宗教団体の主宰する恒例の宗教行事のために奉納されたものである。したがって，この公金支出は，当該宗教団体を直接の対象とする支出と見るべきであり，宗教団体の使用のために公金を支出していることを禁止している89条に違反する。そうである以上，この公金支出は，それが20条3項の目的・効果基準をクリアしているかどうかを判断するまでもなく許されない，とした。89条の規制に20条3項とは異なる視点があるのか，若干の議論の余地があるように思われる。

　(c) 宗教上の組織等の沿革と公金支出の制限　　以上のとおり，宗教上の組織等への公金の支出はかなり厳格に規制されている。しかし，組織や施設の中には日本国憲法制定よりも以前から存在し，さまざまな歴史的沿革を有するものも少なくない。そこで，これらに対しても89条を一律に適用して，公金支出等を厳格に規制してよいか問題となる。そうした規制が，かえって，政教分離の目的である信仰の自由を侵害することも考えられるからである。

　こうした点を配慮したのが国有境内地処分法事件（最大判昭33・12・24民集12巻16号3352頁）である。ここでは，寺社に無償で貸し付けられている国有地について，「宗教活動を行うのに必要なもの」に限定して無償譲与ないし時価の半額で売り払うこと等が問題になった。最高裁は「新憲法に先立って，明治初年に寺院等から無償で取り上げて国有とした財産を，その寺院等に返還する処置を講じたものであって，かかる沿革上の理由にもとづく国有財産関係の整理は，89条の趣旨に反するものとはいえない」とした。

箕面忠魂碑訴訟（最3判平5・2・16民集47巻3号1687頁）においても、この沿革に配慮がなされていると思われる。この事件では、忠魂碑を移設するために市が敷地を購入し、これに忠魂碑を移設し、以後、敷地を遺族会に無償貸与したことが問題となった。最高裁は、上述のように目的・効果基準を用い、諸般の事情を考慮した上で、これらの支出は89条に違反しないと判断したのであるが、諸般の事情の1つとして、次のような指摘を行っている。

すなわち、忠魂碑は、大正5年に、遺族会が箕面村の承諾を得て公有地上に設置されて以来、継続してその地に存続しつづけてきた。ところが、忠魂碑に隣接する小学校において校舎の立替えが必要になり、そのために忠魂碑を移設せざるを得なくなった。そこで、市が遺族会との交渉の結果、土地を買い受け、これを遺族会に無償貸与したというのである。公有地の上とはいえ、沿革的に適法に存在してきた忠魂碑を、市の一方的な必要からこれを除去することは許されず、代替地を取得し、忠魂碑を移設するのに市が支出をしても89条に違反しないと思われる。

（2） **公の支配に属しない教育等の事業への公金支出**

憲法89条後段は「公金その他の公の財産は……公の支配に属しない慈善、教育若しくは博愛の事業に対し、これを支出し、又はその利用に供してはならない」とする。この規定について、従来の通説（厳格説）は、公の支配下にある事業とこの支配下にない私的事業とを区別し、後者について、その自主的な活動が、公金の支出等を受けることによって歪められることを防止することを目的に定められたと理解していた。そのため、公金の支出等が許されるのは、私的事業としての自主性が存在しないほどに公の支配の及んでいるもの、具体的にいえば、人事、予算、事業の執行等について国、地方公共団体が監視し、その事業の方向性を実質的に決定している場合であるとしていた。

このように89条を理解するならば、慈善・教育・博愛の活動を私的事業として行っている法人等への公金支出は一切許されず、その結果、これら法人等の存立発展はきわめて困難になることが予想される。そこで、従来の厳格説に対して緩和説が主張されるようになった。これによれば、私的事業に公金支出がなされた場合、その財政援助の範囲で監督を行う、つまり、その公金支出が正当に利用されることを確保する限度での監督にとどめられるとするのである。

確かに，厳格説は89条の文言に忠実であるが，私的事業が果たしている役割やその事業になされる公費助成の意義を考慮していない欠点がある。他方，緩和説は主として私学助成を念頭において主張されているが，その必要性が強調される一方で，89条の解釈としてはやや不満が残るように思われる。しかし，この点については，26条等をあわせて読むことにより理解しようとの立場が有力になってきた。すなわち，26条1項は「すべて国民は……ひとしく教育を受ける権利を有する」（学習権）とし，また，25条は「すべて国民は，健康で文化的な最低限度の生活を営む権利を有する」（生存権）とする。これらの権利の性質については第5章第8節1に譲るが，立法府がこれら学習権・生存権を充実させるために，教育，博愛，慈善の活動を行う私的事業に公金を支出し，助成を行おうとしたならば，その政策判断の是非はともかくとして，直ちに憲法に違反するとはいえないように思われる。

もっとも，私的事業に対しては人事・予算・事業の執行等に関して国等が監督していないため，支出された公金が正当に利用されているかチェックする必要がある。そして，このチェックを行ったからといって，その私的事業の活動の自主性が損なわれることはないと思われる。89条の「公の支配」とは，財政援助をなす限度で，その援助が不当に利用されないよう監督することを意味すると解される。

第5節　地方自治

1　地方自治の保障

憲法92条は「地方公共団体の組織及び運営に関する事項は，地方自治の本旨に基いて，法律でこれを定める。」とする。明治憲法下においては，中央集権制がとられていたので，地方自治に関する憲法上の規定はなかった。しかし，治者と被治者の同一性という民主主義に立脚する日本国憲法にあっては，日本国内の各地域において，その実現が保障されているのである。

地方自治については，住民自治および団体自治の2つの観念から成り立っている。住民自治は，地方の行政を住民の意思によって行っていくことであり，団体自治とは，国内における一定地域の団体が，独立してその地域の行政を

行っていくということである。このような地方自治権について，国家とは別に各地方に固有のものであるとする固有説と，あくまで国家から伝来したものであるとする伝来説とが対立している。

　憲法は，地方公共団体に対して，その執行機関の長および議員等について住民の直接選挙を規定し，財産管理，事務処理，条例制定権等を認め，一つの地方公共団体のみに適用される特別法を国会が成立させるためには住民投票が必要である（92条～95条）。そこで，これらの保障が及ぶためには当該団体等が地方公共団体でなければならないが，何が地方公共団体にあたるかについて憲法は特に定めるところがなく，「法律でこれを定める」「法律の定めるところにより」としている。つまり，憲法は，画一的にこれを定めることなく，社会・経済・文化・交通等の時代の流れに対応すべくその内容を国会の定めに委ねているといえよう。しかし，その際にも，「地方自治の本旨」に反し得ないことは当然である。

　この点について，最高裁（最大判昭38・3・27刑集17巻2号121頁）は，「単に法律で地方公共団体として取り扱われているということだけでは足らず，事実上住民が経済文化的に密接な共同生活を営み，共同体意識をもっているという社会的基盤が存在し，沿革的に見ても，また現実の行政の上においても，相当程度の自主立法権，自主行政権，自主財政権等地方自治の基本的権能を附与された地域団体であることを必要とする」としている。

2　地方公共団体の機関
（1）議　　会

　議事機関として議会が設置されている（93条1項）。議会の議員は住民の直接選挙による（同条2項）。議会の議決事項は，条例の制定，予算の議決のほかに，契約の締結，財産の取得等個別処分にも及んでおり（自治96条1項），立法機関としてのはたらきのみならず，行政的な機能も備えている点に特徴がある。

（2）執 行 機 関

　憲法は，「地方公共団体の長……及び法律の定めるその他の吏員は，その地方公共団体の住民が，直接これを選挙する」とだけ規定し（93条2項），執行機関の具体的な内容については定めがない。そこで，地方自治法は，執行機関に

ついて多元主義をとりつつも，長に対して，他の執行機関相互について権限上の疑義が生じた場合の調整役等，最も重要な役割を与えている（自治138条の3第3項）。

(3) 議会と長の関係

長は議会の要求があった場合にのみ，出席義務があるにとどまる（自治121条）。国政においては，議院内閣制がとられ，内閣総理大臣及び国務大臣に議会への出席権が認められているのとは異なる。議会の議決に対して長の拒否権が認められている（同176条・177条）。議会は長に対して不信任の議決をなし，この議決に対して長は議会を解散することができる（同178条）。長は一定の場合に，議会の権限を行使できる専決処分の制度がある（同179条・180条）。

3 地方公共団体の権能

憲法94条は「地方公共団体は，その財産を管理し，事務を処理し，及び行政を執行する権能を有し，法律の範囲内で条例を制定することができる。」として，地方公共団体の権能について定める。これを受けて，地方自治法は，地方公共団体の事務を「地域における事務及びその他の事務で法律又はこれに基づく政令により処理することとされるもの」（自治2条2項）とし，これを法定受託事務と自治事務に分けている。

法定受託事務は，「国が本来果たすべき役割に係るもの」（第1号法定受託事務）と「都道府県が本来果たすべき役割に係るもの」（第2号法定受託事務）に二分され（同条9項1号・2号），それぞれ「その適正な処理を特に確保する必要があるもの」として，法律または政令により，第1号については都道府県，市町村，または特別区が，第2号については市町村，または特別区が処理するものとされている。自治事務は，法定受託事務以外のものとされている（同条8項）。このような事務を自主的に行っていくためには，自主的な財政権が必要であり，これには課税権も含まれると考えられる。また，自主的な立法権も不可欠である。この立法権，すなわち条例制定権については次にやや詳しく論ずる。

4 条例制定権

地方公共団体は「法律の範囲内で」条例制定権を認められているが，その範

囲と限界については問題がある。従来の通説は，そもそも地方公共団体の自治権は国家から伝来しており，国家の意思である法律(令)に違反して地方公共団体が条例を制定することは許されない，ただ，条例が法律に違反しているかどうかは必ずしも明確ではないので，それぞれの趣旨，目的，内容及び効果を比較し，両者の間に矛盾，抵触がないかどうかを検討する必要があるとしている。

具体的には，①法律と条例による規制が重なり矛盾しているように見えても，両者が別の目的で規制を行っており，後者が前者の目的・効果を妨げていないかどうか，②法律が全国一律・同一内容の規制を積極的に意図しているか，それとも地方の実情に即した規制を認容する趣旨であるか，③法律による具体的な委任があり，その範囲内で条例が制定されているかどうか，④法律による規制がない場合，条例による規制を許す趣旨かそれとも許さない趣旨であるのか，等が問題になる。いずれにせよ，法律を前提にその意味を明らかにした上で，条例がこれに違反していないかどうかが検討されることになる。これについては，以下のように判例も同様の立場にあると思われる。

（1） 目的の違い

条例と法律が一見矛盾するように見えても，それぞれの目的および効果を検討し，両者に矛盾抵触はないとしたのが，広島県金属屑条例事件(最大判昭32・4・3刑集14巻9号1197頁）である。広島県条例によれば，業者が金属屑の売買を行うに際して，その相手が未成年者の場合その法定代理人の同意がない限りその売買等は禁止・処罰されていた。一方，民法4条・5条は，法定代理人の同意なくしてなされた未成年者の法律行為は有効ではあるが，これを取り消しうるとしている。そこで，広島県条例が民法に違反するかが問題となった。最高裁は，この条例は「金属業者に対してその営業を制限したもので……未成年者の法律行為能力に関する民法4条，5条と抵触しているとは認められない」とした。すなわち，広島県条例10条は，業者に対して，未成年者との取引を禁止処罰するが，その私法上の効力を無効とするものではないので両者は矛盾しないとした。

（2） 広範な目的と手段の加重

条例の目的は法律と重なっているが，より広範であり，その目的達成のためにより重い処罰を規定している条例は，法律の範囲内にとどまるとされたのが

徳島市公安条例事件（最大判昭50・9・10刑集29巻8号489頁）である。ここでは，道路における集団行進に際して付された許可条件および罰則について問われている。

まず，道路交通法77条1項4号は「道路に人が集まり一般交通に著しい影響を及ぼすような行為で，公安委員会が，その土地の道路又は交通の状況により，道路における危険を防止し，その他交通の安全と円滑を図るため必要と定めたもの」等については，警察署長の許可を受けなければならないとし，許可に際して条件をつけることもできるとした。これを受けて徳島県公安委員会では，許可を要する場合として「道路において，集団行進等をすること」等を掲げ，本件においては条件として「だ行進」等をしないことが付された。他方，徳島市条例は道路での集団行進等に市公安委員会への届出を求め，「交通秩序を維持すること」が条件とされた。そして，違反には，道路交通法違反については3月以下の懲役または3万円以下の罰金，市条例違反には1年以下の懲役もしくは禁錮または5万円以下の罰金が科され，条例はより重い罰則を定めており「法律の範囲内」といえるかが問題となった。

最高裁は，両者の目的に相違があることを指摘する。「道路交通法は道路交通秩序の維持を目的とするのに対し，本条例は道路交通秩序の維持にとどまらず，地方公共の安寧と秩序の維持というより広はん，かつ総合的な目的を有する」。そして，道路交通法の罰則は「道路交通の安全をどの程度に侵害する危険があるか」を考慮して定められているのに対して，市条例の罰則は「集団行進等が，単に交通の安全を侵害するばかりでなく，場合によっては，地域の平穏を乱すおそれすらあることを考慮して，その内容を定めたもの」である。そこで，市条例が法律よりも重い罰則を定めることも許されるとした。

（3）　地方の実情

この徳島市条例事件では，道路交通法が，条例が地方の実情に応じた多様な規制を行うことを認めていることも指摘している。すなわち，道路交通法77条1項4号は，道路の特別使用に許可が必要である場合として「その土地の道路又は交通の状況により」公安委員会が必要と認めたもの，を掲げており，このことは「各公安委員会が当該普通地方公共団体における道路又は交通の状況に応じてその裁量により決定するところに委ね，これを全国的に一律に定めるこ

とを避けている」としている。

（4） 法律による委任

　法律が，地方の実情に即した条例の制定を認める場合，委任という明確な形で行われることがある。たとえば，旧地方税法36条は，入場税について，地方（公共）団体はその徴収に便宜を有するものにこれを徴収させることができるとし，これを受けて栃木県条例が催物の主催者を徴収義務者としたことが，委任の範囲内であるとされた事件がある（最1決昭28・4・30刑集7巻4号909頁）。

　こうした具体的な法律が存在しない場合には，地方自治法を根拠に，同法に定める地方公共団体の事務の範囲内で当該条例が制定されたものであるかを検討する傾向にある。その例として，最大判昭37・5・30刑集16巻5号577頁がある。大阪市は，売春防止法施行前に，市条例を定め「売春の目的で，街路其の他公の場所において，他人の身辺につきまとったり又は誘ったりした者は，5千円以下の罰金又は拘留に処する」としていた。

　この事件では，法律によってのみ刑罰を定めることを憲法31条は保障しているかという論点に関連して議論されている。最高裁は，まず，刑罰は法律の授権があれば条例によって定めることも可能であり，その授権は「不特定な一般的な白紙委任的なものであってはならない」としつつも，「相当程度に具体的であり，限定されておればたりる」としている。そして，当時の地方自治法2条3項7号及び1号は，地方公共団体が処理できる事務として，地方公共の秩序維持・住民等の安全，健康，福祉の保持，風俗の制限を掲げ，同法14条5項は条例違反者に2年以下の懲役，10万円以下の罰金等を科する規定を設けることを認めていた。そこで，本条例はこの地方自治法の規定を根拠に，相当程度に具体的で限定された授権の範囲内で定められているとされた。

　同様に，最大判昭38・6・26刑集17巻5号521頁では，ため池の決壊の原因となる，ため池の堤とうの使用行為を禁止する奈良県条例が問題となったが，これら規制は地方自治法2条3項1号，8号の地方公共団体の事務に該当するとされた。しかしながら，これら規定は地方公共団体の処理すべき事務を例示したにすぎず，条例への具体的委任に関しては別途法律の定めが必要であるとする山田裁判官および河村裁判官の少数意見がある。

（5） 憲法と条例

　以上のように，条例の制定範囲については，法律の解釈が重要であるが，その際に憲法が参照されることがある。この例として，最1判昭53・12・21民集32巻9号1723頁がある。河川法3条2項は，堤防，護岸等を河川管理施設とするためには，これらを権原にもとづいて管理する者があれば，その者の「同意」を得ることが必要であるとしていた。しかし，高知市条例は，この「同意」がないにもかかわらず，護岸等を河川管理の対象としていた。

　最高裁は，河川法が「同意」を要件としているのは「河川管理者以外の者が設置した施設をそれが『河川管理施設』としての実体を備えているというだけで直ちに一方的に河川管理権に服せしめ，右施設を権限に基づき管理している者の権利を制限することは，財産権を保障した憲法29条との関係で問題がある」からであるとした。そこで，「同意」の有無にかかわらず護岸等を河川管理権に服せしめることは，河川法に違反し許されないとした（もっとも，本条例に対しては「同意」を必要とするとの解釈が可能であるので，河川法には違反しないとされた）。

（6） ま と め

　以上判例の流れから，最高裁は，条例制定をできるだけ法律の範囲内にとどめようとしている。しかし，このことは必ずしも，具体的な法律が存在しない領域での条例が認められないとか，法律より厳しい内容の規制を条例が行うことが許されないということを意味しない。いわゆる横出し・上乗せ条例も認められる可能性があり，これについては，基準となる法律が，その対象に関して全国一律・同一内容の規制になじむものと考えているのか，それとも地方の実情に即した規制を許しているのかが重要となるであろう。

　しかし，この点に関して法律の下した判断は絶対であろうか。すなわち，その規制の対象の性質からすれば，地方の実情に即した柔軟な規制がなされるべきところ，法律が判断を誤り全国一律規制に固執している可能性も考えられる。この場合には，法律の範囲にとどまらない条例であっても有効とされ，あるいは，根拠となった法律自体が92条違反として無効とされる場合も考えられよう。なお，最3判平元・9・19刑集43巻8号785頁における伊藤正巳裁判官の補足意見は，「有害図書の規制については，国全体に共通する面よりも，むしろ地

域社会の状況，住民の意識，そこでの出版活動の全国的な影響力など多くの事情を勘案した上での政策的判断に委ねられるところが大きく，淫行禁止規定に比して，むしろ地域差のあることが許容される範囲が広い」とされている。この見解は，条例制定の範囲や内容が「法律」によってのみ決定されるのではないことを指摘しており，注目される。

5　住民の権利

　地方公共団体の長，その議会の議員及び法律の定めるその他の吏員は，その地方公共団体の住民が直接選挙する。ただ，選挙権を有するのは日本国籍を有するものに限定され，外国人には選挙権は認められていない（自治11条）。これは，公務員の選定罷免は国民固有の権利であるとする憲法15条を根拠としている。しかし，永住権を有する外国人について地方議会の議員等に対する選挙権を認めても，憲法に違反しないとの説が有力に主張されている（最3判平7・2・28民集49巻2号639頁）。

　なお，憲法93条の文言から，憲法は代表民主制を予定していると思われる。しかし，地方自治の本旨には，住民自治という考え方が含まれるので，直接民主制を憲法は否定していないと思われる。そこで地方自治法は，町村総会の設置を認め（自治94条），また，住民に直接請求権を認めている。直接請求権には，条例の制定改廃請求権，地方公共団体の事務の監査請求権，議会解散請求権，長らの解職請求権等がある（自治12条・13条）。

　1つの地方公共団体のみに適用される特別法（地方自治特別法）については，その地方公共団体の住民の投票において過半数の同意を得なければ国会はこれを制定することができない。このような法律の場合には，とくにその住民の意思を尊重する必要があるからである。

事項索引

あ行

朝日訴訟 …………………………174, 176
新しい人権 ……………………………51, 67
アファーマティブ・アクション ………76, 78
安政の5カ国条約 …………………………28
イェリネクの学説 …………………………47
違憲審査制度 ……………………………194
違憲判決の効力 …………………………229
違憲判断 …………………………………100
違憲法令審査権 …………26, 28, 30, 197
萎縮効果 …………………………………105
一般的自由権 ……………………………68
伊藤博文 …………………………………29
違法収集証拠の排除 ……………………165
浦和事件 …………………………201, 249
永久の権利 ………………………………47
営業の自由 ………………………………149
王は悪をなしえず ………………………190
大津事件 …………………………………201
公の支配に属しない教育等の事業 ……266
押付憲法 …………………………………35

か行

会計検査院の検査報告 …………………262
閣議 ………………………………………253
学習権 ……………………………………177
学問の自由 …………………………99, 100
過度の広汎性 ……………………………214
環境権 ……………………………………176
監獄法施行規則 …………………………255
関税自主権 ………………………………29
間接適用説 ………………………………62
間接民主制 ………………………………39

完全補償説 ………………………………187
議院内閣制 ………………………………236
議院の自律権 …………………………218, 220
議員の懲罰 ………………………………248
議会 ………………………………………268
──と長の関係 …………………………269
貴族院 ……………………………………30
基本法 ……………………………………3
義務教育 …………………………………178
客観訴訟 …………………………………208
──の問題 ………………………………212
客観的法規範 ……………………………65
教育内容決定権 …………………………179
教育を受ける権利 ……………………102, 177
教科書検定制度 …………………………179
教授の自由 ………………………………102
行政 ………………………………………250
行政委員会 ………………………………251
行政解釈の変更 …………………………260
行政裁判所 ………………………………191
行政事件 …………………………………197
強制処分 …………………………………162
行政処分 …………………………………232
強制処分法定主義 ………………………156
強制投票制 ………………………………139
協約憲法 …………………………………6
極東委員会 ………………………………32
緊急逮捕 …………………………………157
近代的意味の憲法 ………………………4
欽定憲法 …………………………………6
勤労権 ……………………………………180
勤労者（労働者）…………………………180
君主主義 …………………………………29
傾向経営（企業）…………………………62

形式的意味の憲法	5	皇室用財産	262
形式的平等	75	公職追放	84
刑事補償	172	公序良俗	64
契約説	27	公　人	69
決　算	262	硬性憲法	6, 26
結社の自由	115, 219	構造的な憲法保障制度	12
検　閲	134	幸福追求権	67, 206
減額修正	261	公平な裁判所	206
厳格な審査基準	58	公務員の政治活動	60
厳格分離説	264	公務員の選定罷免	274
健康で文化的な最低限度の生活	173	公務員の不法行為	190
原告適格	212	公務員の労働基本権	184
限定分離説	264	合理的期間	145
憲法改正	19	合理的期間説	233
憲法改正草案要綱	32	国際紛争を解決する手段	43
憲法慣習	9	国政調査権	248
憲法制定会議	27	国選弁護人	198
憲法制定権力	16	告知・聴聞	156
憲法と条約の効力	7	国　民	26, 37
憲法の最高法規性	11	——の教育権説	178
憲法の番人	16	国有境内地処分法事件	265
憲法判断回避	229	個人識別情報	72
——の原則	100, 226	個人情報保護	121
憲法判例	9, 233	国会単独立法の原則	240
憲法変遷	22	国会中心立法の原則	240
憲法保障	210	国会の召集	257
憲法問題調査委員会	31	国家機密	113
権利取得裁決	188	国家賠償法附則	192
権利章典	25	国家無答責	190
権力分立制	235	近衛文麿	31
公安条例	110	固有の意味の憲法	3
公共の福祉	56, 153	根本法	3
合憲性推定の原則	216, 224, 227		
合憲的限定解釈	224, 228	**さ行**	
皇室経済	262	在外投票制度	138
皇室自律主義	29	在監者との接見	255
皇室典範	29	最高法規性	210
皇室の財閥化	263	再婚禁止期間	80

財産権の性質 ……………………153
財産権の保障 ……………………153
財政民主主義 ……………………259
在宅投票制度 ……………………138
裁判員制度 ………………………205
裁判官の独立 ……………………200
裁判の公開 ………………………203
裁判を受ける権利 …………197, 219
歳費を受ける権利 ………………244
差別的表現 ………………………127
猿払事件 …………………………60
参議院の緊急集会 ………………258
残虐な刑罰 ………………………173
漸次立憲政体樹立の詔勅 ………29
参審制 ……………………………206
GHQ 草案 ………………………32
自衛権 ……………………………44
自衛戦争 …………………………44
自衛隊 ……………………………44
ジェンダー ………………………80
資格争訟の裁判 …………………248
事業認定の告示 …………………188
自己決定権 …………………68, 74
自己実現論 ………………………106
自己情報コントロール権 ………70
自己不罪拒否特権 ………………168
事後法の禁止 ……………………172
自社株式の短期売買 ……………145
事情判決 ……………………147, 230
自然権 ……………………………27
自然法思想 ……………………49, 50
自然法的理論 ……………………25
事前抑制禁止の原則 ……………134
思想の自由市場論 ………………106
思想・良心の自由 ……83, 101, 203, 207
自治事務 …………………………269
執行機関 …………………………268
実質的意味の憲法 ………………5

実質的平等 ………………………75
私的自治の原則 ……………61, 62, 63
児童ポルノ表現 …………………125
自白法則 …………………………170
司　法 ……………………………250
司法権 ……………………………206
　　──の独立 …………………200
司法消極主義 ………………222, 228
司法積極主義 ……………………223
指紋押捺制度 ……………………53
社会的身分 ………………………81
謝罪広告 …………………………117
写真撮影 …………………………162
自由委任の原理 …………………239
衆議院 ……………………………30
　　──の解散 …………………257
　　──の優越 …………………242
宗教上の組織もしくは団体 ……272
自由権的側面 ……………………66
私有財産制度 ……………………153
自由裁量論 ………………………221
修正条項 …………………………28
自由選挙の原則 …………………137
住民自治 …………………………277
主　権 ……………………………38
取材源の秘匿 ……………………109
取材の自由 ………………………108
酒税法施行規則 …………………256
消極的地位 ………………………48
少数代表 …………………………143
小選挙区比例代表並立制 ………142
肖　像 ……………………………69
肖像権 ……………………………163
象徴的表現 ………………………109
象徴天皇制 ………………………40
証人喚問請求権 …………………167
情　報 ……………………………70
情報公開請求権 …………………108

条　約	221
──の承認	246
将来効	232
条例制定権	270
職業選択の自由	149
知る権利	105
人格権	69
人格的利益説	68
信教の自由	82, 88
人権のインフレ化	67
審査基準	153
身障者の教育権	180
人　民	26
森林の細分化	144
吹田黙禱事件	202
枢密院	29
政教分離	94
──の原則	88, 263
生産管理	183
政治的代表	239
政治的美称説	241
政治的表現	115
政治犯罪人不引渡の原則	54
政治問題の法理	213, 220
成熟性	214
青少年保護育成条例事件	124
正当補償を欠く立法	187
制度的基本権論	66
制度的保障	65, 95, 102
税法における遡及立法	259
政令の制定	255
セクシャル・ハラスメント	80
積極的地位	48
接見交通権	160
摂　政	42
絶対的平等	76
全国民	39
──を代表する選挙された議員	239

扇動表現	129
戦没者遺族	264
戦　力	43
先例拘束性の原則	9
増額修正	262
争議権	183
争議行為	183
捜索・押収	151
相対的平等	76
相当補償説	187
遡及効	232
遡及処罰の禁止	172
訴訟事件	198, 204
租税法律主義	259

た行

大学の自治	101, 103, 219
第三者の権利援用	214
大審院	30
大統領制	28
多数代表	143
たたかう民主主義	83
団結権	182
男女共同参画社会基本法	80
男女雇用機会均等法	80
団体交渉権	182
団体自治	267
知的財産高等裁判所	199
地方自治	267
──の本旨	268
忠魂碑	264
抽象的規範統制	208, 212
抽象的権利説	174
町村総会	274
直接請求権	274
直接適用説	62
直接民主制	27, 39
沈黙の自由	86, 89

通信の秘密 …………………………136
抵抗権…………………………………27
帝国憲法改正特別委員会……………33
定住外国人………………………52, 53
定数配分規定 ………………………147
適正手続 ……………………………156
適用違憲 …………………………203, 226
適用審査 ……………………………225
デモ行進 ……………………………109
天皇の国事行為………………………40
電話傍受 ……………………………136
統括機関説 …………………………241
当事者適格 …………………………213
統帥権 …………………………………30
　──の干犯 ……………………………31
統治行為 ……………………………221
統治行為論 ……………………………45
盗　聴 ………………………………136
徳島市公安条例事件 ………………271
特別権力関係論…………………59, 220
奴隷的拘束 …………………………173

な行

内閣総辞職 …………………………258
内閣総理大臣 ………………………251
　──の指名 ……………………243, 247
　──の職務権限 ……………………252
内閣の助言と承認……………………41
内閣の成立 …………………………251
内在的制約 ……………………………57
内容規制 ……………………………131
内容中立規制 ………………………131
長沼訴訟 ………………………………45
奈良県ため池条例事件 ……………186
軟性憲法 ………………………………6
南北戦争 ………………………………28
二院制……………………………30, 241
二重処罰の禁止 ……………………172

二重の基準 ……………………130, 223
　──の理論 ……………………………58
二重のしぼり論 ……………………226
日米安全保障条約……………………46
人間の尊厳……………………………51
農地法施行令 ………………………256
能動的地位……………………………48

は行

陪審制 ………………………………206
敗訴者負担制度 ……………………198
破壊活動防止法 ………………………85
漠然性 ………………………………214
ハーグ陸戦法規………………………32
判決理由（レイシオ・デシデンダイ）……233
反対尋問権 …………………………167
非訟事件 …………………………198, 214
非政治的表現 ………………………115
被選挙権 ……………………………148
人クローン …………………………102
秘密選挙の原則 ……………………137
ピューリタン革命……………………25
表現しない自由 ………………………85
表現の自由………69, 83, 86, 101, 201, 203
平等原則 ………………………75, 76, 230
平等選挙の原則 ……………………137
平賀書簡問題 ………………………202
広島県金属屑条例事件 ……………270
福祉国家原理…………………………50
付随的違憲審査権 …………………210
付随的審査制……………………28, 211
不逮捕特権 …………………………244
付託条項不遡及の原則………………33
普通教育 ……………………………178
普通選挙の原則 ……………………137
部分社会の法理 ……………………219
プライバシー権……………………69, 204
プライバシー権侵害（の表現）……101, 117

フランス人権宣言 …………………4, 26, 49	民選議院設立の建白書……………………29
プリュラリズム ………………………211	民定憲法 …………………………………6
プログラム規定 …………………180, 191	ムートネス ………………………213, 215
プログラム規定説 ……………………174	明治憲法（大日本帝国憲法）……………29
プロセス的憲法観 ……………………211	明白かつ現在の基準 …………………120
プロセス的司法審査論 ………………210	名　誉 ……………………………………69
文　民 …………………………………251	名誉革命 …………………………………25
文面審査 ………………………………225	免責特権 ………………………………243
平和のうちに生存する権利 ……………42	目的効果基準……………………96, 264
弁護人選任権 …………………………159	黙秘権 …………………………………168

や行

法源の効力 ………………………………7	
法創造機能………………………68, 209	八幡製鉄事件……………………………55
法秩序の多元性 ………………………219	有害な性表現 …………………………115
法定受託事務 …………………………269	郵便法違憲無効事件 …………………194
報道の自由 ……………………………108	緩い審査基準……………………………58
法律上の争訟………………96, 207, 208, 212	抑圧的憲法保障制度……………………14
法律による委任 ………………………272	予見可能性 ……………………………229
法律の解釈 ………………………………26	横出し・上乗せ条例 …………………273
法律の留保 …………………………26, 31	予　算 ……………………………254, 271
法律扶助協会 …………………………198	──の修正 ……………………………271
法令違憲 ………………………………226	予算先議権 ……………………………242
補強証拠法則 …………………………171	予備費 …………………………………271
補助的権能説 …………………………249	より制限的でない他の選びうる手段
ポスト・ノーティス命令 ………………86	（LRAの基準）………………………131
ポツダム宣言 …………………………31, 34	
堀木訴訟 ………………………………176	

ら行

ま行

マグナ・カルタ …………………………25	ライフスタイル …………………………73
マクリーン事件…………………………52	ライプネス成熟性 ……………………215
マッカーサー ……………………………31	利益衡量 …………………………………57
──の5大改革の指令 …………………31	立憲主義 …………………………………30
松本烝治 …………………………………31	立　法 …………………………………250
松本4原則 ………………………………31	立法裁量 …………………………194, 216
マーベリ対マジソン事件 ………………28	立法裁量論 ……………………………227
三菱樹脂事件……………………………63	立法事実 ………………………………226
箕面忠魂碑訴訟 ………………………266	立法不作為 ……………………………216
民主主義的プロセス論 ………………106	立法府の不作為の違憲確認訴訟 ……174
	リバタリアニズム ……………………225

リベラリズム …………………………211
両院協議会 …………………………245
領事裁判権……………………………29
令状主義 …………………………157, 164
レッド・パージ………………………84
レーモン・テスト……………………97
労働基準法……………………………79

ロック ……………………25, 27, 67, 74

わ行

わいせつ表現 ……………………116, 122
ワイマール憲法……………50, 161, 173, 181
賄賂罪 ………………………………262

判例索引

最大判昭23・3・12刑集 2 巻 3 号191頁……173
最大判昭23・5・26刑集 2 巻 5 号511頁……166
最大判昭23・7・29刑集 2 巻 9 号1012頁
　………………………………………………171
最大判昭23・9・29刑集 2 巻10号1235頁
　………………………………………………176
最大判昭23・11・17刑集 2 巻12号1565頁
　………………………………………………201
最大判昭23・12・15刑集 2 巻13号1783頁
　………………………………………………201
最大判昭23・12・27刑集 2 巻14号1934頁
　………………………………………………168
最大判昭24・3・23刑集 3 巻 3 号352頁……199
最大判昭24・5・18刑集 3 巻 6 号839頁……129
最大判昭25・9・27刑集 4 巻 9 号1805頁
　………………………………………………172
最大判昭25・10・11刑集 4 巻10号2037頁…81
最 1 判昭25・11・9 民集 4 巻11号523頁……140
最大判昭25・11・15刑集 4 巻11号2257頁
　………………………………………………183
最 3 判昭25・11・21刑集 4 巻11号2359頁
　………………………………………………169
最大判昭27・2・20民集 6 巻 2 号122頁……206
最大判昭27・8・6 刑集 6 巻 8 号974頁……112
最大判昭27・10・8 民集 6 巻 9 号783頁
　……………………………………………208, 212
最大決昭28・1・16民集 7 巻 1 号12頁……219
最大判昭28・4・1 刑集 7 巻 4 号713頁……160
最 1 決昭28・4・30刑集 7 巻 4 号909頁……274
東京地判昭28・10・19行裁例集 4 巻10号
　2540頁…………………………………………41
最大判昭28・12・23民集 7 巻13号1523頁
　………………………………………………187
最大判昭28・12・23民集 7 巻13号1561頁

　………………………………………………216
最 2 決昭29・7・16刑集 8 巻 7 号1152頁
　………………………………………………170
東京高判昭29・9・22行裁例集 5 巻 9 号
　2182頁…………………………………………41
最大判昭29・11・24刑集 8 巻11号1866頁
　………………………………………………110
最大判昭30・1・26刑集 9 巻 1 号89頁 …151
最 1 判昭30・2・17刑集 9 巻 2 号310頁……141
最大判昭30・3・30刑集 9 巻 3 号635頁……130
最大判昭30・12・14刑集 9 巻13号2760頁
　………………………………………………158
最大判昭31・7・4 民集10巻 7 号785頁 …87
大阪地判昭31・9・24行裁例集 7 巻 9 号
　2206頁………………………………………262
最大判昭32・2・20刑集11巻 2 号802頁…168
最大判昭32・3・13刑集11巻 3 号997頁…122
最大判昭32・4・3 刑集14巻 9 号1197頁
　………………………………………………272
最大判昭32・6・19刑集11巻 6 号1663頁…52
最 2 決昭32・11・2 刑集11巻12号3047頁
　………………………………………………171
最大決昭33・2・17刑集12巻 2 号253頁…112
最 2 判昭33・3・28民集12巻 4 号624頁…262
最大判昭33・5・28民集12巻 8 号1718頁
　………………………………………………172
最大判昭33・7・9 刑集12巻11号2407頁
　………………………………………………256
大阪地判昭33・8・20行裁例集 9 巻 8 号
　1662頁…………………………………………60
最大判昭33・10・15刑集12巻14号3305頁…82
最大判昭33・12・24民集12巻16号3352頁
　………………………………………………267
最大判昭34・12・16刑集13巻13号3225頁

最大判昭35・6・8民集14巻7号1206頁
　………………………………………………222
最大決昭35・7・6民集14巻9号1657頁
　………………………………………………205
最大判昭35・7・20刑集14巻9号1243頁
　…………………………………………110, 228
最大判昭35・10・19民集14巻12号2633頁
　………………………………………………219
最大判昭36・2・15刑集15巻2号347頁…118
東京地判昭36・4・26行裁例集12巻4号
　839頁………………………………………262
最大判昭37・5・2刑集16巻5号495頁…169
最大判昭37・5・30刑集16巻5号577頁…274
最大判昭37・11・28刑集16巻11号1593頁
　…………………………………………156, 215
最大判昭38・3・27刑集17巻2号121頁…270
最大判昭38・5・15刑集17巻4号302頁…88
最大判昭38・5・22刑集17巻4号370頁…101
最大判昭38・6・26刑集17巻5号521頁
　…………………………………………186, 274
東京地判昭38・7・29行裁例集14巻7号
　1316頁………………………………………60
最大判昭39・2・26民集18巻2号343頁…179
東京地判昭39・9・28下民集15巻9号
　2317頁……………………………………71, 117
最3判昭41・2・8民集20巻2号196頁…214
最1判昭41・6・23民集20巻5号1118頁
　………………………………………………116
最3決昭41・7・26刑集20巻6号728頁…161
最大判昭41・10・26刑集20巻8号901頁…184
札幌地判昭42・3・29下刑集9巻3号359
　頁………………………………………45, 230
最大判昭42・5・24民集21巻5号1043頁
　…………………………………174, 176, 216
最1判昭43・2・8刑集22巻2号55頁…169
旭川地判昭43・3・25下刑集10巻3号293
　頁……………………………………………60
　……………………………………44, 46, 222
最大判昭43・11・27刑集22巻12号1402頁
　………………………………………………187
最大判昭43・12・4刑集22巻13号1425頁
　…………………………………………148, 182
最大判昭43・12・18刑集22巻13号1549頁
　…………………………………………110, 132
最大判昭44・4・2刑集23巻5号305頁…226
最大判昭44・4・23刑集23巻4号235頁…130
最大判昭44・6・25刑集23巻7号975頁…116
最1判昭44・7・10民集23巻8号1423頁
　………………………………………………220
最大判昭44・10・15刑集23巻10号1239頁
　………………………………………………123
最大判昭44・11・26刑集23巻11号1490頁
　…………………………………………57, 111
最大判昭44・12・24刑集23巻12号1625頁
　…………………………………………69, 164
大阪地判昭44・12・26労民集20巻6号
　1806頁………………………………………62
最大判昭45・6・17刑集24巻6号280頁
　…………………………………………110, 131
最大判昭45・6・24民集24巻6号625頁
　………………………………………………55
最大判昭45・9・16民集24巻10号1410頁
　…………………………………………60, 73
最大判昭45・11・25刑集24巻12号1670頁
　………………………………………………171
最大判昭46・1・20民集25巻1号1頁…256
名古屋高判昭46・5・14行裁例集22巻5号
　680頁………………………………………96
最大判昭47・11・22刑集26巻8号586頁…150
最大判昭47・11・22刑集26巻9号554頁
　……………………………………151, 162, 169
最大判昭47・11・22刑集26巻9号586頁
　…………………………………………58, 224
最大判昭47・12・20刑集26巻10号631頁…167
最大判昭48・4・4刑集27巻3号265頁
　…………………………………………81, 254

最大判昭48・4・25刑集27巻4号547頁
　………………………………184, 227, 234
札幌地判昭48・9・7判時712号24頁 ……45
福岡高判昭48・10・31訟務月報19巻13号
　220頁………………………………………262
最大判昭48・12・12民集27巻11号1536頁
　……………………………………………63, 87
最3判昭49・2・5民集28巻1号1頁…186
最3判昭49・7・19民集28巻5号790頁…64
最大判昭49・11・6民集28巻9号393頁…61
神戸簡判昭50・2・20判時768号3頁……93
最大判昭50・4・30民集29巻4号572頁
　………………………………………134, 150, 228
最大判昭50・9・10刑集29巻8号488頁…124
最大判昭50・9・10刑集29巻8号489頁…273
大阪高判昭50・11・10行裁例集26巻10 =
　11号1267頁………………………………174
大阪高判昭50・11・27判時797号36頁…176
最3判昭50・11・28民集29巻10号1698頁…86
東京高判昭50・12・20行裁例集26巻12号
　1446頁……………………………………230
最2判昭51・1・26訟務月報22巻2号578
　頁……………………………………………54
最3決昭51・3・16刑集30巻2号187頁…163
最大判昭51・4・14民集30巻3号223頁
　………………………………………………144, 232
最大判昭51・5・21刑集30巻5号615頁
　………………………………………103, 178, 179
札幌高判昭51・8・5行裁例集27巻8号
　1175頁………………………………………45
水戸地判昭52・2・17訟務月報23巻2号
　255頁………………………………………45
最3判昭52・3・15民集31巻2号234頁…219
最大判昭52・5・4刑集31巻3号182頁…184
最大判昭52・7・13民集31巻4号533頁
　………………………………………………65, 96
最1決昭53・5・31刑集32巻3号457頁…112
最1判昭53・7・10民集32巻5号820頁…160

最大判昭53・7・12民集32巻5号946頁…153
最1判昭53・9・7刑集32巻6号1672頁
　………………………………………………165
最大判昭53・10・4民集32巻7号1223頁
　………………………………………………52
最1判昭53・12・21民集32巻9号1723頁
　………………………………………………275
津地判昭54・2・22行裁例集31巻9号
　1829頁……………………………………262
最1判昭54・12・20刑集33巻7号1074頁
　………………………………………………130
最3判昭55・1・11民集34巻1号1頁…220
最1判昭55・4・10判時973号85頁………220
最1決昭55・4・28刑集34巻3号178頁…161
大阪地判昭55・5・14判時972号79頁……180
最2判昭55・11・28刑集34巻6号433頁…123
最3判昭55・12・23民集34巻7号959頁…61
最3判昭56・3・24民集35巻2号300頁…64
最3判昭56・4・7民集35巻3号443頁…214
最3判昭56・4・14民集35巻3号620頁…71
最1判昭56・4・16民集35巻3号84頁…116
東京高判昭56・7・7訟務月報27巻10号
　1862頁………………………………………46
東京高判昭56・7・7判時1004号3頁…230
最3判昭56・7・21民集35巻5号568頁…228
最大判昭57・7・7民集36巻7号1235頁
　………………………………………175, 177
最1決昭57・8・27刑集36巻6号726頁…158
最1判昭57・9・9民集36巻9号1679頁…45
最2判昭58・2・18民集37巻1号59頁…186
最大判昭58・4・27民集37巻3号345頁…145
最大判昭58・6・22民集37巻5号793頁…59
最大判昭58・11・7民集37巻9号1243頁
　………………………………………………144
最2決昭59・2・29刑集38巻3号479頁
　………………………………………………171
最3判昭59・3・27刑集38巻5号2037頁
　………………………………………………169

判例索引　285

京都地判昭59・3・30行裁例集35巻3号
　　353頁 …………………………………………93
大阪高判昭59・11・29判タ541号132頁 …180
最大判昭59・12・12民集38巻12号1308頁
　　………………………………………133, 134, 227
最3判昭59・12・18刑集38巻12号3026頁
　　…………………………………………………110, 131
最大判昭60・7・17民集39巻5号100頁 …144
最大判昭60・10・23刑集39巻6号413頁
　　…………………………………………………157, 227
熊本地判昭60・11・13行裁例集36巻11 =
　　12号1875頁 ……………………………………73
最1判昭60・11・21民集39巻7号1512頁
　　…………………………………………………138, 217
最2判昭61・2・14刑集40巻1号48頁 …164
東京地判昭61・3・20行裁例集37巻3号
　　347頁 …………………………………………90
最1判昭61・3・27裁判集民147号431頁
　　…………………………………………………145
最2判昭61・4・25刑集40巻3号215頁 …166
最大判昭61・6・11民集40巻4号872頁
　　…………………………………………………69, 135
最3判昭62・3・3刑集41巻2号15頁
　　…………………………………………………119, 132
最大判昭62・4・22民集41巻3号408頁
　　…………………………………………………58, 153, 154
最1判昭62・9・24裁判集民151号711頁
　　…………………………………………………145
最2判昭63・2・5労判512号12頁 ………88
最3判昭63・2・16民集42巻2号27頁……69
最大判昭63・6・1民集42巻5号277頁 …97
最2判昭63・7・15判時1287号65頁………84
最2決昭63・9・16刑集42巻7号1051頁
　　…………………………………………………166
最2判昭63・10・21民集42巻8号644頁 …145
最2判昭63・10・21裁判集民155号65頁 …145
最3判昭63・12・20判時1307号113頁……220
最3判平元・1・20刑集43巻1号1頁 …151

最1判平元・3・2判時1363号68頁………53
最3判平元・3・7判タ694号84頁………151
最大判平元・3・8民集43巻2号89頁
　　…………………………………………………121, 205
最3判平元・6・20民集43巻6号385頁
　　…………………………………………………46, 64
最3決判平元・7・4刑集43巻7号581
　　頁…………………………………………………171
最2判平元・9・8民集43巻8号889頁…220
最3判平元・9・19刑集43巻8号785頁
　　…………………………………………………117, 275
最1判平元・12・14刑集43巻13号841頁 …73
最1判平2・1・18民集44巻1号1頁 …102
最3判平2・2・6訟務月報36巻12号
　　2242頁……………………………………………151
最3判平2・3・6判時1357号144頁 ……87
最3判平2・4・17民集44巻3号547頁 …135
最2決平2・7・9刑集44巻5号421頁…111
最3判平2・9・28刑集44巻6号463頁
　　…………………………………………………85, 129
最3決平3・3・29刑集45巻3号158頁…172
最3判平3・5・10民集45巻5号919頁…160
最2判平3・5・31裁判集民163号47頁…160
東京地判平3・6・21判時1388号3頁……73
最3判平3・7・9民集45巻6号1049頁
　　…………………………………………………255
最3判平3・9・3判時1401号56頁………73
神戸地判平4・3・13刑集43巻3号309頁
　　…………………………………………………180
最3判平4・4・28判時1422号91頁………54
大阪高判平4・7・30判時1434号38頁……99
最1判平4・11・16裁判集民166号575頁…52
最1判平4・11・16判時1441号57頁………99
最3判平4・12・15民集46巻9号2829頁
　　…………………………………………………152
最大判平5・1・20民集47巻1号67頁 …145
最3判平5・2・16民集47巻3号1687頁
　　…………………………………………………98, 268

最 2 判平 5 ・ 2 ・26判時1452号37頁………53
最 3 判平 5 ・ 3 ・16民集47巻 5 号3483頁
　………………………………………135, 180
那覇地判平 5 ・ 3 ・23判時1459号157頁…109
秋田地判平 5 ・ 4 ・23判時1459号48頁 …177
最 3 判平 5 ・ 9 ・ 7 民集47巻 7 号4667頁
　……………………………………………220
最 1 判平 6 ・ 1 ・27民集48巻 1 号53頁 …114
最 3 判平 6 ・ 2 ・ 8 民集48巻 2 号149頁
　………………………………………71, 114
最 3 決平 6 ・ 9 ・16刑集48巻 6 号420頁…166
最大判平 7 ・ 2 ・22刑集49巻 2 号 1 頁 …252
最 3 判平 7 ・ 2 ・28民集49巻 2 号639頁
　………………………………………53, 274
最 3 判平 7 ・ 3 ・ 7 民集49巻 3 号687頁…133
最 3 決平 7 ・ 5 ・30刑集49巻 5 号703頁…166
最 1 判平 7 ・ 6 ・ 8 訟務月報42巻 3 号597
　頁 …………………………………………145
最大判平 7 ・ 7 ・ 5 民集49巻 7 号1789頁…81
最 1 判平 7 ・ 7 ・ 6 判時1542号134頁 ……61
最 3 判平 7 ・ 7 ・18民集49巻 7 号2717頁
　……………………………………………220
最 3 判平 7 ・12・ 5 判時1563号81頁………80
最 3 判平 7 ・12・15刑集49巻10号842頁
　………………………………………53, 71
最 1 決平 8 ・ 1 ・30民集50巻 1 号199頁 …94
最 2 判平 8 ・ 3 ・ 8 民集50巻 3 号469頁 …91
最 2 判平 8 ・ 3 ・15民集50巻 3 号549頁 …133
最 3 判平 8 ・ 3 ・19民集50巻 3 号615頁 …86
大阪高判平 8 ・ 6 ・25行裁例集47巻 6 号
　449頁……………………………………114
最大判平 8 ・ 9 ・11民集50巻 8 号2283頁
　……………………………………………145
最 3 決平 8 ・10・29刑集50巻 9 号683頁…166
最 2 判平 8 ・11・18刑集50巻10号745頁…234
最 2 判平 9 ・ 3 ・28訟務月報44巻 8 号
　1303頁……………………………………140
最大判平 9 ・ 4 ・ 2 民集51巻 4 号1673頁

　………………………………………97, 266
東京高判平 9 ・11・26高民集50巻 3 号459
　頁 …………………………………………54
最 3 判平10・ 3 ・24刑集52巻 2 号150頁…152
最 1 判平10・ 3 ・26判夕973号112頁 ……152
最 2 判平10・ 7 ・ 3 訟務月報45巻 4 号751
　頁 …………………………………………152
最 1 判平10・ 7 ・16訟務月報45巻 4 号807
　頁 …………………………………………152
最大判平10・ 9 ・ 2 民集52巻 6 号1373頁
　……………………………………………146
最大決平10・12・ 1 民集52巻 9 号1761頁
　……………………………………………203
東京地判平11・ 6 ・22判時1691号91頁…119
最 3 判平11・ 9 ・28判時1689号78頁 ……220
最大判平11・11・10民集53巻 8 号1441頁
　……………………………………………142
最大判平11・11・10民集53巻 8 号1577頁
　……………………………………………142
最大判平11・11・10民集53巻 8 号1704頁
　………………………………………142, 145
最 2 判平11・11・19民集53巻 8 号1862頁
　……………………………………………114
最 2 判平11・12・16刑集53巻 9 号1327頁
　……………………………………………165
大阪高判平12・ 2 ・29判時1710号121頁…120
最 3 判平12・ 2 ・29民集54巻 2 号582頁 …74
最 3 判平12・ 6 ・13民集54巻 5 号1635頁
　……………………………………………160
名古屋高判平12・ 6 ・29判時1736号35頁
　……………………………………………120
最大判平12・ 9 ・ 6 民集54巻 7 号1997頁
　……………………………………………146
最 2 決平13・ 2 ・ 7 判時1731号148頁……161
最 3 判平13・ 3 ・27民集55巻 2 号530頁…114
熊本地判平13・ 5 ・11判時1748号30頁 …218
最 3 判平13・ 5 ・29裁判集民202号235頁
　……………………………………………114

最2決平13・12・7刑集55巻7号823頁…173
最3判平13・12・18民集55巻7号1603頁
　……………………………………………115
最大判平14・2・13民集56巻2号331頁…154
最1判平14・4・25判時1785号31頁………86
最3判平14・6・11民集56巻5号958頁…188
最大判平14・9・11民集56巻7号1439頁
　……………………………………194, 232
最3判平14・9・24判時1802号60頁…71, 115
札幌地判平14・11・11判時1806号84頁……79
最2判平15・2・14刑集57巻2号121頁…166
最2判平15・3・14民集57巻3号229頁…120
最2判平15・3・28判時1820号62頁………81
最1判平15・3・31判時1820号64頁………81
最2判平15・4・18判時1823号47頁……155
最1決平15・5・26刑集57巻5号620頁…166
最2判平15・9・12民集57巻8号973頁……71
最1判平15・11・27民集57巻10号1665頁
　……………………………………185, 189
最1判平15・12・4判時1848号6頁……188
最大判平16・1・14民集58巻1号1頁
　……………………………………133, 143
最大判平16・1・14民集58巻1号56頁…146
東京地決平16・3・19判時1865号18頁…119
東京地判平16・3・24判時1852号3頁…219
東京高決平16・3・31判時1865号12頁…119
福岡地判平16・4・7判時1859号125頁…100

最3判平16・4・13刑集58巻4号247頁…170
大阪高決平16・5・10判例集未登載……232
最2判平16・6・28判時1890号41頁………99
最1判平16・7・15判例集未登載………111
最3判平16・9・28判例集未登載………111
最大判平17・1・26民集59巻1号128頁…79
最1判平17・4・14刑集59巻3号259頁
　……………………………………168, 204
最大判平17・9・14民集59巻7号2087頁
　……………………………………139, 218
大阪高判平17・9・30訟務月報52巻9号
　2979頁………………………………100
最1判平17・11・1判時1928号25頁……185
最1判平17・11・10民集59巻9号2428頁
　………………………………………69, 119
最1判平17・12・1判時1922号72頁……135
最大判平18・3・1民集60巻2号587頁
　……………………………………259, 262
最3判平18・3・29判時1930号83頁…261
最2判平18・6・23判時1940号122頁…100
最1判平18・7・13裁時1415号10頁…138
最1判平18・7・13判時1946号41頁……217
東京地判平18・9・21判例地方自治285号
　78頁…………………………………85
最3判平18・10・3裁時1421号13頁……113
最大判平18・10・4裁時1421号1頁……146
最3判平19・2・27判例集未登載………85

［著者紹介］

高野　敏樹（たかの　としき）
　1950年　熊本市生まれ
　1974年　中央大学法学部卒業
　1981年　上智大学大学院法学研究科博士課程終了
　現　在　田園調布学園大学教授　法学博士
〔主な著書・論文〕『憲法制定権力と主権』（青潮社，1998年）／『憲法訴訟の基本問題』（共著，法曹同人社，1989年）／『現代憲法の理論と現実』（共著，青林書院，1993年）／『日本国憲法の理論』（共著，有斐閣，1986年）／『憲法』（共著，青林書院，1997年）

宮原　均（みやはら　ひとし）
　1958年　戸田市生まれ
　1989年　中央大学大学院法学研究科博士後期課程単位取得満期退学
　現　在　作新学院大学助教授
〔主な著書･論文〕『日米比較　憲法判例を考える』（八千代出版，1999年）／『憲法—総論･統治編』『憲法—人権編』（共著，一橋出版，1993年）／『基礎コーステキストブック行政法』（実務教育出版，1996年）

斎藤　孝（さいとう　たかし）
　1956年　香取市生まれ
　1987年　中央大学大学院法学研究科博士後期課程単位取得満期退学
　現　在　岐阜聖徳学園大学教授
〔主な著書・論文〕『ドイツの憲法裁判』（共著，中央大学出版部，2002年）／『新・スタンダード憲法』（共著，尚学社，2003年）／『憲法演習セレクト50』（共著，勁草書房，2004年）／「地方自治の保障と制度保障」法学新報93巻6＝8号（中央大学，1987年）／「憲法における『信頼の原則』」法学新報111巻1＝2号（中央大学，2004年）

吉野　夏己（よしの　なつみ）
　1960年　西宮市生まれ
　1988年　中央大学大学院法学研究科博士前期課程修了
　現　在　弁護士，岡山大学大学院法務研究科助教授
〔主な著書・論文〕『新・裁判実務体系　名誉・プライバシー保護関係訴訟』（共著，青林書院，2001年）／「名誉毀損的表現と言論の自由」中央大学大学院研究年報17号（中央大学大学院，1988年）／「公法判例研究（公の施設の利用拒否と集会の自由）」法学新報110巻5号（中央大学，2003年）／「個人信用情報の提供と表現の自由」クレジット研究27号（日本クレジット産業協会，2002年）

加藤　隆之（かとう　たかゆき）
　1970年　千葉市生まれ
　2002年　中央大学大学院法学研究科博士後期課程単位取得満期退学
　現　在　青森中央学院大学准教授
〔主な著書・論文〕「性的表現とプライバシー」法学新報105巻4＝5号（中央大学，1999年）／「Basic Theory of Obscenity Regulation」比較法雑誌33巻4号（2000年）／「児童ポルノ法理の新展開」法学新報111巻1＝2号（中央大学，2004年）／「アメリカ合衆国におけるわいせつ概念の地域的基準」法学新報111巻11＝12号（中央大学，2005年）／「性モラル規制の限界」法学新報113巻3＝4号（中央大学，2007年）

執筆分担

高野敏樹　第1章
宮原　均　第2章，第5章第6節2，第9節，第7章第3節～
　　　　　第5節
斎藤　孝　第3章，第4章，第5章第8節，第7章第1節，
　　　　　第2節
吉野夏己　第5章第1節～第3節，第6章
加藤隆之　第5章第4節～第6節1，3，第7節

憲　法〔第2版〕

2004年9月30日　第1版第1刷発行
2007年4月5日　第2版第1刷発行

　　　　　　　　ⓒ著者　高　野　敏　樹
　　　　　　　　　　　　宮　原　　　均
　　　　　　　　　　　　斎　藤　　　孝
　　　　　　　　　　　　吉　野　夏　己
　　　　　　　　　　　　加　藤　隆　之

　　　　　発行者　袖山貴・稲葉文子
　　　　　発　行　不　磨　書　房
　　　　　　〒113-0033　東京都文京区本郷6-2-9-302
　　　　　　TEL(03)3813-7199／FAX(03)3813-7104
　　　　　発　売　㈱信　山　社
　　　　　　〒113-0033　東京都文京区本郷6-2-9-102
　　　　　　TEL(03)3818-1019／FAX(03)3818-0344

　　制作：編集工房INABA　　印刷・製本／松澤印刷
　　2007 Printed in Japan

ISBN978-4-7972-8543-7 C3332

◆既刊・新刊のご案内◆

gender law books

ジェンダーと法
辻村みよ子 著（東北大学教授）　■本体 3,400円（税別）

導入対話による
ジェンダー法学【第2版】
監修：浅倉むつ子（早稲田大学教授）／阿部浩己／林瑞枝／相澤美智子
　　　山崎久民／戒能民江／武田万里子／宮薗久栄／堀口悦子　■本体 2,400円（税別）

比較判例ジェンダー法
浅倉むつ子・角田由紀子 編著

相澤美智子／小竹聡／今井雅子／松本克巳／齋藤笑美子／谷田川知恵／
岡田久美子／中里見博／申ヘボン／糠塚康江／大西祥世　　　　[近刊]

パリテの論理
男女共同参画へのフランスの挑戦

糠塚康江 著（関東学院大学教授）
待望の1作　■本体 3,200円（税別）

ドメスティック・バイオレンス
戒能民江 著（お茶の水女子大学教授）　A5変判・上製　■本体 3,200円（税別）

キャサリン・マッキノンと語る
ポルノグラフィと買売春

角田由紀子（弁護士）
ポルノ・買売春問題研究会

9064-1　四六判　■本体 1,500円（税別）

法と心理の協働
二宮周平・村本邦子 編著

松本克美／段林和江／立石直子／桑田道子／杉山暁子／松村歌子　■本体 2,600円（税別）

オリヴィエ・ブラン 著・辻村みよ子 監訳
オランプ・ドゥ・グージュ
——フランス革命と女性の権利宣言——

フランス革命期を
毅然と生き
ギロチンの露と消えた
女流作家の生涯

【共訳／解説】辻村みよ子／太原孝英／高瀬智子　（協力：木村玉絵）
「女性の権利宣言」を書き、黒人奴隷制を批判したヒューマニスト　■本体 3,500円（税別）

発行：不磨書房　TEL 03(3813)7199 ／ FAX 03(3813)7104　Email：hensyu@apricot.ocn.ne.jp
発売：信 山 社　TEL 03(3818)1019　FAX 03(3818)0344　Email：order@shinzansha.co.jp